TANJA DUSY

Frankreich

DIE KÜCHE, DIE WIR LIEBEN

FOTOGRAFIE: KLAUS-MARIA EINWANGER

FROMA
DESSER

GES
T'S

COMTÉ
NOIX
WALNUT
NUSS

PAUL

INHALT

SAVOIR VIVRE

Die ersten Erinnerungen an französische Küche verbinde ich mit meiner Kindheit: Das Haus meiner Eltern liegt in unmittelbarer Grenznähe, und wir unternahmen gerne Ausflüge in die Vogesen oder nach Straßburg mit anschließendem Restaurantbesuch. Und wir nutzten das nahe gelegene Elsass zu groß angelegten Hamstereinkäufen. Fasziniert standen wir Kinder vor den unendlichen Auslagen der Käsetheken, beäugten staunend Fische, die es in Deutschland einfach nicht gab, und freuten uns über Pain au chocolat und Orangina. Des Französischen nicht mächtig, dafür reichlich neugierig, deutete mein Vater einfach auf dies und das, ein Stück unbekannte Wurst oder Käse, und packte kurz entschlossen Flageolet-Bohnen oder damals sündhaft teure Artischocken in den Einkaufswagen. So zogen wir voll bepackt von dannen. Zu Hause wurde probiert und experimentiert; meine Mutter kochte und nahm dabei gerne ein Kochbuch von Paul Bocuse zur Hand, der damals die ganze Welt mit den Geheimnissen französischer Kochkunst, der Verwendung von Trüffeln und überreichlich Butter und Sahne bekannt zu machen versuchte. Das Meiste gelang, Vieles schmeckte überraschend oder sogar hervorragend, Einiges war zumindest interessant ..., auf jeden Fall, mein Interesse war geweckt.

Die Liebe der Franzosen zum Essen wurde viel beschworen, die Ausdrücke dieser Leidenschaft sind dagegen widersprüchlich. Stolz wird einerseits die einzigartige Sterneküche gepriesen und wird Essen nach strikter, schier endlos langer Menüfolge zelebriert. Gleichzeitig gelten einfaches Baguette, Wein und Käse als Gipfel des Genusses. Selbst der Durchschnittsfranzose schwelgt an Feiertagen in Austern, Meeresfrüchten und Stopfleber. Und der Gourmet, der in seinem Leben bereits jede erdenkliche Delikatesse gekostet hat, gerät just bei Gerichten mit Innereien, Kohl und Gänsefett ins Schwärmen. Französische Küche gilt als unübertroffen, vorbildlich und nicht zuletzt schwierig. Selbst die »gutbürgerliche Küche« ist in Frankreich immer etwas mehr als reine Hausmannskost. Denn ihre Wurzeln liegen genau wie die der *Haute Cuisine*, der gehobenen Restaurantküche, auch in einer höfischen Kochkultur, die das Großbürgertum nach der Revolution begeistert übernahm. Handwerkliche Könnerschaft, verbunden mit einem Sinn für Raffinement und Verfeinerung gerade auch bei der Präsentation der Speisen, gelten als selbstverständlich. Region hat ihre eigenen, typischen Erzeugnisse, auf deren Pflege mehr und mehr geachtet wird. So erhebt sich beim Begriff des *terroir,* der eigentlich in erster Linie die besonderen Eigenschaften eines bestimmten Stücks Erde in Bezug auf die dort erzeugten Produkte bezeichnet, inzwischen allerorts andächtiges Raunen. Zum Schutz dieser Erzeugnisse werden immer neue Gütesiegel eingeführt, nicht zuletzt auch die bekannte Auszeichnung AOC *(Appellation d'Origine Contrôlée).* Sie wird ausschließlich an bestimmte, nach traditionellen Methoden erzeugte Lebensmittel einer begrenzten Region vergeben, um deren gleichbleibende Qualität zu sichern. Dabei spielt es keine Rolle, ob es sich um eine Obst- oder Weinsorte, eine Tierrasse, einen bestimmten Käse oder Senf handelt. Doch auch bei den banaleren Belangen des Küchenalltags hat Qualität höchste Priorität. Trotz Alltagsstress, Zeitnot und der flächendeckenden Präsenz riesiger Supermärkte bleibt der Gang zum Markt oder zum Metzger für die meisten Franzosen nach wie vor Bestandteil ihrer Lebenskultur. Wenn auch nicht täglich, so sind doch die sorgfältige Auswahl der Lebensmittel, der Tratsch

Gleichzeitig ist die zweite Grundlage französischer Küche aber gerade ihre wortwörtliche Bodenständigkeit. Das Festhalten an lokalen Traditionen und die Wertschätzung regionaler Produkte sind nicht zuletzt auch für viele Sterneköche oberste Maxime. Beste Zutaten, die das Land in Hülle und Fülle zu bieten hat, und deren Zubereitung in bestmöglicher Form sind das Geheimnis einer Küche, die es den Menschen erlaubt, gleichzeitig Gourmet und Gourmand zu sein, also ein durchaus fachmännischer Feinschmecker, der auch mal richtig Hunger haben darf.

Nicht allein Trüffel, Hummer oder Kaviar machen französische Küche aus. Eher das Angebot an einfachen, herrlichen Lebensmitteln, das Frankreichbesucher immer wieder in Begeisterung versetzt. Jede und das Fachsimpeln mit dem Händler, die Freude über ein saisonal wechselndes Angebot Ausdruck einer bestimmten genussvollen Lebensart, bei der sich nicht alles, aber doch vieles ums Essen und Trinken dreht – Savoir-vivre eben.

Die besondere Liebe der Franzosen zum Essen und Genießen überhaupt war die leitende Idee für dieses Buch und seine Rezepte. Egal, ob im Bistro, auf dem Markt, beim Metzger, am Hafen, im Käsegeschäft oder in der Konditorei, überall dort finden wir Produkte, aus denen die wunderbarsten Gerichte entstehen. Aber lässt sich das auch am heimischen Herd, fernab vom Schlaraffenland Frankreich realisieren? Ich denke schon – vor allem, wenn man wie in Frankreich auf beste Qualität setzt. Schon bei der Auswahl der Rezepte habe ich bewusst auf Einiges verzichtet. Zum Beispiel auf die herrlichen kleinen Artischocken aus Südfrankreich; hierzulande findet man sie selten und häufig alles andere als frisch. Ähnlich verhält es sich mit den oft sündhaft teuren Trüffeln; wer trotzdem einmal welche probieren möchte, findet sie in zwei Rezeptvarianten (s. Seite 194 und 224). Auf die in Frankreich beliebte *Foie gras* habe ich ebenfalls verzichtet, da mir die dafür notwendigen Mastmethoden nicht mit Tierschutz und -würde vereinbar erscheinen. Viele andere französische Produkte wie Crème fraîche, Dijon-Senf, bestimmte Käsesorten oder Meeresfrüchte gibt es inzwischen auch hier problemlos zu kaufen, teilweise sogar von hiesigen Herstellern produziert. Kleine Delikatessen, die in Frankreich leicht zu bekommen sind, wie z. B. Maronencreme, gibt es in Feinkost- oder Biogeschäften – ansonsten ist hier das Internet eine unschätzbare Hilfe.

Das Schöne an französischer Küche ist aber eigentlich: Die meisten Produkte sind nicht nur »typisch französisch«. Man sollte nur in punkto Qualität kritisch wie ein Franzose sein: Gemüse und Obst richtig reif und entsprechend der Saison kaufen. Nur wirklich frischen Fisch nehmen und vielleicht auch einmal auf eine andere Art ausweichen, wenn das Gewünschte nicht im Angebot ist. Am strengsten sollte man beim Kauf von Fleisch sein: Fragen Sie Ihren Metzger, woher er sein Fleisch bezieht, und wählen Sie bevorzugt Fleisch von Tieren, die regional und artgerecht gehalten werden; am empfehlenswertesten ist deshalb meistens Bio-Ware. Lassen Sie Tiefkühlhähnchen links liegen, und versuchen Sie einmal einen frischen Landgockel oder eine Maispoularde. Und: Französische Küche ist bekanntermaßen nur bedingt diättauglich; trotzdem sollten Sie nur Milchprodukte mit vollem Fettgehalt nehmen; nur mit richtiger Crème fraîche, Sahne und Vollmilch gelingen und vor allem schmecken Gerichte wie bei unseren Nachbarn.

Prendre son temps (»sich Zeit nehmen«), das ist in Frankreich eine Selbstverständlichkeit, spätestens dann, wenn es zu Tisch geht. Wohl kaum etwas ist schöner als ein mehrgängiges Menü mit viel Zeit zum Plaudern, Weintrinken, Entspannen und ungestörten Genießen. Das ist auch in Frankreich meist nur an Festtagen möglich, ansonsten beschränkt man sich auf ein schlichtes Drei-Gänge-Menü mit Vorspeise, Hauptgericht und Dessert. Das hat seinen Grund. Die besten Gerichte der französischen Küche sind zwar nicht wirklich schwierig zu kochen, brauchen aber Zeit – und die sollten Sie sich nehmen. Trinken Sie nebenbei ein Gläschen Wein und sehen Sie das Ganze als meditative Tätigkeit: Arbeiten Sie sich in Ruhe und mit Sorgfalt Schritt für Schritt durch das Rezept. Genießen Sie schon beim Kochen den Duft angebratener Schalotten, die sich verändernde Konsistenz der Sauce und die Vorfreude auf das fertige Gericht. Zum Glück brauchen Sie bei vielen Gerichten (z. B. Ragouts und andere Schmorgerichte) nicht ständig am Herd zu stehen, ab und zu nachzuschauen reicht. Währenddessen kann man vielleicht schon etwas anderes vorbereiten, z. B. das Dessert oder eine kleine Vorspeise. Wer hier schlau plant, kann sich auch an ein größeres Menü wagen.

Hier lässt sich einfach auf die Grundpfeiler des klassischen Drei-Gänge-Menüs aufbauen. Vorab kann man ein *Amuse-gueule* oder *Amuse-bouche* reichen, ein kleines Häppchen, das den »Gaumen erfreut« und Lust auf mehr macht. Dann eröffnet das *Hors d'œuvre* das eigentliche Menü – eine kleine kalte oder warme Vorspeise, z. B. Salat oder Suppe. Es folgt das *Entrée*, ein kleines Zwischengericht vor dem Fischgang. Auch vor dem Fleischgang, dem eigentlichen Hauptgericht, kann ein Zwischengericht eingeschoben werden. Heute entfallen diese Zwischengänge häufig und es werden lediglich Fisch und Fleisch nacheinander serviert. Abgeschlossen wird das Ganze mit Käse und zu guter Letzt einem Dessert.

Wer möchte, kann sich anhand dieser »Regeln« aus den Rezepten des Buches je nach Wunsch und Zeitbudget ein kleineres oder größeres Menü zusammenstellen. Geschickterweise plant man dabei das ein oder andere ein, das sich (vielleicht schon am Tag vorher) ganz oder teilweise vorbereiten lässt, z. B. eine Fleischterrine, Suppe (die nur aufgewärmt wird) oder eine Quiche (deren Boden man vorbereitet) als Vorspeise sowie Parfait, Mousse oder Tarte als Nachspeise.

Viele Rezepte dieses Buches stammen aus der einfachen, ländlichen Küche, die statt höchster kulinarischer Entfaltung eher darauf abzielt, richtig satt zu machen. Gefüllter Kohl, Wildschweinragout oder Mangoldauflauf sind wunderbare Mittagessen, und ein Salat davor oder dazu reicht oft völlig. Machen Sie es einfach wie die Franzosen, für die Essen im besten Fall auch immer geselliges Beisammensein bedeutet. Es muss nicht stets ein ganzes Menü sein. Mit einer Einladung zu Flammkuchen, Quiche oder Käseplatte und einem schönen Glas Wein lassen sich sicher auch wieder einmal ganz spontan Freunde und Familie an einem Tisch versammeln. Dafür lohnt es sich, sich doppelt Zeit zu nehmen!
Bon appétit!

LE BISTRO

FÜR DEN KLEINEN HUNGER

Ein Kaffee, ein Gläschen Wein oder eine unkomplizierte, preiswerte Mahlzeit – dazu begibt man sich am besten ins Bistro. Im Gegensatz zu den feinen Restaurants mit umfangreichen Menüs bieten Bistros nur einige wenige Gerichte an, häufig ohne richtige Speisekarte. Handgeschriebene Schiefertafeln zeigen dem Gast dann schon von außen, was ihn als Tagesgericht – *plat du jour* – erwartet. Das sind normalerweise eher einfache Gerichte zu reellen Preisen, dabei jedoch von erstaunlich hoher Qualität. Im Bistro ist und wird man immer gut bedient, wenn man kein

mehrgängiges Menü möchte, sondern ein kleines schnelles Mittagessen oder einen kleinen Snack, fast egal, zu welcher Tageszeit.

Im Zentrum Paris mit seinen unzähligen kleinen Restaurants und Weinlokalen entstanden viele Bistroklassiker, die man heute sofort mit französischer Küche assoziiert: Die berühmte Zwiebelsuppe (s. Seite 20), die in den Lokalen rund um den einstigen Großmarkt Les Halles die Marktleute frühmorgens nach getaner Arbeit wärmte. Oder *Steak tartare* aus Rinder- oder früher auch Pferdefleisch (s. Seite 29) oder knusprige *Croques* (s. Seite 20), für *Monsieur* nur mit Schinken und Käse, für *Madame* zusätzlich noch mit einem Spiegelei belegt. Nicht zu vergessen: das heimliche Nationalgericht *Steak-frites* (s. Seite 30), ein einfaches gebratenes Steak mit Pommes frites, das die ansonsten recht unterschiedlichen kulinarischen Vorlieben aller Schichten der Grande Nation auf einem Teller zu vereinen scheint. Ebenfalls fest im Repertoire der meisten Bistros sind viele klassische, regionaltypische Gerichte, wie z. B. *Confit de Canard* (s. Seite 180), nur mit Salat serviert, *Coq au vin* oder *Coq au Riesling* (s. Seite 168 und 172). Aber auch einfache Suppen und, heute mehr und mehr den modernen Ernährungsgewohnheiten oder den figurbewussten Pariserinnen geschuldet, auch der ein oder andere Salatteller mit knackigem Grün.

Den Bistros sehr ähnlich sind Brasserien. In Paris ursprünglich von den vielen elsässisch-lothringischen Flüchtlingen nach dem deutsch-französischen Krieg von 1870/71 eröffnet, bieten sie statt Wein vor allem Bier an (*brasserie* = Brauerei). Genau dazu passend steht auch meist ein deftiger elsässischer Klassiker auf der Karte, das *Choucroute garni* – Sauerkraut mit reichlich Fleischbeilage in Form von Würsten und Speck (s. Seite 156). Inzwischen mindestens genau so beliebt sind *Quiche lorraine* (s. Seite 44) und Flammkuchen (s. Seite 45), die jede traditionelle elsässische *winstub* als Knabberei zu Riesling, Sylvaner oder einem anderen heimischen Wein anbietet.

Ebenfalls infolge historischer Ereignisse entstand in Lyon eine ganz eigene, legendäre Bistro-Tradition. Wohl bereits nach der Französischen Revolution und dann nochmals nach der Weltwirtschaftskrise von 1929 sahen sich viele der kulinarisch äußerst verwöhnten Großbürgerhaushalte der einst wohlhabenden Seidenwebermetropole gezwungen, ihre Köchinnen zu entlassen. Diese erfinderischen Damen machten aus der Not eine Tugend und ihr Glück als Restaurantbesitzerinnen. Sie sind als *mères de Lyon,* als Küchenmütter, die ihre Kunden mit liebevoll gekochten simplen Gerichten nach bewährten Rezepten verwöhnten, in die französische Küchengeschichte eingegangen. Bis heute genießen diese einfachen Weinlokale, die sogenannten *bouchons* (*bouchon* = Korken) selbst bei Feinschmeckern höchste Wertschätzung. Und noch immer wird dort z. B. *Cervelle de canut,* ein einfacher Kräuterquark (s. Seite 206), serviert, der schon hungrige Seidenarbeiter stärkte, oder Spezialitäten rund um die berühmten Lyoner Würste (z. B. Wurst in Brioche, s. Seite 46). Dazu bestellt man typischerweise Wein, der im *pot* auf den Tisch kommt, einer dickbodigen Flasche, die 46 cl fasst – also genau die Menge, die den Durst eines gestandenen Mannsbildes stillen sollte.

Weder Wein noch Bier, sondern ein Glas oder vielmehr meist eine Tontasse voll mit süffigem Cidre begleitet normalerweise in bretonischen Crêperien das Essen. Die kleinen Pfannkuchen-Lokale mit Wohnzimmeratmosphäre sind inzwischen in ganz Frankreich zur viel besuchten Institution geworden. Sie bieten im Regelfall herzhafte und süße Crêpes, die meist gleich im Doppelpack als Hauptgericht und Dessert geordert werden.

In Frankreich muss also garantiert niemand darben, auch wenn er nicht im Sterne-Restaurant dinieren möchte. Selbst auf der Straße wird man oft fündig: Straßenstände bieten häufig regionale Spezialitäten wie warme Pasteten, Quiches oder auch die *Pissaladière* (s. Seite 40), den beliebten südfranzösischen Zwiebelkuchen, an.

Egal ob Quiche, Crêpe oder Salat mit Ziegenkäse, die kleinen Snacks der Bistroküche sind immer dann richtig, wenn man nur eine Kleinigkeit auftischen möchte, in geselliger Runde zu einem Glas Wein oder auch mal einem Bier.

Eigentlich bezeichnet Tartine *zunächst einmal einfach ein Butterbrot. Und in der Tat, morgens bestellt man im Café* une tartine *mit Butter und Marmelade* (avec beurre et confiture). *Ordert man* Tartine *gegen Abend, hat es sich oft zu einem wunderbaren Snack verwandelt: geröstete Brotscheiben mit unterschiedlichen Belägen, ähnlich den italienischen Crostini. Viel braucht es dazu nicht: Baguette in nicht zu dicke Scheiben schneiden und beidseitig dünn mit Olivenöl bepinseln. Circa 10 Minuten im heißen Ofen (Mitte) bei 150° knusprig backen und mit einer Creme nach Wahl bestreichen,* c'est tout!

Schwarze Olivenpaste

TAPENADE

FÜR 6–8 PERSONEN

200 g in Öl eingelegte schwarze Oliven ohne Stein
2 EL Kapern
3 in Salz eingelegte Sardellenfilets
2 Knoblauchzehen (s. Tipp)
¾ TL Kräuter der Provence
1 EL Cognac (nach Belieben)
3–4 EL Olivenöl

ZUBEREITUNG: 15 Min. **PRO PORTION (BEI 8):** 75 kcal

1 Die Oliven und Kapern grob zerschneiden. Sardellenfilets kalt abspülen, gut trocken tupfen und klein hacken. Den Knoblauch schälen und fein hacken.

2 Alles mit den Kräutern, Cognac nach Belieben und Olivenöl mit dem Pürierstab oder im Blitzhacker je nach Vorliebe sehr fein oder etwas grober pürieren.

Knoblauch ohne Nebenwirkungen

Roher Knoblauch schmeckt zwar in vielen Gerichten hervorragend, hinterlässt aber eine ziemlich lästige Geruchsfahne. Wer das vermeiden möchte, kocht die geschälten Knoblauchzehen in etwas Wasser bei mittlerer Hitze ca. 10 Min. und schreckt sie kalt ab. Sie schmecken dann zwar noch intensiv, sind aber wesentlich geruchsärmer.

DAS BILD ZU DEN REZEPTEN AUF DIESER DOPPELSEITE STEHT AUF SEITE 17 UND ZEIGT: SCHWARZE OLIVENPASTE (MITTE), PAPRIKACREME (HINTEN) UND ARTISCHOCKEN-OLIVEN-TAPENADE (VORNE).

Paprikacreme

PURÉE DE POIVRONS ROUGES

FÜR 4 PERSONEN

3 rote Paprikaschoten (ca. 500 g)
½ Knoblauchzehe
1 EL Pinienkerne
60 g frischer Ziegenfrischkäse
3 EL Olivenöl
Salz • Pfeffer
Cayennepfeffer
1 TL gehackter Thymian

VORBEREITUNG: 45 Min. **ZUBEREITUNG:** 15 Min. **PRO PORTION:** 145 kcal

1 Den Backofen auf 250° vorheizen. Paprikaschoten vierteln, putzen und auf ein mit Backpapier ausgelegtes Blech legen, dann wie auf Seite 210 (Paprika-Ziegenkäse-Terrine) beschrieben garen, häuten und abkühlen lassen.

2 Knoblauch schälen und grob hacken, Paprikaschoten grob zerschneiden. Beides mit Pinienkernen, Frischkäse und Olivenöl mit dem Pürierstab nicht allzu fein pürieren. Mit Salz, Pfeffer und 1–2 Msp. Cayennepfeffer würzen und den Thymian unterrühren.

Artischocken-Oliven-Tapenade

ARTICHONADE

FÜR 4–6 PERSONEN

1 Dose Artischockenherzen in Salzlake (Abtropfgewicht ca. 240 g)
20 grüne Oliven ohne Stein
1 TL Kapern
½ Knoblauchzehe
1 Stängel Basilikum
4–5 Stängel glatte Petersilie
5–6 EL Olivenöl
Salz • Pfeffer

ZUBEREITUNG: 15 Min. **PRO PORTION (BEI 6):** 110 kcal

1 Die Artischocken in ein Sieb abgießen und abtropfen lassen, dabei möglichst noch etwas Saft mit einer Gabel herausdrücken. Die Lake weggießen. Artischocken und Oliven grob zerschneiden und mit den Kapern in einen Rührbecher geben. Knoblauch schälen, grob hacken und dazugeben.

2 Basilikum und Petersilie waschen und trocken schütteln. Die Blättchen abzupfen und grob zerschneiden. Beides ebenfalls in den Rührbecher geben. 5 EL Olivenöl darübergießen und alles mit dem Pürierstab nicht allzu fein, aber cremig pürieren, falls nötig, noch etwas Öl nehmen. Mit Salz und Pfeffer würzen.

Knabbert man in Großbritannien vornehm am Schinkensandwich, lassen es die Franzosen dagegen richtig krachen: Vom lautmalerischen croquer *für lustvolles Zubeißen leitet sich der Name für den Bistro-Klassiker ab. Nicht weniger bekannt ist die gratinierte Zwiebelsuppe, deren Folgen häufig erst nach dem Verzehr hörbar werden; aber was soll's, sie schmeckt einfach köstlich!*

Croque Monsieur

FÜR 4 PERSONEN
8 große Scheiben Toast- oder Sandwichbrot
2 TL Butter
4 große Scheiben gekochter Schinken (ca. 200 g)
4 Scheiben Gruyère (à ca. 30 g)
150 g Gruyère am Stück
schwarzer Pfeffer
IM BILD VORNE

ZUBEREITUNG: 30 Min. **PRO PORTION:** 455 kcal

1 Den Backofen auf 220° (Umluft 200°) vorheizen. 4 Brotscheiben dünn mit Butter bestreichen. Vom Schinken eventuell den Fettrand wegschneiden, dann je 1 Scheibe Schinken auf den gebutterten Toast legen, darüber je 1 Scheibe Käse so legen, dass sie möglichst nicht über das Brot hinauslappen, gegebenenfalls etwas zurechtschneiden. Übrige Toastscheiben darauflegen, leicht festdrücken.

2 Die Brote auf ein mit Backpapier ausgelegtes Blech legen und im Backofen (Mitte) in 5–8 Min. goldgelb bräunen. Inzwischen den Käse reiben. Toasts herausnehmen und mit dem geriebenen Käse bestreuen, dann weitere 8–10 Min. backen, bis der Käse schön geschmolzen ist. Vor dem Servieren mit Pfeffer übermahlen.

Gratinierte Zwiebelsuppe

SOUPE À L'OIGNON

FÜR 4 PERSONEN
1 kg braune Zwiebeln
3 EL Butter
1 TL Zucker
1 ½ EL Mehl
200 ml Weißwein (ersatzweise Brühe)
1,5 l Rinderbrühe
4 Zweige Thymian
1 Lorbeerblatt
Salz • Pfeffer
2 EL Cognac (nach Belieben)
250 g Gruyère
8–12 dicke Scheiben Baguette
Butter zum Bestreichen
IM BILD HINTEN

ZUBEREITUNG: 25 Min. **GAREN:** 1 Std. 45 Min. **PRO PORTION:** 935 kcal

1 Die Zwiebeln schälen und in Ringe schneiden. Butter in einem Topf schmelzen und die Zwiebeln darin offen bei kleiner Hitze ca. 20 Min. dünsten, ohne dass sie Farbe annehmen. Mit Zucker bestreuen und bei kleiner bis mittlerer Hitze weitere 20–30 Min. dünsten, bis die Zwiebeln goldbraun gebräunt sind. Mehl darüberstäuben und unter Rühren 1–2 Min. anschwitzen. Wein und Brühe dazugießen und umrühren. Thymian abbrausen und mit dem Lorbeerblatt in die Suppe geben. Bei kleiner Hitze offen weitere 30 Min. köcheln. Mit Salz, Pfeffer und nach Wunsch Cognac würzen.

2 Den Backofen auf 200° vorheizen. Käse fein reiben. Die Brotscheiben beidseitig dünn mit Butter bestreichen, leicht salzen und pfeffern, dann auf einen mit Backpapier ausgelegten Backrost legen. Im Ofen (Mitte) in 5–8 Min. goldbraun backen, dabei einmal wenden. Inzwischen die Suppe in ofenfeste Suppenschalen verteilen. Die Brote auf den Suppen verteilen, leicht eindrücken und den Käse darüberstreuen. Die Ofentemperatur auf 220° erhöhen, die Suppenschalen in den Ofen stellen (oben, Umluft nicht empfehlenswert) und die Brote in 12–15 Min. goldbraun gratinieren.

1 =
6 =
SECHONS 60%
FROMAGES AU LAIT CRU DE VACHE
poids net : 9 kg

Ziegenkäse-Beutelchen mit Rucola

AUMÔNIÈRES DE CHÈVRE CHAUD

FÜR 4 PERSONEN
4 Blätter Filo- oder Yufkateig (ca. 100 g; ca. 30 x 30 cm)
50 g Butter
8 Ziegenfrischkäse (à ca. 20 g)
4 ½ TL Lavendel- oder anderer Blütenhonig
Pfeffer
12 Walnusskernhälften
2 Bund Rucola (ca. 150 g)
2 EL Himbeeressig
½ TL Dijon-Senf
Salz
je 2 EL Walnuss- und Olivenöl
125 g Himbeeren
1 Muffinblech oder 8 Einzelformen
IM BILD OBEN RECHTS

ZUBEREITUNG: 40 Min. **PRO PORTION:** 490 kcal

1 Den Backofen auf 180° (Umluft 160°) vorheizen. Den Teig aus der Packung nehmen und jedes Blatt in 4 gleichmäßig große Quadrate schneiden. Butter in einem Töpfchen schmelzen. Acht Mulden einer Muffinform mit etwas Butter auspinseln, den Rest Butter (noch etwas zurückbehalten) auf die Teigblätter streichen. Je 2 Teigblätter versetzt aufeinanderlegen (es entsteht ein achteckiger Stern) und die Sterne vorsichtig – sie reißen leicht – in die Muffinmulden legen. Je 1 Ziegenkäse hineinlegen und mit je ½ TL Honig beträufeln, pfeffern. Walnüsse grob hacken und darüberstreuen. Dann die Teigblätter oben zusammenfassen, locker zu einem Beutelchen zusammendrehen und mit übriger Butter bestreichen. Im Ofen (unten) in 15–20 Min. goldbraun backen.

2 Inzwischen Rucola waschen, trocken schütteln und grobe Stiele wegschneiden. Essig mit übrigem Honig, Senf, Salz und Pfeffer verrühren. Beide Ölsorten unterschlagen, bis das Dressing schön cremig ist. Himbeeren verlesen, eventuell waschen und trocken tupfen. Kurz vor dem Servieren Dressing und Rucola mischen, auf Teller verteilen und Himbeeren darüberstreuen. Ziegenkäsebeutelchen aus der Form heben, je 2 Stück auf die Salate setzen und sofort servieren.

Salat mit überbackenem Ziegenkäse

MESCLUN AU CHÈVRE CHAUD

FÜR 4 PERSONEN
400 g Kirschtomaten
1 Knoblauchzehe
1 TL Honig
2 EL Rotweinessig
6 EL Olivenöl
Salz • Pfeffer
2 EL Schnittlauchröllchen
4 dünne Scheiben Baguette
4 Scheiben junger Ziegenkäse (z. B. Ziegenrolle à ca. 70 g)
200 g gemischter Blattsalat (Mesclun; s. Seite 50)
IM BILD UNTEN LINKS

ZUBEREITUNG: 25 Min. **PRO PORTION:** 405 kcal

1 Den Backofen auf 200° (Umluft 180°) vorheizen. Tomaten waschen und abtrocknen. Für die Vinaigrette 8 Tomaten in kleine Stücke schneiden und in ein feines Sieb geben. Mit einem Löffel so viel Saft und Fruchtfleisch wie möglich durch das Sieb streichen und auffangen. Knoblauch schälen und halbieren. Eine Hälfte durch die Presse drücken und mit Honig, Tomatensaft und Essig verrühren, dann das Olivenöl kräftig unterschlagen, bis das Dressing schön cremig ist. Salzen, pfeffern und den Schnittlauch unterheben. Die übrigen Tomaten in Hälften schneiden.

2 Baguettescheiben auf dem Rost im Ofen (Mitte) 1–2 Min. ganz leicht rösten. Brote aus dem Ofen nehmen und die obere Seite mit der zweiten Knoblauchhälfte einreiben. Ziegenkäse auf die Brotscheiben legen und im Ofen weitere 10–15 Min. backen, bis der Käse schön bräunt (am besten ein Backpapier unter die Brote auf den Rost legen). Zwischenzeitlich den Salat waschen, trocken schleudern und mit Tomaten und Vinaigrette mischen. Auf Tellern anrichten und die Ziegenkäsebrote daneben- oder daraufsetzen; vor dem Servieren mit grobem Pfeffer übermahlen.

Voller sonnenreifer Zutaten, knackig und erfrischend soll er sein. Varianten sind erlaubt: mal mit Radieschen statt Artischocken, eventuell noch ein paar Kapern dazu und sogar Kartoffeln – die sieht das Original aus Nizza allerdings nicht vor ...

Nizza-Salat

SALADE NIÇOISE

FÜR 4 PERSONEN
ZUBEREITUNG: ca. 40 Min.
PRO PORTION: ca. 530 kcal

200 g kleine, neue, festkochende Kartoffeln (nach Belieben) • Salz
3 Eier
200 g dünne Buschbohnen
2 Stängel Bohnenkraut
½ Bio-Salatgurke
1 grüne Paprikaschote
4 Tomaten
1 milde weiße Zwiebel
1 kleiner Römersalat (ca. 150 g)
6 Artischockenherzen in Salzlake (aus der Dose)
ca. 250 g Thunfisch (Abtropfgewicht; in Öl aus der Dose)
6 Sardellenfilets in Salzlake
50 g schwarze Oliven (ohne Stein)
2 kleine Knoblauchzehen
1 TL Dijon-Senf
3 EL Weißweinessig
8 EL Olivenöl • Pfeffer
je 3 Stängel Basilikum und Petersilie

1 Wenn Kartoffeln verwendet werden, diese in kaltem Wasser sauber bürsten und in etwas Salzwasser in ca. 20 Min. gar, aber nicht zu weich kochen. Abgießen, ausdampfen lassen. Eier in kochendem Wasser in ca. 10 Min. hart kochen, kalt abschrecken und pellen. Bohnen waschen, Enden abknipsen, Bohnen halbieren und samt Bohnenkraut in kochendem Salzwasser zugedeckt bei mittlerer Hitze in 8–10 Min. bissfest garen. In ein Sieb abgießen, kalt abschrecken und abtropfen lassen.

2 Gurke waschen, längs halbieren und in nicht zu dünne Scheiben schneiden. Paprika vierteln, putzen, waschen und in Streifen schneiden. Tomaten waschen und achteln, dabei die Stielansätze entfernen. Zwiebel schälen und in Ringe schneiden. Strunk vom Salat großzügig wegschneiden, die Blätter waschen, trocken schütteln und quer in breite Streifen schneiden. Alles auf einer Platte oder in einer flachen Schüssel auslegen.

3 Artischocken abtropfen lassen und längs halbieren oder vierteln. Thunfisch abgießen, gut abtropfen lassen und mit einer Gabel in große Stücke teilen. Sardellen kalt abspülen, mit Küchenpapier trocken tupfen und quer halbieren. Abgekühlte Eier längs sechsteln, Kartoffeln vierteln. Alles mit den vorbereiteten Gemüsen auf dem Salat anrichten. Die Oliven in Ringe schneiden und darüberstreuen. Knoblauch schälen, ganz fein hacken, mit Senf und Essig verrühren, dann mit dem Öl kräftig zu einer cremigen Vinaigrette verschlagen. Salzen, pfeffern und über den Salat gießen. Kräuter waschen, trocken schütteln, Blättchen abzupfen, klein schneiden und darüberstreuen. Den Salat erst bei Tisch vorsichtig und kurz mischen.

Variante *Pan bagnat*

Diese ebenfalls aus Nizza stammende Spezialität ist eigentlich nichts anderes als Salat im Brötchen – an heißen Tagen ein idealer Imbiss, der sich auch für den Picknickkorb eignet. Dazu 1 Baguette in 4 Stücke schneiden, diese längs halbieren und etwas Brotkrume herauskratzen (oder stattdessen 4 große Brötchen nehmen). Den Salat ohne Bohnen und Kartoffeln wie beschrieben zubereiten, allerdings jeweils nur die Hälfte der Zutaten verwenden (1 Ei reicht, dafür darf's 1 ganze Paprikaschote sein) und möglichst kleiner schneiden. Alle Salatzutaten samt Vinaigrette in einer Schüssel mischen, auf die unteren Brothälften verteilen, die oberen Hälften auflegen, festdrücken und mindestens noch 30 Min. durchziehen lassen.

Herbstlicher Endiviensalat mit Roquefort

SALADE DE CHICORÉE AU ROQUEFORT

FÜR 4 PERSONEN

1 kleiner Endiviensalat (ca. 400 g)
2 Stangen Staudensellerie
je 80 g grüne und blaue Trauben
150 g Roquefort
75 g Crème fraîche
4–5 EL Milch
2 EL frisch gepresster Zitronensaft
1–2 TL Cognac (nach Belieben)
Salz • Pfeffer
1 EL Schnittlauchröllchen
50 g Walnusskerne

IM BILD UNTEN

ZUBEREITUNG: 30 Min. PRO PORTION: 340 kcal

1 Den Salat in einzelne Blätter zerteilen, dabei dicke Stielansätze entfernen. Salat putzen, waschen und trocken schleudern. Große Blätter kleiner zupfen. Sellerie putzen, waschen und in dünne Scheiben schneiden. Trauben waschen, von den Stielen zupfen, halbieren und die Kerne mit einem spitzen Messer herauskratzen. Roquefort in Stücke schneiden. Die Hälfte davon mit Crème fraîche, Milch und Zitronensaft mit dem Pürierstab pürieren. Die Käsecreme nach Belieben mit Cognac, Salz und Pfeffer würzen und anschließend den Schnittlauch unterrühren.

2 Die Walnusskerne grob hacken (oder halbieren oder vierteln). Salat, Sellerie, Trauben, Nüsse und übrigen Roquefort in einer Schale anrichten und mit dem Käsedressing beträufeln. Dazu am besten ein kräftiges Bauernbrot reichen.

Löwenzahnsalat mit Speck und Croûtons

SALADE DE PISSENLIT AU LARD ET AUX CROÛTONS

FÜR 4 PERSONEN

300 junger Löwenzahn
120 g Räucherspeck
150 g Weißbrot vom Vortag
1 kleine Knoblauchzehe
2 EL Butter
1 EL gehackte Petersilie
2 EL Olivenöl
3 EL Cidre-Essig

IM BILD OBEN

ZUBEREITUNG: 25 Min. PRO PORTION: 380 kcal

1 Den Löwenzahn verlesen, putzen, waschen, gut trocken tupfen und in eine Schüssel geben. Den Speck in kleine Würfel schneiden. Brot in 1–1,5 cm große Würfel schneiden, Knoblauch schälen. Die Butter in einer kleinen, beschichteten Pfanne zerlassen, Knoblauch dazupressen und die Brotwürfel unterrühren. Das Brot unter mehrmaligem Wenden bei mittlerer Hitze goldbraun rösten. Zum Schluss Petersilie gut unterrühren, alles herausnehmen und auf Küchenpapier abtropfen lassen.

2 Die Pfanne mit Küchenpapier sauber auswischen, Öl hineingeben und heiß werden lassen. Darin den Speck bei mittlerer Hitze unter gelegentlichem Rühren knusprig braun braten. Vom Herd nehmen und zügig den Essig unterrühren. Sofort warm über den Löwenzahn geben und alles gut durchmischen. Den Salat mit den Croûtons bestreuen und sofort, noch warm, servieren.

Außerhalb der Saison

Statt mit Löwenzahn schmeckt der Salat auch mit Winterendivie oder Friséesalat: Die Blätter klein zupfen. Mit dem Essig noch 3–5 EL Rinderbrühe in die Pfanne rühren, heiß werden lassen und mit dem Salat mischen.

- Plats p
HARCUTERI

Rindertatar auf neue Art

STEAK TARTARE FAÇON NOUVELLE

FÜR 4 PERSONEN

500 g Rinderfilet (möglichst aus der Mitte, eventuell vom Metzger durchdrehen lassen und zügig verwenden)
2 Tomaten
5 Frühlingszwiebeln
2 in Salz eingelegte Sardellenfilets
1 EL Kapern
1 ½ TL Dijon-Senf
1 TL Cognac (nach Belieben)
1 TL Weißweinessig
1 frisches Eigelb (Größe L)
125 ml Sonnenblumenöl
Salz • Pfeffer
1–2 EL Tabasco oder Chilisauce (aus dem Asienladen)

IM BILD OBEN RECHTS

ZUBEREITUNG: 30 Min. **PRO PORTION:** 470 kcal

1 Das Rindfleisch trocken tupfen, in feine Würfel schneiden und noch leicht durchhacken oder durch den Fleischwolf (mittlere Stärke) drehen. Tomaten waschen, vierteln, Stielansätze wegschneiden, Kerne herauslöffeln. Fruchtfleisch klein würfeln. Frühlingszwiebeln waschen, trocken schütteln und putzen, in hauchdünne Ringe schneiden; einige grüne Zwiebelringe beiseitelegen. Sardellen kalt abwaschen, trocken tupfen, mit den Kapern fein hacken und mit allen vorbereiteten Zutaten in eine Schüssel geben.

2 Senf, Cognac, Essig und Eigelb verrühren. Tröpfchenweise etwas Öl mit dem Schneebesen unterschlagen, dann nach und nach immer mehr Öl unterrühren, bis sich eine cremige Mayonnaise bildet. Mit Salz, Pfeffer und für alle, die Schärfe lieben, Tabasco oder Chilisauce (ich finde am besten vietnamesische) würzen.

3 Mayonnaise gründlich unter die Fleischmasse rühren. Das Tatar salzen und pfeffern (wichtig: Tatar immer erst kurz vor dem Servieren salzen und pfeffern und unbedingt zwischenzeitlich in den Kühlschrank stellen). Jeweils 4 Häufchen Tatar auf Teller verteilen – wer hat, nimmt Servierringe (ca. 8 cm Ø) und formt das Tatar darin. Mit Zwiebelgrün bestreuen und mit Baguette oder geröstetem Toast servieren.

Blutwurst-Apfel-Taschen

JALOUSIE DE BOUDIN AUX POMMES

FÜR 4–6 PERSONEN

2 frische Blutwürste (à ca. 150 g)
2 Zwiebeln
4 EL Sonnenblumenöl
1 EL gehackter Majoran
2 Äpfel (z. B. Boskop)
2 EL Butter
1 TL Zucker
2–3 EL Calvados (nach Belieben)
270 g ausgerollter Blätterteig (42 x 42 cm; Kühlregal)
1 Ei
1 EL Crème fraîche
Salz • Pfeffer
Mehl zum Arbeiten

IM BILD UNTEN LINKS

ZUBEREITUNG: 30 Min. **BACKEN:** 25 Min. **PRO PORTION (BEI 6):** 460 kcal

1 Würste aufschneiden, Wurstmasse herauslösen und grob zerteilen. Zwiebeln schälen, längs halbieren und in Streifen schneiden. 2 EL Öl in einer beschichteten Pfanne erhitzen, darin die Zwiebeln goldgelb dünsten. Wurstmasse und Majoran unter Rühren bei mittlerer Hitze mitbraten; dabei mit einem Holzlöffel zerteilen, bis alles durchgebraten ist. Herausnehmen und abkühlen lassen. Die Pfanne mit Küchenpapier auswischen.

2 Den Backofen auf 200° vorheizen. Äpfel schälen, vierteln, von Kerngehäusen befreien und in feine Scheiben schneiden. Übriges Öl und Butter in der Pfanne erhitzen, Äpfel dazugeben, mit Zucker überstreuen und bei mittlerer Hitze 3–4 Min. braten, bis sie leicht bräunen. Eventuell mit Calvados ablöschen. Abkühlen lassen.

3 Den Blätterteig auf einer bemehlten Arbeitsfläche ausbreiten. Daraus vier Quadrate à ca. 20 cm Seitenlänge schneiden. Das Ei trennen, Teigplatten am Rand rundum mit Eiweiß bestreichen. Blutwurstmasse mit Crème fraîche mischen, salzen und pfeffern. Auf einer Hälfte der Teigquadrate verteilen, Äpfel darauflegen. Die freie Teighälfte darüberschlagen und die Ränder gut andrücken. Teigtaschen auf ein mit Backpapier ausgelegtes Blech heben. Eigelb verquirlen und auf die Taschen pinseln. Im Ofen (Mitte, Umluft 180°) in 20–25 Min. goldbraun backen. Warm, mit grünem Salat, servieren.

Steak mit Pommes frites

STEAK-FRITES

FÜR 4 PERSONEN
ZUBEREITUNG: 1 Std. 15 Min.
RUHEN: 45 Min.
PRO PORTION: 950 kcal

½ Knoblauchzehe
Salz (wer möchte, nimmt Fleur de Sel)
1 TL gehackter Thymian
1 TL gehackte Petersilie
½ TL frisch gehackter Estragon
150 g weiche Butter
grob gemahlener schwarzer Pfeffer
Cayennepfeffer
4–5 große vorwiegend festkochende Kartoffeln (à ca. 250 g)
4 Entrecôtes (à ca. 200 g, s. Seite 139)
2 EL Olivenöl
2 EL Butter
Fett oder Öl zum Frittieren

1 Den Knoblauch schälen und hacken. Mit 1 Prise Salz auf einem Brett mit der flachen Messerklinge zermusen und mit den Kräutern zur Butter geben. Alles mit einer Gabel vermengen, mit Salz, Pfeffer und 1 Prise Cayennepfeffer würzen. Die Butter in einem kurzen Streifen auf Pergamentpapier oder Frischhaltefolie legen und mit deren Hilfe zu einer Rolle formen. Anschließend die Butter in den Kühlschrank oder das Gefrierfach legen.

2 Kartoffeln schälen, waschen und längs in knapp 1 cm breite Stäbchen schneiden. In eine Schüssel mit reichlich Wasser geben und 45 Min. stehen lassen. Abgießen, kalt abbrausen und in einem Geschirrtuch möglichst gut abtrocknen. Das Öl oder Fett in einem großen Topf oder der Fritteuse (auf 170°) erhitzen. Zur Probe ein Kartoffelstäbchen einlegen. Wenn zischend große Bläschen aufsteigen, ist das Fett heiß genug. Jetzt die Kartoffeln darin in 5–6 Portionen je 4–5 Min. vorfrittieren, herausheben und auf Küchenpapier abtropfen lassen. Dabei jeweils das Fett zwischendurch wieder gut aufheizen lassen. So vorgegart, kann man die Pommes frites 2–3 Std. vor dem eigentlichen Garen vorbereiten und stehen lassen.

3 Das Frittierfett wieder richtig heiß werden lassen (Fritteuse 190°). Jetzt sollte das Fett beim Test-Kartoffelstäbchen richtig sprudeln, und es sollten viele kleine Bläschen aufsteigen. Frites darin wieder in kleineren Portionen in 4–6 Min. knusprig braun frittieren. Auf Küchenpapier abtropfen lassen und sofort salzen, eventuell in einer Schüssel im 60° warmen Ofen warm halten.

4 Während des Frittierens die Steaks trocken tupfen, salzen und pfeffern. Olivenöl in einer großen Pfanne heiß werden lassen. Steaks darin pro Seite bei großer Hitze jeweils 1 Min. anbraten, dann Butter dazugeben und das Fleisch bei mittlerer Hitze pro Seite weitere 2 ½–3 Min. braten, dabei mehrmals mit Bratfett beschöpfen. Die Steaks sind so medium (s. unten). Zum Servieren Steak und Frites auf einen Teller geben, Kräuterbutter in Scheiben oder Stücke schneiden, auf die Steaks geben und alles sofort servieren. Salz und Pfeffer zum Nachwürzen auf den Tisch stellen.

Steak nach Geschmack, auf gut Französisch
In Frankreich liebt man Steaks eher blutig: nämlich *bleu* oder zumindest mit blutigem Kern, *saignant.* Ein medium gebratenes Steak nennt man *à point* und ein richtig durchgebratenes *bien cuit.* Da Fleisch sich schwer nur nach Zeit braten lässt, empfiehlt sich immer das beidseitige einminütige Vorbraten bei großer Hitze. Dann, beim Weiterbraten bei reduzierter Hitze hilft die »Drückprobe«. Gibt das Fleisch bei Fingerdruck richtig nach, ist es innen noch roh; ein Medium-Steak fühlt sich auf Druck mit dem Daumen in der Mitte noch leicht weich, an den Rändern fest an, und es gibt nur wenig nach, wenn es durchgebraten ist.

Krampouezhenn gwinizh du heißen die herzhaften Pfannkuchen aus Buchweizenmehl auf gut Bretonisch. Wer mit diesem Zungenbrecher nicht zurechtkommt bestellt einfach galettes, *und jeder wird sofort wissen, was gemeint ist. Am besten gleich* galettes complètes *mit Spiegelei, Käse und Schinken oder Speck und dazu natürlich ein Glas Cidre. Die* galettes *gibt es hier mit einigen Varianten.*

Bretonische Pfannkuchen

LES GALETTES

FÜR 12–15 STÜCK
ZUBEREITUNG: 1 Std.
QUELLZEIT: 4 Std.
PRO STÜCK (BEI 15): 320 kcal

Für die Pfannkuchen:
200 g Buchweizenmehl
70 g Weizenmehl (Type 550)
Salz
2 Eier
500 ml Milch
25 g Butter

Für die Füllungen:
250 g braune Champignons
Salz • Pfeffer
frisch geriebene Muskatnuss
1 Bund Schnittlauch
150 g Crème fraîche
200 g Gruyère
150 g Frühstücksspeck in Scheiben
4 Eier (Größe M)
4 Scheiben Räucherlachs

Außerdem:
Butter zum Braten

1 Für die Pfannkuchen beide Mehlsorten und 1 ½ TL Salz in einer Schüssel mischen. Die Eier in die Mitte geben und nach und nach die Milch und ca. 750 ml kaltes Wasser dazugießen, dabei ständig mit dem Schneebesen rühren. Der Teig sollte am Ende richtig dünnflüssig sein. Falls es Klümpchen gibt, am besten den Teig kurz mit dem Handrührgerät durchmixen. Die Butter schmelzen, ebenfalls unterrühren, dann den Teig für mindestens 4 Std. an einem kühlen Ort quellen lassen.

2 Für die Füllungen die Pilze sauber reiben, putzen und in dicke Scheiben schneiden. 2 EL Butter in einer beschichteten Pfanne erhitzen, darin die Pilze unter Rühren bei großer Hitze braun braten, mit Salz, Pfeffer und Muskatnuss würzen. Den Schnittlauch waschen, trocken schütteln und in Röllchen schneiden. Ein Drittel davon unter die Crème fraîche rühren, salzen und pfeffern. Den Käse entrinden und fein reiben. Den Speck in einer Pfanne bei mittlerer Hitze nur leicht braun und nicht knusprig braten, auf Küchenpapier abtropfen lassen.

3 Den Teig nochmals gut durchrühren. Eine beschichtete Pfanne richtig heiß werden lassen. Ein Stück Küchenpapier zusammenfalten, ein Stück Butter daraufgeben und die Pfanne damit ausreiben. Dann eine Schöpfkelle Teig in die Pfanne geben und möglichst zügig die Pfanne so wenden, dass sich der Teig dünn und gleichmäßig darin verteilt. Den Pfannkuchen bei größter Hitze backen, bis er an den Rändern dunkelbraun und knusprig ist – jetzt kommen die Füllungen darauf.

4 In die Mitte des Pfannkuchens 1 Ei schlagen, salzen und pfeffern und etwas fest werden lassen, 1–2 Scheiben Speck darauflegen und mit etwas Käse und Schnittlauch bestreuen. Den Pfannkuchen von vier Seiten her zu einem Päckchen zusammenschlagen. Alternativ ein paar Pilze auf die Galette geben und mit Käse und Schnittlauch bestreuen; oder 1 Scheibe Räucherlachs mit einem Klecks Schnittlauch-Crème-fraîche einpacken. So alle Pfannkuchen backen und mit Füllungen, die ganz nach Lust und Laune variieren können, füllen. Die fertigen Pfannkuchen sollte man möglichst sofort servieren.

Weil die strenggläubigen Bauern des Bourbonnais freitags kein Fleisch aßen und ihnen der Fischfang untersagt war, sollen sie diese einfache Pastete erfunden haben: Gebacken aus wenigen Zutaten, die es aber meist auf allen Höfen reichlich gab. Das Ergebnis ist köstlich, besonders, wenn ein wenig Speck und Kräuter in die Füllung wandern.

Kartoffel-Kräuter-Pastete

PÂTÉ BOURBONNAISE AUX POMMES DE TERRE

FÜR 1 TARTEFORM (26 CM Ø; 12 STÜCK)
ZUBEREITUNG: 55 Min.
BACKEN: 45 Min.
PRO STÜCK: 310 kcal

450 g TK-Blätterteig (6 Platten)
700 g vorwiegend festkochende Kartoffeln
150 g Räucherspeck
1 große Zwiebel
1 Knoblauchzehe
1 Bund Frühlingszwiebeln
1 große Handvoll Kräuter (Schnittlauch, Petersilie, Kerbel, 1–2 Stängel Estragon)
1 EL Butter
250 g saure Sahne
Salz • Pfeffer
frisch geriebene Muskatnuss
1 Ei
Mehl zum Arbeiten

1 Blätterteig aus der Packung nehmen, Mehl abbürsten und einmal zwei Drittel der Teigplatten (4 Stück) und einmal ein Drittel (2 Stück) aufeinanderlegen. Kartoffeln schälen, waschen, in dünne Scheiben schneiden oder hobeln und in eine Schüssel mit kaltem Wasser geben. Speck in kleine Würfel schneiden, Zwiebel und Knoblauch schälen und klein würfeln. Frühlingszwiebeln waschen, putzen und mit dem Grün in dünne Ringe schneiden. Die Kräuter waschen, trocken schütteln und klein schneiden – sie sollten 6–8 EL ergeben.

2 Kartoffeln in ein Sieb abgießen und leicht trocken tupfen. Butter in einer großen beschichteten Pfanne zerlassen, darin bei mittlerer Hitze Speck, Zwiebel und Knoblauch andünsten, der Speck soll dabei nur ganz leicht bräunen. Die Kartoffeln unterrühren und die Pfanne vom Herd nehmen.

3 Den Backofen auf 200° vorheizen. Den größeren Teigplattenstapel auf einer leicht bemehlten Arbeitsfläche ca. 5 cm größer als die Form rund ausrollen bzw. rund zurechtschneiden. Tarteform mit kaltem Wasser ausspülen (nicht abtrocknen), das Mehl vom Teig abwischen und die Teigplatte in die Form legen, sodass sie leicht über den Rand hinauslappt. 3 EL saure Sahne zu den Kartoffeln geben und mit Frühlingszwiebeln und Kräutern unterrühren. Kräftig mit Salz, Pfeffer und Muskatnuss würzen, dann alles gleichmäßig auf den Teig verteilen. Das Ei trennen. Die Teigränder nach innen über die Füllung klappen und mit Eiweiß bepinseln.

4 Aus den übrigen Teigplatten einen Kreis in Formgröße ausrollen bzw. zurechtschneiden, in die Mitte des Teigkreises ein Loch von ca. 3 cm Ø schneiden. Teig auf die Füllung legen, dabei gut auf den eingeklappten Teigrändern des Bodens festdrücken. Aus einem kleinen Stück Backpapier eine Rolle formen und als Kamin in das Loch in dem Teigdeckel stecken. Das Eigelb verquirlen und die Pastete damit bestreichen. Im Ofen (unten, Umluft 180°) in ca. 45 Min. goldbraun backen. Übrige saure Sahne mit Salz und Pfeffer würzen. Pastete aus dem Ofen nehmen und die Sahne durch den Papiertrichter in die Pastete gießen. 3–5 Min. stehen lassen, dann aufschneiden und heiß servieren, am besten mit einem knackig frischen Salat.

Dégustez nos Vins
de Propriété
Fleurie
Chiroubles
Moulin à Vent
Côte de Beaune
Santenay
Givry
Côtes du Rhône
Alsace

Ihren Ursprung haben die beliebten Quiches in Elsass-Lothringen, deshalb ist die Quiche Lorraine mit reichlich Speck die Mutter aller Quiches. Gemeinsam sind ihnen allen ein buttrig-zarter Mürbeteig und der üppige Guss aus Eiern, Milch oder Sahne.

Quiche Lorraine

FÜR 1 SPRINGFORM (26 CM Ø, 12 STÜCK)
ZUBEREITUNG: 25 Min.
RUHEN: 30 Min.
BACKEN: 45 Min.
PRO STÜCK: 385 kcal

Für den Teig:
250 g Mehl • Salz
150 g kalte Butter
1 Eigelb
Mehl zum Arbeiten
Butter für die Form

Für den Belag:
200 g magerer Räucherspeck
1 EL Butter
250 g Sahne
50 ml Milch
4 Eier (Größe M)
Salz • Pfeffer
frisch geriebene Muskatnuss

1 Für den Teig Mehl mit ½ TL Salz in einer Rührschüssel mischen. Butter in Stückchen schneiden, zum Mehl geben und mit einem großen Messer zu kleinen Krümeln hacken. Eigelb dazugeben und unterhacken. Dann nach und nach 2–6 EL möglichst kaltes Wasser dazugeben und alles zügig mit den Händen zu einem glatten, aber nicht zu feuchten Teig zusammenkneten. Teig zu einer Kugel formen, in Frischhaltefolie wickeln und für mindestens 30 Min. im Kühlschrank ruhen lassen.

2 Inzwischen für den Belag vom Speck die Schwarte dünn abschneiden und den Speck in kleine Würfel schneiden. Butter in einer beschichteten Pfanne zerlassen und den Speck darin leicht anbraten, dann abkühlen lassen. Sahne, Milch und Eier gut verquirlen und mit Salz, Pfeffer und Muskatnuss kräftig würzen.

3 Den Backofen auf 200° vorheizen, die Form mit Butter fetten. Den Teig aus der Folie nehmen und auf einer bemehlten Arbeitsfläche dünn ausrollen. In die Form legen und einen ca. 5 cm hohen Rand formen, den Boden mehrmals mit einer Gabel einstechen. Speck abtropfen lassen und auf dem Teigboden verteilen. Das ausgetretene Fett unter die Sahne-Ei-Mischung rühren und diese über den Speck gießen. Die Quiche im Ofen (Mitte, Umluft 180°) in ca. 45 Min. goldgelb backen. Sollte sie zu schnell braun werden, eventuell gegen Backzeitende mit Backpapier abdecken. Die Quiche leicht abkühlen lassen, dann lässt sie sich besser anschneiden.

Variante ***Quiche mit Käse***
Käse gehört eigentlich nicht hinein. Wer möchte, kann aber 100 g geriebenen Gruyère oder Comté auf dem Speck verteilen und dann den Guss darübergeben.
DAS BILD ZU DEN REZEPTEN AUF DIESER DOPPELSEITE STEHT AUF SEITE 37 UND ZEIGT: QUICHE LORRAINE (VORNE) UND BIRNEN-ROQUEFORT-KUCHEN (HINTEN).

Lauchkuchen

FLAMICHE AUX POIREAUX

FÜR 1 SPRINGFORM (26 CM Ø, 12 STÜCK)
1 Portion Quicheteig (s. links)
6 dicke Stangen Lauch (ca. 1,3 kg)
50 g Butter
Salz • Pfeffer
2 Eier (Größe M)
1 Eigelb
100 g Sahne
100 g Crème fraîche
frisch geriebene Muskatnuss
Butter für die Form

ZUBEREITUNG: 35 Min. **RUHEN:** 30 Min. **BACKEN:** 45 Min. **PRO STÜCK:** 305 kcal

1 Den Teig wie beschrieben zubereiten und kühl stellen. Inzwischen den Lauch waschen und die dicken grünen Blätter wegschneiden. Es wird nur der weiße bzw. zarte hellgrüne Teil verwendet. Diese Teile längs halbieren waschen, putzen und in ca. 5 mm dicke Ringe schneiden, gut trocken schütteln.

2 Butter in einer großen beschichteten Pfanne erhitzen und den Lauch darin bei mittlerer Hitze 5–8 Min. nur leicht bräunen, dabei gelegentlich umrühren. Salzen, pfeffern und abkühlen lassen. Eier, Eigelb, Sahne und Crème fraîche mit dem Schneebesen verrühren, Lauch untermischen und kräftig mit Salz, Pfeffer und Muskatnuss abschmecken.

3 Backofen auf 180° vorheizen. Form mit Butter fetten. Den Teig wie beschrieben ausrollen und in der Form verteilen, mehrmals einstechen. Lauchmasse daraufgeben und glatt streichen. Im Ofen (Mitte, Umluft 160°) in 30–45 Min. goldgelb backen, eventuell gegen Ende mit Backpapier abdecken. Vor dem Servieren leicht abkühlen lassen.

Variante *Lauchkuchen mit Käse*

Wer möchte, kann 200 g klein gewürfelten gekochten Schinken unter die Lauchmasse mischen. Wer kräftiges Käsearoma schätzt und auch intensiven Geruch nicht scheut, würfelt 150 g Maroilles oder Münsterkäse und mischt ihn mit dem Lauch. *Maroilles* ist eine Käsespezialität, die wie das Originalrezept des *Flamiche* aus der Picardie stammt: ein weicher Kuhmilchkäse mit Rotschmierrinde, der im Geschmack etwas milder als der sehr würzige elsässische *Munster* (Münsterkäse) ist.

Birnen-Roquefort-Tarte

TARTE AUX POIRES ET AU ROQUEFORT

FÜR 1 TARTE- ODER SPRINGFORM (26 CM Ø, 12 STÜCK)
1 Portion Quicheteig (siehe links)
3 reife feste Birnen (ca. 600 g)
1–2 EL frisch gepresster Zitronensaft
150 g Roquefort
2 Eier (Größe M)
2–3 EL Milch
150 g Crème fraîche
Salz • weißer Pfeffer
2 EL Schnittlauchröllchen
12–15 Walnusskernhälften (ca. 30 g)
Butter für die Form
Hülsenfrüchte zum Blindbacken

ZUBEREITUNG: 30 Min. **RUHEN:** 30 Min. **BACKEN:** 25 Min. **PRO STÜCK:** 335 kcal

1 Den Teig wie beschrieben zubereiten und kühl stellen. Inzwischen die Birnen schälen, vierteln, die Kerngehäuse herausschneiden und die Viertel in je 3 dünne Spalten schneiden. Sofort mit Zitronensaft mischen, damit sie nicht braun werden. Roquefort grob zerschneiden und mit Eiern, Milch und Crème fraîche mit dem Pürierstab pürieren. Mit Salz und Pfeffer würzen, den Schnittlauch unterrühren. Walnüsse grob hacken.

2 Den Backofen auf 200° vorheizen, Form mit Butter fetten. Teig wie beschrieben ausrollen und in die Form geben, dabei einen ca. 4 cm hohen Rand bilden, den Boden mehrmals mit einer Gabel einstechen. Den Boden mit Backpapier auslegen und die Hülsenfrüchte darauf verteilen. Im Ofen (Mitte, Umluft 180°) ca. 15 Min. vorbacken. Pergament samt Hülsenfrüchten entfernen. Birnen auf dem Boden kreisförmig auslegen, mit Walnüssen bestreuen und den Guss darübergießen. Dann die Tarte nochmals 20–25 Min. backen. Kurz abkühlen lassen, in Stücke schneiden und servieren.

Provenzalischer Zwiebelkuchen

PISSALADIÈRE

FÜR 1 BACKBLECH (CA. 16 STÜCK)
ZUBEREITUNG: 50 Min.
RUHEN: 1 Std. 45 Min.
BACKEN: 30 Min.
PRO PORTION: 145 kcal

Für den Teig:
300 g Mehl (Type 550)
½ TL Salz
15 g Hefe (ca. ⅓ Würfel)
1 TL Zucker
3 EL Olivenöl
Mehl und Olivenöl zum Bearbeiten

Für den Belag:
1 kg Zwiebeln
2 Knoblauchzehen
4 EL Olivenöl
2 EL gehackter Thymian
1 TL getrockneter Oregano
2 EL Tomatenmark
Salz • Pfeffer • Cayennepfeffer
50 g in Öl eingelegte Sardellenfilets
16–20 in Öl eingelegte schwarze Oliven (mit Stein)

1 Für den Teig Mehl und Salz in einer Rührschüssel mischen. Die Hefe zerbröckeln, mit Zucker und 4 EL lauwarmem Wasser in einem Schälchen verrühren, bis sich der Zucker aufgelöst hat. Zugedeckt 15 Min. quellen lassen. Dann den Hefeansatz mit 150–180 ml lauwarmem Wasser und Olivenöl zum Mehl geben und mit den Knethaken des Handrührgeräts bei mittlerer Stufe 2–3 Min. verkneten. Eventuell noch Wasser oder etwas Mehl dazugeben, sodass ein elastischer Teig entsteht. Diesen nochmals mit dem Handrührgerät bei hoher Stufe 5–6 Min. durchkneten. Den Teig in eine mit Mehl ausgestreute Schüssel legen und mit einem Geschirrtuch abgedeckt an einem warmen, zugfreien Ort 1 Std. gehen lassen.

2 Inzwischen für den Belag Zwiebeln schälen, längs halbieren und in schmale Streifen schneiden. Knoblauch schälen und fein hacken. Olivenöl in einer beschichteten hohen Pfanne erhitzen, darin Zwiebeln, Knoblauch, Thymian und Oregano bei mittlerer Hitze 20–30 Min. dünsten, dabei gelegentlich umrühren. Die Zwiebeln sollten weich werden, aber nicht bräunen und alle Flüssigkeit sollte möglichst verdunsten. Kurz vor Garzeitende Tomatenmark unterrühren und alles kräftig mit Salz, Pfeffer und Cayennepfeffer würzen. Die Zwiebelmasse abkühlen lassen.

3 Den Teig auf einer leicht mit Mehl bestäubten Arbeitsplatte kräftig durchkneten und auf Blechgröße ausrollen. Ein Backblech mit Öl bestreichen, Teig darauf auslegen und einen kleinen Rand formen. Zugedeckt nochmals 30 Min. gehen lassen.

4 Den Backofen auf 220° vorheizen. Zwiebelmasse auf dem Teig verteilen. Sardellenfilets und Oliven gleichmäßig darauf verteilen (Sardellen eventuell längs halbieren). Im Ofen (Mitte, Umluft 200°) in 25–30 Min. knusprig braun backen. Den Zwiebelkuchen herausnehmen, in Stücke schneiden und warm servieren.

Variante *Zucchinikuchen mit Ziegenkäse*

Für dieselbe Teigmenge 750 g Zucchini grob raspeln. Je 2 klein gewürfelte Zwiebeln und Knoblauchzehen in 4 EL Olivenöl goldgelb andünsten. Zucchini dazugeben und bei großer Hitze 4–5 Min. unter gelegentlichem Rühren garen, sodass möglichst viel Flüssigkeit verdunstet. Gegen Garzeitende 1 EL gekörnte Gemüsebrühe und 1 EL gehackten Thymian unterrühren, kräftig mit Salz, Pfeffer und Cayennepfeffer würzen. Abkühlen und in einem Sieb abtropfen lassen. Den auf dem Blech ausgelegten, gegangenen Teig mit 150 g saurer Sahne bestreichen. Zucchini mit 2 EL gehackter Minze mischen und darauf verteilen. 200 g reifen Ziegenkäse (z. B. Ziegenrolle) in Stücke schneiden. Den Kuchen im vorgeheizten Backofen bei 220° (unten, Umluft 200°) in 25–30 Min. knusprig backen, dabei nach ca. 15 Min. mit Ziegenkäse belegen. Heiß servieren.

Ofenfrisch, hauchdünn, kross und knusprig – so schmecken die Flammekueche aus dem Elsass einfach umwerfend. Kein Wunder also, dass sie inzwischen auf Kirmes und Straßenfesten hierzulande immer häufiger zu finden sind. Neben dem klassischen Original gibt es hier jeweils eine saisonale Variante für Frühjahr und Herbst.

Elsässer Flammkuchen

TARTE FLAMBÉE

FÜR 3 STÜCK (4–6 PERSONEN)

Für den Teig:
280 g Weizenmehl (Type 550)
120 g Roggenmehl (Type 1150)
Salz • 1 Päckchen Trockenhefe
1 EL Olivenöl
Mehl zum Arbeiten

Für den Belag:
4 große Zwiebeln
2 EL Olivenöl
200 g nicht zu fetter Räucherspeck (am besten vom Metzger in ca. ½ cm dicke Scheiben schneiden lassen)
150 g Crème fraîche
100 g Magerquark
150 g Sahne
Salz • Pfeffer
frisch geriebene Muskatnuss

ZUBEREITUNG: 45 Min. **RUHEN:** 45 Min. **BACKEN:** 3 x 15 Min. **PRO STÜCK:** 675 kcal

1 Beide Mehlsorten mit 1 TL Salz und Hefe mischen. Circa 250 ml lauwarmes Wasser und 1 EL Olivenöl nach und nach dazugeben und mit den Knethaken des Handrührgeräts unterkneten. Dann am besten von Hand weitere 5 Min. kräftig zu einem glatten, elastischen Teig verkneten. In eine mit Mehl ausgestäubte Schüssel geben und mit einem sauberen Geschirrtuch abgedeckt 45 Min. an einem warmen Ort gehen lassen.

2 Inzwischen für den Belag Zwiebeln schälen, erst längs halbieren und dann in schmale Streifen schneiden. 2 EL Öl in einer Pfanne erhitzen und Zwiebeln darin bei mittlerer Hitze hellgelb andünsten; vom Herd nehmen und abkühlen lassen. Den Speck quer in feine Streifen schneiden. Crème fraîche, Quark und Sahne verrühren und kräftig mit Salz, Pfeffer und Muskatnuss würzen.

3 Den Backofen auf 230° (Umluft 210°) vorheizen. Den Teig auf einer bemehlten Arbeitsfläche nochmals gut durchkneten, in drei Portionen teilen und jede zu einem möglichst dünnen Fladen ausrollen. Jeden Fladen auf ein mit Backpapier ausgelegtes Blech legen und gleichmäßig mit der Creme bestreichen. Dann erst mit Zwiebeln, dann mit Speck bestreuen. Die Kuchen nacheinander im Ofen (unten) in 12–15 Min. goldbraun und knusprig backen. In große Stücke schneiden und heiß servieren.

DAS BILD ZU DEN REZEPTEN AUF DIESER DOPPELSEITE STEHT AUF SEITE 43 UND ZEIGT: ELSÄSSER FLAMMKUCHEN (VORNE), FLAMMKUCHEN MIT PFIFFERLINGEN (HINTEN) UND FLAMMKUCHEN MIT GRÜNEM SPARGEL (MITTE).

Flammkuchen mit Pfifferlingen

TARTE FLAMBÉE AUX GIROLLES

FÜR 3 STÜCK (4–6 PERSONEN)
1 Portion Flammkuchenteig (s. links)
500 g Pfifferlinge (ersatzweise nicht zu große braune Champignons)
2 Zwiebeln
1 Knoblauchzehe
2 EL Olivenöl
3 EL gehackter Thymian
Salz • Pfeffer
100 g nicht zu fetter Räucherspeck (am besten vom Metzger in ca. ½ cm dicke Scheiben schneiden lassen)
250 g Crème fraîche
120 g Sahne
frisch geriebene Muskatnuss

ZUBEREITUNG: 55 Min. **RUHEN:** 45 Min. **BACKEN:** 3 x 15 Min. **PRO STÜCK:** 635 kcal

1 Den Teig wie links beschrieben zubereiten und ruhen lassen. Die Pilze sorgfältig putzen, ganz schnell waschen und gut trocken tupfen. Große Pfifferlinge kleiner schneiden, kleine ganz lassen. (Champignons in Scheiben schneiden.) Zwiebeln schälen, längs halbieren, dann in dünne Streifen schneiden. Knoblauch schälen und fein hacken.

2 Das Öl in einer beschichteten Pfanne erhitzen, darin Zwiebeln und Knoblauch glasig andünsten. Pilze bei großer Hitze ca. 3 Min. mitbraten. Thymian unterrühren, alles salzen und pfeffern und die Pfanne vom Herd nehmen. Speck quer in feine Streifen schneiden. Crème fraîche und Sahne glatt verrühren und mit Salz, Pfeffer und Muskatnuss würzen.

3 Den Backofen auf 230° (Umluft 210°) vorheizen. Teigfladen wie beschrieben ausrollen, auf Backbleche verteilen und mit der Creme bestreichen. Pilze darauf verteilen – eventuell ausgetretene Flüssigkeit vorher abgießen. Speck über die Pilze streuen und die Fladen wie beschrieben bei 230° pro Blech in 12–15 Min. knusprig braun backen.

Flammkuchen mit grünem Spargel

TARTE FLAMBÉE AUX ASPERGES

FÜR 3 STÜCK (4–6 PERSONEN)
1 Portion Flammkuchenteig (s. links)
750 g grüner Spargel • Salz
2 rote Zwiebeln
3 EL Olivenöl
4 Stängel Estragon (oder 3–4 EL gehackter Kerbel)
8 Blätter Bärlauch (falls erhältlich)
150 g Ziegenfrischkäse
100 g Crème fraîche
100 ml Sahne
Pfeffer
150 g dünn geschnittener Bayonne-Schinken (nach Belieben; s. Seite 139)

ZUBEREITUNG: 55 Min. **RUHEN:** 45 Min. **BACKEN:** 3 x 15 Min. **PRO STÜCK:** 560 kcal

1 Den Teig wie beschrieben zubereiten und ruhen lassen. Spargel waschen, holzige Enden wegschneiden. Die Spargelstangen sehr schräg in möglichst längliche, ca. 8 mm dicke Scheiben schneiden, dabei die Spitzen ganz lassen. In ausreichend kochendem Salzwasser in ca. 3 Min. garen, sodass sie nicht mehr ganz bissfest sind, dann in ein Sieb abgießen, kalt abbrausen und abtropfen lassen. Zwiebeln schälen, erst längs halbieren, dann in feine Streifen schneiden. In einer beschichteten Pfanne 2 EL Öl erhitzen, darin die Zwiebeln hell andünsten; Pfanne vom Herd nehmen.

2 Kräuter waschen und trocken tupfen (Bärlauch außerhalb der Saison weglassen, wer mag, kann dafür auch etwas Schnittlauch nehmen). Estragonblättchen fein zerschneiden, Bärlauch in schmale Streifen schneiden. Ziegenkäse je nach Konsistenz erst mit einer Gabel zerbröckeln, dann mit Crème fraîche und Sahne glatt rühren. Kräuter untermischen und kräftig mit Salz und Pfeffer würzen.

3 Den Backofen auf 230° (Umluft 210°) vorheizen. Teigfladen wie beschrieben ausrollen, auf Backbleche verteilen und mit Kräutercreme bestreichen. Spargel (am besten in der Pfanne) mit den Zwiebeln und übrigem Öl mischen und auf den Fladen verteilen. Ganz leicht salzen und mit grobem Pfeffer übermahlen. Die Fladen wie beschrieben im Ofen pro Blech in 12–15 Min. knusprig braun backen. Nach dem Backen kurz abkühlen lassen (dann schmecken sie am besten) und nach Wunsch noch mit Schinken belegen.

Lyoner Würste sind berühmt: Andouillette à la lyonnaise *aus Innereien, die salamiähnliche* Rosette *oder die* Cervelas lyonnais *mit Pistazien und Trüffel. Nicht minder berühmt: die Weinlokale* (bouchons), *in deren Küche sich Feines und Bodenständiges vereinen. Würzige Wurst in süßlichem Teig zu einem Gläschen Wein – typisch Lyon!*

Wurst im Briochemantel

SAUCISSON BRIOCHÉ

ALS SNACK FÜR 8 PERSONEN
ZUBEREITUNG: 20 Min.
RUHEN: 4 Std.
BACKEN: 35 Min.
PRO PORTION: 465 kcal

300 g Mehl (Type 405)
2 EL Zucker
1 TL Salz
15 g Hefe (ca. ⅓ Würfel)
3 Eier
2–4 EL lauwarme Milch
150 g cremig weiche Butter
2 geräucherte, rohe Würste (z. B. Krakauer oder Kabanossi; à ca. 200 g)
2 TL Dijon-Senf
Mehl zum Bearbeiten
1 Ei zum Bestreichen

1 Mehl, Zucker und Salz in einer Rührschüssel gründlich mischen. Hefe zerbröckeln und darauf krümeln. Eier und 2 EL lauwarme Milch dazugeben. Mit den Knethaken des Handrührgeräts ca. 3 Min. bei kleiner Stufe durchkneten, bis sich die Zutaten zu einem festen Teig verbinden. Dann die Butter in Stücken dazugeben und bei mittlerer Stufe in ca. 6 Min. unterkneten, sodass ein elastischer Teig entsteht. Je nach Konsistenz nochmals etwas Milch oder Mehl dazugeben, sodass der Teig am Ende weich ist, sich aber mit der Hand gut und ohne zu reißen aus der Schüssel nehmen lässt. In eine bemehlte Schüssel legen und zugedeckt bei Zimmertemperatur 1 Std. gehen lassen. Dann in den Kühlschrank stellen und weitere 2 Std. gehen lassen.

2 Den Teig aus dem Kühlschrank nehmen, nochmals kurz von Hand durchkneten, in zwei Teile teilen und jeden auf einer bemehlten Arbeitsfläche zu einem Rechteck von ca. 15 x 20–25 cm Länge (je nach Länge der Würste) ausrollen. Würste eventuell häuten und ringsum mit Senf bestreichen. Je 1 Wurst der Länge nach auf den Teig legen und einrollen. Die Rollen unten an der Teignaht und an den Seiten zusammendrücken und mit der Naht nach unten auf ein mit Backpapier ausgelegtes Blech legen. Mit einem Geschirrtuch abdecken und bei Zimmertemperatur nochmals 45–60 Min. gehen lassen.

3 Den Backofen auf 190° vorheizen. Das Ei leicht mit einer Gabel verquirlen und die Päckchen damit bestreichen. Im Ofen (Mitte, Umluft 175°) 30–35 Min. backen, bis sie schön gebräunt und knusprig sind. Aus dem Ofen nehmen, lauwarm abkühlen lassen, in Stücke schneiden und mit Senf und einem Salat servieren.

Variante *Frühstücksbrioches*
Wer für weniger Leute nur die Hälfte des Teiges mit Wurst füllen möchte, formt aus der anderen Hälfte Brioche-Brötchen. Dazu den Teig zu 4 gleich große Kugeln formen und mit verquirltem Ei besteichen. Die Backtemperatur bleibt gleich, die Backzeit verkürzt sich allerdings auf 15–20 Min. Wer morgens backfrische Brioches möchte, lässt den Teig einfach über Nacht im Kühlschrank. Am Morgen Brioches formen, bei Zimmertemperatur 45 Min. gehen lassen und dann wie beschrieben backen.

LE MARCHÉ

GEMÜSE VOM MARKT

Jeden Samstag findet im provenzalischen Apt einer der schönsten Märkte Frankreichs statt. Die Stände überbieten sich in ihrem Angebot an typischen Spezialitäten wie Lavendel, Honig, Würsten, Ziegenkäse und vor allem mediterranem Gemüse und Obst: Auberginen, Zucchini, Paprika und Tomaten; büschelweise werden Kräuter, bottichweise Oliven feilgeboten, und Knoblauch hängt in großen Zöpfen von den Schirmen der Stände. Als Besucher gerät man ins Schwelgen und gerne auch in zügellosen Kaufrausch. Und im bunten Treiben wird augenfällig klar, dass Gemüse und Obst zu den wesentlichsten Zutaten der südfranzösischen Küche gehören.

Schmor- und Ofengerichte wie *Ratatouille, Tian* (in einer speziellen Auflaufform geschichtetes Gemüse) oder die *Petits farcis,* die kleinen, gefüllten Gemüse aus Nizza, sind hier keinesfalls nur Beilage, sondern eigenständige Gerichte. Wie hoch man Gemüse vor Ort schätzt, zeigt sich an Bezeichnungen wie Auberginenkaviar für simples Auberginenpüree (s. Seite 72) oder am Spitznamen für Knoblauch, der oft »Trüffel der Provence« genannt wird. Letztgenannter adelt dann auch das berühmte *Pistou* (s. Seite 66) und *Aïoli* (s. Seite 111). Der beste Knoblauch wird vor allem im hochgelegenen Vaucluse angebaut, wobei eine besondere Spezialität, der rosafarbene *ail rose,* aus der Ortschaft Lautrec weiter im Südwesten stammt. Frischer Salat gehört im Süden täglich auf den Tisch. Eine ganz besondere Spezialität, die ursprünglich aus der Provence stammt, ist inzwischen sogar im Supermarkt zu finden: *mesclun,* eine Mischung aus verschiedenen jungen Pflück- und Blattsalaten. Sie kann unterschiedlich ausfallen, enthält aber meist Rucola, Feldsalat, jungen Kopfsalat, manchmal auch Portulak, Spinatblättchen und Löwenzahn. Ähnliche Mischungen gibt es auch hierzulande oft abgepackt im Supermarkt zu kaufen.

Die als »Kräuter der Provence« angebotene Mischung verführt, in Leinensäckchen, verpackt eher Touristen zum Kauf. Einheimische verwenden Kräuter je nach Gericht lieber individuell gemischt. Für Thymian, Rosmarin, Oregano und Bergbohnenkraut muss man sich in den wildwüchsigen, kargen Bergregionen ja auch lediglich etwas bücken. Lavendel, der mit seiner violetten Blütenpracht das Bild der Provence prägt, ist getrocknet ebenfalls Bestandteil vieler Kräuter-

mischungen und wird gerne zum Parfümieren von Speisen und vor allem Desserts verwendet. Kräuter, Knoblauch, Oliven und bestes Olivenöl sind in der Gemüseküche des Südens das A und O. Sie verleihen allen Gerichten ihr üppiges, volles Aroma.

Im Norden Frankreichs wird Gemüse kaum weniger geschätzt, trotzdem tun sich dort Gemüsefans oder gar Vegetarier häufig schwer. Traditionell hat Gemüse hier innerhalb der Menüfolge einen anderen Stellenwert. Nicht als Hauptgericht, sondern eher im Kleinen erfreut es das Herz des Gourmets, während er auf das Hauptgericht in Form von Fleisch wartet: als knackiger Salat oder Rohkost, in cremigen Süppchen, als Vorspeise oder kleine Beilage. Und klein, frisch und zart sollten im Idealfall auch die Gemüse selbst sein. Frühgemüse, *primeurs,* stehen hoch im Kurs. Möhren, Erbsen, Mairübchen, aber auch Lauch und Spargel sind besonders beliebt, wobei Spargel meist als Vorspeise, häufig sogar kalt, serviert wird. Damit sie tatsächlich möglichst zeitig im Jahr geerntet werden können, wurden die Frühgemüse schon lange in großem Stil unter Glas kultiviert, speziell an den Ufern der Loire. Dort wird auch der sicherlich französischste aller Pilze angebaut, der *champignon (de Paris).* Als Zuchtpilz erblickte er zu Beginn des 18. Jahrhunderts in Paris das Licht der Welt – nein, vielmehr das Dunkel der verlassenen Steinbrüche der Stadt. Im porösen Tuffstein ähnlicher Steinbrüche wird er entlang der Loire bis heute unterirdisch gezüchtet. Am nördlichen Klima liegt die Zurückhaltung in Sachen Gemüseküche sicher nicht, denn in fast ganz Frankreich kann Gemüse angebaut werden. Dank des günstigen Golfstromklimas sogar in der Bretagne, wo der größte Teil der französischen Kartoffeln angebaut wird und sogar Artischocken gedeihen. In der einfachen, ländlichen Küche hat Gemüse auf jeden Fall einen festen Platz. Die Äcker liefern reichlich Kartoffeln, Kürbis, Wirsing oder Kohl, der nicht zuletzt für das berühmte Elsässer *Choucroute* (s. Seite 156) unverzichtbar ist. Kombiniert mit Pilzen, Maronen und Nüssen, die im Wald kostenlos und zahlreich zu finden sind, werden daraus wunderbar bodenständige Gerichte, wie man sie z.B. in der Auvergne findet, allen voran *Chou farci,* gefüllter Kohl (s. Seite 186), oder die Kartoffel-Käse-Gerichte *Aligot* und *Truffade* (s. Seite 215).

Pêche Jaune
Extra
Sucrée
de provence
2 € 95
le kilo
1kg

Ein ungewöhnlicher Start: Sommerlich fruchtige Vorspeisen vereinen Obst, Gemüse und Kräuter. Leicht und frisch, so sind sie die passende Eröffnung eines ausgiebigen Menüs oder gut verpackt Proviant für den Picknickkorb.

Pfirsich-Tomaten-Tatar

TARTARE DE PÊCHES

FÜR 4 PERSONEN
3 reife feste Pfirsiche
4 große Tomaten
1 kleine rote Chilischote (nach Belieben)
2 EL Weißweinessig
2 EL Honig
Salz • Pfeffer
5 EL Olivenöl
2 EL Pinienkerne
3 Stängel Basilikum

ZUBEREITUNG: 25 Min. **PRO PORTION:** 225 kcal

1 Die Pfirsiche waschen und halbieren. Steine herauslösen, dann das Fruchtfleisch in kleine Würfel schneiden. Tomaten waschen, halbieren und die Kerne mit einem Löffel herauslösen, Stielansätze herausschneiden. Das Fruchtfleisch der Tomaten ebenfalls klein würfeln. Wer etwas Schärfe liebt, kann noch die Chilischote putzen, längs halbieren, entkernen und fein hacken.

2 Essig und Honig gut verrühren, salzen, pfeffern und dann das Öl unterschlagen. Die Vinaigrette mit Tomaten, Pfirsichen und eventuell Chili in einer Schüssel mischen. Die Pinienkerne in einer Pfanne ohne Fett bei mittlerer Hitze goldbraun rösten, herausnehmen und etwas abkühlen lassen. Basilikum waschen, trocken schütteln, Blättchen abzupfen und in feine Streifen schneiden. Basilikum und Pinienkerne unter das Pfirsich-Tomaten-Tatar mischen. Wer mag, füllt das Tatar zum Servieren in Gläser. Es schmeckt gut zu Bayonne-Schinken, jungem Ziegenkäse oder gegrilltem Fisch.

DAS BILD ZU DEN REZEPTEN AUF DIESER DOPPELSEITE STEHT AUF SEITE 53 UND ZEIGT: PFIRSICH-TOMATEN-TATAR (VORNE), MARINIERTE ERDBEEREN MIT BRIE (HINTEN LINKS) SOWIE MELONE UND SCHINKEN MIT HONIGVINAIGRETTE (HINTEN RECHTS).

Marinierte Erdbeeren mit Brie

FRAISES MARINÉES AU BRIE

FÜR 4 PERSONEN

3 EL Zucker
100 ml frisch gepresster Orangensaft
2 EL Aceto balsamico
150 ml Gemüsebrühe
½ TL gehackter Rosmarin
750 g reife Erdbeeren
¼ Bund Rucola
Salz
grob zerstoßener schwarzer Pfeffer
4 EL Olivenöl
250 g nicht zu reifer Brie

ZUBEREITUNG: 45 Min. **PRO PORTION:** 420 kcal

1 Den Zucker in einen kleinen Topf geben und bei mittlerer Hitze goldgelb karamellisieren lassen. Orangensaft, Essig und Brühe dazugeben und unter Rühren bei starker Hitze kochen lassen, bis sich der Karamell vollständig aufgelöst hat. Rosmarin dazugeben und den Sud offen auf gut die Hälfte einkochen lassen. Abkühlen lassen.

2 Inzwischen die Erdbeeren waschen und putzen, Stiele und Blattkelche herausschneiden und die Beeren je nach Größe halbieren oder in Stücke schneiden. Rucola waschen, gut trocken schütteln, harte Stiele abschneiden und die Blättchen fein zerschneiden – sie werden hier eher wie Kräuter verwendet.

3 Den abgekühlten Orangensud mit Salz und Pfeffer würzen, das Öl kräftig unterschlagen. Erdbeeren und Rucola untermischen und 15 Min. ziehen lassen. Dann alles nochmals mit Pfeffer bestreuen. Den Brie in mundgerechte Stücke schneiden und zu den marinierten Erdbeeren servieren.

Melone und Schinken mit Honigvinaigrette

MELON AU JAMBON CRU

FÜR 4 PERSONEN

1 reife Charentais-Melone
200 g Bayonne-Schinken in Scheiben
(s. Seite 139)
1 Stängel Estragon
50 g flüssiger (Lavendel-)Honig
4 EL Weißweinessig
80 ml Olivenöl
Salz
grob gemahlener schwarzer Pfeffer

ZUBEREITUNG: 15 Min. **PRO PORTION:** 330 kcal

1 Die Melone halbieren und die Kerne mit einem Löffel herauslösen. Die Hälften in je 6 gleichmäßig große Spalten schneiden und das Fruchtfleisch mit einem scharfen Messer von der Schale schneiden. Je 3 Melonenspalten mit einigen Schinkenscheiben auf kleinen Tellern anrichten.

2 Für die Vinaigrette den Estragon waschen und trocken schütteln. Blättchen abzupfen und fein hacken. Honig und Essig gut verrühren, dann Olivenöl und Estragon unterrühren und mit Salz und Pfeffer würzen – wer möchte, pfeffert auch die Melonen. Die Vinaigrette großzügig über die Melonen träufeln und alles servieren.

ARTichauts
ESP
les 4 = 2€

Lauch mit Kräuterremoulade

POIREAUX GRIBICHE

FÜR 4 PERSONEN
3 Eier
4 nicht zu dicke Stangen Lauch
Salz
1 TL Dijon-Senf
180 ml Sonnenblumenöl
1 EL Weißweinessig
1 EL Kapern
2 kleine Gewürzgurken
1 Tomate
2 EL klein gehackte Kräuter (Fines herbes, *s. unten)*
Salz • Pfeffer
edelsüßes Paprikapulver
IM BILD UNTEN LINKS

ZUBEREITUNG: 25 Min. **PRO PORTION:** 505 kcal

1 Eier in kochendem Wasser in ca. 10 Min. hart kochen, kalt abschrecken und abkühlen lassen. Gleichzeitig vom Lauch die oberen, blättrigen Teile und die Wurzeln wegschneiden, die Stangen dann in 10–12 cm lange Stücke schneiden und waschen. In einem großen Topf ausreichend Wasser zum Kochen bringen und salzen. Lauch darin offen bei mittlerer Hitze 3–5 Min. garen. In ein Sieb gießen, kalt abschrecken und abtropfen lassen. Dann nebeneinander auf einer Platte anrichten.

2 Eier pellen und halbieren. Eigelbe herauslösen, Eiweiße sehr fein hacken. Eigelbe in einer Schale mit einer Gabel fein zerdrücken, mit dem Senf glatt rühren. Nach und nach etwas Öl dazugeben und kräftig mit dem Schneebesen unterarbeiten, bis die Masse cremig ist. Gegen Ende den Essig unterrühren, dann den letzten Rest Öl.

3 Kapern und Gürkchen abtropfen lassen und fein würfeln. Tomate waschen, halbieren, Stielansatz entfernen, Kerne herauskratzen. Fruchtfleisch fein würfeln. Alles mit Eiweißen und Kräutern unter die Sauce rühren, mit Salz, Pfeffer und 2–3 Prisen Paprikapulver würzen. Lauch mit der Sauce übergießen und servieren.

Artischocken mit Kräutermayonnaise

ARTICHAUTS À LA MAYONNAISE AUX FINES HERBES

FÜR 4 PERSONEN
Saft von 1 Zitrone
4 große Artischocken • Salz

Für die Mayonnaise:
2 frische Eigelb (Größe M)
1 EL Dijon-Senf
250 ml Sonnenblumenöl
1 EL Estragon- oder Weißweinessig
Pfeffer
½ Bund Kräuter (Fines herbes; *s. rechts; eventuell noch etwas Basilikum)*
IM BILD OBEN RECHTS

ZUBEREITUNG: 50 Min. **PRO PORTION:** 625 kcal

1 Zitronensaft mit Wasser in einen großen Topf geben. Artischocken waschen, Stiele wegschneiden. Artischocken sofort ins Wasser legen, aufkochen und zugedeckt bei mittlerer Hitze 40–45 Min. garen, bis sie weich sind und sich die Blätter ganz leicht aus den Früchten zupfen lassen.

2 Inzwischen für die Mayonnaise Eigelbe und Senf mit dem Schneebesen gründlich glatt rühren. Das Öl tropfenweise, dann im feinen Strahl dazugeben und kräftig unterschlagen, bis die Mayonnaise schön cremig ist. Zum Schluss ruhig noch 1 Min. weiterschlagen, bis die Masse richtig dick ist und einen schönen Glanz hat. Mit Essig, Salz und Pfeffer würzen. Kräuter waschen, trocken tupfen, fein schneiden und unterrühren. Artischocken abtropfen lassen und mit der Mayonnaise servieren.

Fines herbes
Bei den in Frankreich häufig verwendeten »feinen Kräutern« handelt es sich meist um eine Mischung aus Petersilie, Schnittlauch, Estragon und Kerbel.

Dreifarbige Gemüseterrine

TERRINE AUX TROIS LÉGUMES

FÜR 1 RECHTECKIGE TERRINENFORM (3/4 L INHALT)
ZUBEREITUNG: 1 Std. 15 Min.
KÜHLEN: 7 Std.
PRO PORTION (BEI 6 ALS HAUPTGERICHT): 235 kcal

500 g grüner Spargel
350 g Möhren
400 g gelbe Paprikaschoten
2 Schalotten
2 EL Butter
150 ml Gemüsebrühe
Salz • Pfeffer
frisch geriebene Muskatnuss
100 g Sahne
edelsüßes Paprikapulver
12 Blätter Gelatine
2 Stängel Estragon
150 g Crème fraîche
1–2 EL frisch gepresster Zitronensaft
Öl für die Form

1 Spargel waschen, holzige Enden abschneiden, die Stangen in ca. 3 cm lange Stücke schneiden, Spitzen beiseitelegen. Möhren waschen, schälen und schräg in dünne Scheiben schneiden. Paprika vierteln, putzen, waschen und in Streifen schneiden. Schalotten schälen und klein würfeln.

2 Circa ¾ EL Butter in einem Topf schmelzen lassen, darin die Hälfte der Schalotten glasig andünsten. Möhren dazugeben, 1–2 Min. unter Rühren mitdünsten. 100 ml Brühe dazugießen, die Möhren mit Salz, Pfeffer und Muskatnuss würzen und zugedeckt bei mittlerer Hitze ca. 15 Min. garen, dann leicht abkühlen lassen.

3 In einem zweiten Topf Wasser zum Kochen bringen. Salzen, die Spargelstücke und ½ EL Butter dazugeben und zugedeckt bei mittlerer Hitze 10–15 Min. garen, dabei nach ca. 5 Min. die Spitzen dazugeben. Spargel in ein Sieb abgießen und kalt abbrausen. Abtropfen lassen, die Spitzen herauslesen.

4 Die übrige Butter in einem Topf erhitzen, darin die restlichen Schalotten goldgelb andünsten. Paprika dazugeben, 2 Min. unter Rühren mitdünsten. 50 ml Brühe und die Sahne unterrühren und alles mit Salz, Pfeffer und 2–3 Prisen Paprikapulver würzen. Zugedeckt bei mittlerer Hitze 10–12 Min. garen.

5 Währenddessen jeweils 4 Blätter Gelatine nach Packungsangabe in kaltem Wasser ca. 10 Min. einweichen. Estragon waschen, trocken schütteln, Blättchen abzupfen und hacken. Möhren mit der Hälfte vom Estragon und 100 g Crème fraîche pürieren, mit Salz, Pfeffer und Zitronensaft abschmecken. Spargelstücke mit übrigem Estragon und 50 g Crème fraîche pürieren, ebenfalls mit Salz, Pfeffer und Zitronensaft würzen.

6 4 Blätter Gelatine ausdrücken und in einem Töpfchen bei kleiner Hitze schmelzen lassen. 1 EL Möhrenpüree gut unterrühren, nochmals 1 EL Püree unterrühren und anschließend diese Gelatinemasse zügig unter das übrige Möhrenpüree rühren. Das Spargelpüree ebenso mit 4 Gelatineblättern verarbeiten. Die gegarten Paprika, falls nötig, nochmals erwärmen und im Topf pürieren; die übrigen 4 Gelatineblätter direkt in der heißen Masse auflösen. Die drei Gemüsepürees in den Kühlschrank stellen, bis sie leicht zu gelieren beginnen (das dauert ca. 1 Std.).

7 Terrinenform mit Öl auspinseln (so lässt sich die Folie besser einlegen) und so mit Frischhaltefolie auslegen, dass sie an einer Seite überhängt. Zuerst Möhrenpüree einfüllen, darauf das Spargelpüree. Spargelspitzen ins Spargelpüree legen, leicht eindrücken. Darüber das Paprikapüree geben. Folie über die Form schlagen und alles zugedeckt im Kühlschrank in 5–6 Std. fest werden lassen. Zum Servieren die Folie oben von der Form entfernen, die Terrine auf eine Platte stürzen und die Folie ganz abnehmen. Die Terrine mit Weißbrot oder Toast als Vorspeise (dann reicht sie für 8–10 Personen) oder leichtes Abendessen servieren.

Kalte Kartoffel-Lauch-Suppe

VICHYSSOISE

FÜR 4 PERSONEN

400 g mehligkochende Kartoffeln
2 dicke Lauchstangen (nur den unteren, weißen Teil nehmen; ca. 300 g)
3 EL Butter
Salz • weißer Pfeffer
1 l Gemüse- oder Hühnerbrühe
1 Zweig Estragon
100 g Sahne
frisch geriebene Muskatnuss
1–2 TL frisch gepresster Zitronensaft
3 EL gehackter Kerbel
1 EL Schnittlauchröllchen
80 g Crème fraîche

IM BILD RECHTS

ZUBEREITUNG: 50 Min. **KÜHLEN:** 2–3 Std. **PRO PORTION:** 285 kcal

1 Die Kartoffeln schälen, waschen und in kleine Würfel schneiden. Den Lauch putzen, längs halbieren, waschen und in Ringe schneiden. Butter in einem Suppentopf erhitzen, darin Lauch und Kartoffeln bei mittlerer Hitze andünsten. Das Gemüse salzen, pfeffern, dann die Brühe angießen. Alles umrühren und zugedeckt bei mittlerer Hitze 20–25 Min. leicht kochen lassen.

2 Inzwischen den Estragon waschen, trocken schütteln und hacken. Mit der Sahne zur Suppe geben und heiß werden lassen, mit Salz, Pfeffer, Muskatnuss und Zitronensaft würzen. Mit dem Pürierstab fein und cremig pürieren. Die Suppe abkühlen lassen und eventuell noch kalt stellen. Zum Servieren den Kerbel mit der Crème fraîche verrühren und leicht unter die Suppe ziehen, aber nicht vollständig unterrühren, dann servieren.

Brunnenkresse-Cremesuppe

POTAGE AU CRESSON DE FONTAINE

FÜR 4 PERSONEN

2 Bund Brunnenkresse (à ca. 150 g)
Salz
450 g mehligkochende Kartoffeln
2 Schalotten
2 EL Butter
800 ml Hühnerbrühe
Pfeffer
200 g Sahne
frisch geriebene Muskatnuss
2–3 TL frisch gepresster Zitronensaft

IM BILD LINKS

ZUBEREITUNG: 45 Min. **PRO PORTION:** 280 kcal

1 Brunnenkresse waschen und verlesen, grobe Stängel wegschneiden (es werden nur feine Zweigchen und Blätter verwendet), ein paar Blättchen zur Deko beiseitelegen. In einem großen Topf Wasser zum Kochen bringen, salzen. Brunnenkresse darin 1–3 Min. blanchieren, in ein Sieb abgießen, kalt abschrecken und abtropfen lassen.

2 Kartoffeln waschen, schälen und klein würfeln. Schalotten schälen und würfeln. Butter in einem Suppentopf erhitzen, Schalotten darin goldgelb dünsten. Kartoffeln, 600 ml Brühe und 150 g Sahne dazugeben. Mit Salz, Pfeffer und Muskatnuss würzen. Zugedeckt bei mittlerer Hitze 20–25 Min. kochen, bis die Kartoffeln gar sind.

3 Inzwischen Brunnenkresse leicht ausdrücken, grob zerschneiden und mit der übrigen Hühnerbrühe mit dem Pürierstab fein pürieren. Übrige Sahne mit den Quirlen des Handrührgeräts leicht anschlagen. Kressepüree unter die Suppe rühren, heiß werden lassen und nochmals mit Salz, Pfeffer, Muskatnuss und Zitronensaft abschmecken. Zum Servieren etwas Sahne einrühren und einige Kresseblättchen darüberstreuen. Die Suppe schmeckt übrigens auch kalt sehr gut.

Tomatensuppe

SOUPE DE TOMATES

FÜR 4 PERSONEN

1 kg vollreife Tomaten
1 Möhre
1 Stange Staudensellerie
1 Zwiebel
1 Knoblauchzehe
3 EL Olivenöl
Salz • Pfeffer
120 ml Weißwein (ersatzweise Brühe)
300 ml Gemüsebrühe
½ Lorbeerblatt
½ TL gehackter Thymian
½ EL Zucker
1–3 EL Noilly Prat (frz. Wermut) nach Belieben

IM BILD HINTEN

ZUBEREITUNG: 25 Min. **GAREN:** 1 Std. **PRO PORTION:** 150 kcal

1 Tomaten waschen, unten kreuzweise einritzen und in einer Schüssel mit kochend heißem Wasser übergießen. Circa 5 Min. stehen lassen. Möhre schälen, Sellerie waschen, putzen und beides in kleine Würfel schneiden. Zwiebel und Knoblauch schälen und klein würfeln. Tomaten abgießen, häuten und in kleine Stücke schneiden, dabei die Stielansätze entfernen und den Saft auffangen.

2 Öl in einem Suppentopf erhitzen, darin bei mittlerer Hitze Zwiebeln und Knoblauch hellgelb dünsten. Sellerie und Möhre dazugeben und 3–4 Min. unter Rühren mitdünsten. Salzen und pfeffern. Mit einem Schuss Weißwein oder Brühe ablöschen, die Flüssigkeit vollständig verkochen lassen. Den Vorgang wiederholen, dann Tomaten mit Saft, übrigen Wein und restliche Brühe dazugießen. Das Lorbeerblatt dazugeben und das Gemüse zugedeckt bei kleiner Hitze ca. 45 Min. garen.

3 Thymian und Zucker unterrühren und offen weitere 15 Min. köcheln lassen. Mit Salz und Pfeffer und nach Wunsch zusätzlich Noilly Prat abschmecken. Lorbeerblatt entfernen und die Suppe mit dem Pürierstab pürieren. Wer sie fein und ohne Tomatenkerne möchte, kann sie anschließend noch durch ein feines Sieb drücken.

Kürbissuppe

SOUPE DE POTIRON

FÜR 4 PERSONEN

ca. 1 kg Kürbis (z. B. Hokkaido- oder Moschuskürbis, geputzt ca. 750 g)
1 Stange Lauch
1 große Zwiebel
25 g Butter
900 ml Hühner- oder Gemüsebrühe
Salz • Pfeffer
frisch geriebene Muskatnuss
150 g Crème fraîche
1 TL gehackter Estragon oder Schnittlauchröllchen (nach Belieben)

IM BILD VORNE

ZUBEREITUNG: 35 Min. **GAREN:** 25 Min. **PRO PORTION:** 260 kcal

1 Kerne und Fasern aus dem Kürbis herauskratzen und die Schale abschneiden, das Kürbisfleisch in 1–2 cm große Würfel schneiden. Den Lauch längs halbieren, putzen, waschen und anschließend die Hälften in feine Ringe schneiden. Die Zwiebel schälen und in kleine Würfel schneiden.

2 Butter bei mittlerer Hitze in einem Topf schmelzen. Zwiebel und Lauch darin bei mittlerer Hitze langsam andünsten. Kürbis dazugeben und unter Rühren 2 Min. mitdünsten. Brühe dazugießen, mit Salz, Pfeffer und Muskatnuss würzen und alles zugedeckt 20–25 Min. garen. Mit dem Pürierstab cremig pürieren. 100 g Crème fraîche unterrühren und heiß werden lassen, mit Salz und Pfeffer und Muskatnuss abschmecken. Auf Teller verteilen und je einen Klecks Crème fraîche leicht einrühren. Nach Wunsch mit gehackten Kräutern bestreuen.

Fine Bleue
Origine Sault

Gefüllte Champignons

CHAMPIGNONS FARCIS

FÜR 4 PERSONEN

500 g große braune Champignons (ca. 25 Stück à ca. 20 g)
Salz • Pfeffer
1–2 EL Butter
2 Schalotten
1 Stück Lauch (ca. 60 g)
50 g Räucherspeck
2 Stängel Estragon
2 EL gehackte Petersilie
2 TL Crème fraîche
60 g frisch geriebener Gruyère
2 Scheiben gekochter Schinken (z. B. Burgunder Schinken)

IM BILD OBEN LINKS

ZUBEREITUNG: 35 Min. **GAREN:** 15 Min. **PRO PORTION:** 230 kcal

1 Pilze sauber reiben, Stiele aus den Pilzkappen drehen oder schneiden und in winzig kleine Würfel schneiden. Pilzkappen salzen und pfeffern. 1 TL Butter in einer großen Pfanne bei kleiner Hitze schmelzen und die Pilzkappen darin zugedeckt ca. 12 Min. schmoren lassen, dabei einmal wenden. Die Pilze aus der Pfanne nehmen und auf Küchenpapier abtropfen lassen.

2 Schalotten schälen. Lauch waschen, längs halbieren und in schmale Streifen, diese in feine Würfel schneiden. Schalotten und Speck ebenfalls klein würfeln. Estragon waschen, trocken schütteln, Blättchen abzupfen und fein hacken.

3 Den Backofen auf 200° (Umluft 180°) vorheizen. Eine Auflaufform mit wenig Butter fetten, restliche Butter in einer beschichteten Pfanne zerlassen. Speck, Schalotten und Lauch darin bei mittlerer Hitze unter Rühren braten, bis der Speck leicht bräunt. Die gewürfelten Pilzstiele unterrühren und 1–3 Min. mitbraten. Vom Herd nehmen, Kräuter unterrühren und das Gemüse leicht abkühlen lassen, dann mit Crème fraîche und gut 4 EL Käse vermengen. Schinken fein würfeln, unterheben und alles salzen und pfeffern.

4 Pilzhüte gut trocken tupfen. In jeden Hut 1 guten TL Füllung setzen und zu einem Häubchen formen. Restlichen Käse darüberstreuen und leicht andrücken. Pilze in die Form setzen und im Ofen (Mitte) ca. 15 Min. backen. Warm oder lauwarm servieren.

Frittierte Zucchiniblüten

BEIGNETS DE FLEURS DE COURGETTES

FÜR 4 PERSONEN

12 männliche Zucchiniblüten (mit Stiel, ohne Mini-Zucchini)
100 g Mehl
Salz • Pfeffer
Chilipulver
100 ml trockener Weißwein
1 Ei (Größe L)
2 EL Olivenöl
2 EL frisch geriebener Parmesan
Öl zum Frittieren

IM BILD UNTEN RECHTS

ZUBEREITUNG: 30 Min. **RUHEN:** 30 Min. **PRO PORTION:** 260 kcal

1 Die Blüten vorsichtig waschen und trocken tupfen, dann Stempel und Staubgefäße innen herausschneiden und die Blüten leicht zusammendrehen. Mehl mit 1 kräftigen Prise Salz, Pfeffer und 1–2 Msp. Chilipulver mischen. Wein und 100 ml Wasser mit dem Schneebesen kräftig unterrühren. Das Ei trennen, Eigelb unter den Teig rühren, zuletzt Öl und Parmesan einrühren und den Teig 30 Min. quellen lassen.

2 Das Eiweiß mit 1 Prise Salz steif schlagen. Den Eischnee vorsichtig unter den Teig heben. In einem Topf oder der Fritteuse reichlich Öl heiß werden lassen – es ist heiß genug, wenn an einem Holzlöffelstiel, den man hineinhält, viele kleine Bläschen aufsteigen. Die Blüten nacheinander durch den Teig ziehen und portionsweise im Öl goldbraun frittieren. Herausnehmen, auf Küchenpapier abtropfen lassen, salzen und möglichst noch warm servieren.

Gemüsesuppe mit Basilikumpaste

SOUPE AU PISTOU

FÜR 4 PERSONEN
ZUBEREITUNG: 1 Std. 15 Min.
PRO PORTION: 530 kcal

Für die Suppe:
3 Tomaten
1 weiße Zwiebel
1 Knoblauchzehe
60 g Räucherspeck (nach Belieben)
1 kleine Stange Lauch
2 Stangen Staudensellerie
1 große Möhre
1 große festkochende Kartoffel
1 großer Zucchino
250 g grüne Bohnen
3 EL Olivenöl
50 ml Weißwein (oder Brühe)
1 l Gemüsebrühe
150 g Dicke Bohnen (TK oder von ca. 600 g frischen Schoten)
Salz • Pfeffer
1 kleine getrocknete Chilischote
1 kleine Dose weiße Bohnen (ca. 240 g Abtropfgewicht)

Für das Pistou:
50 g Basilikum
1–3 Knoblauchzehen
80 ml Olivenöl
40 g frisch geriebener Parmesan oder Gruyère (nach Belieben)
Salz • Pfeffer

1 Tomaten am runden Ende kreuzweise einritzen, mit kochendem Wasser übergießen und kurz stehen lassen. Anschließend häuten und in kleine Stücke schneiden, dabei die Stielansätze entfernen. Zwiebel und Knoblauch schälen und fein würfeln. Den Speck klein würfeln (wer‘s lieber vegetarisch mag, kann ihn auch weglassen). Das Gemüse waschen und putzen. Lauch längs halbieren und in ca. 5 mm breite Ringe schneiden, Staudensellerie in 5 mm breite Stücke. Möhre und Kartoffel schälen und ca. 1 cm groß würfeln, Zucchino ebenso würfeln. Grüne Bohnen am besten bündelweise in ca. 1 cm breite Stücke schneiden.

2 Öl in einem Suppentopf erhitzen, darin Zwiebel, Knoblauch und nach Wunsch Speck goldgelb andünsten. Tomaten dazugeben und unter Rühren 2–4 Min. braten, sodass möglichst viel Flüssigkeit verdampft. Wein nach Belieben dazugießen und fast vollständig einkochen lassen, dann Brühe dazugießen und das gesamte Gemüse und die Dicken Bohnen unterrühren. Salzen, pfeffern und die Chilischote dazu bröseln. Zugedeckt bei kleiner bis mittlerer Hitze 20–25 Min. garen. Inzwischen die weißen Bohnen aus der Dose in ein Sieb abgießen, kalt abbrausen und abtropfen lassen.

3 Für das Pistou Basilikum waschen, gut trocken tupfen, die Blättchen abzupfen und grob zerschneiden. Den Knoblauch schälen und grob hacken – hier nach persönlichem Geschmack mehr oder weniger verwenden. Beides mit dem Öl mit dem Blitzhacker oder Pürierstab nicht zu fein pürieren. Dann nach Wunsch noch den Käse unterrühren und auf jeden Fall mit Salz und Pfeffer würzen.

4 Die weißen Bohnen unter die Suppe rühren und heiß werden lassen. Das Pistou kurz vor dem Servieren in die Suppe rühren oder in Klecksen auf die Suppenteller geben.

Pistou – der Zwillingsbruder des italienischen Pesto
Allerdings kommt es nicht über Pasta, sondern ab und an als Sauce zu Fleisch oder Fisch. Vor allem aber als zusätzlicher würzender Pfiff in diesen üppigen Gemüseeintopf aus dem Süden. Im Gegensatz zu Pesto rührt man ins klassische Pistou eigentlich keinen Parmesan, aber wer will, probiert am besten mal beide Versionen.

Producteur :
ASPERGES D'ANJOU
Primeurs et
JUNGEN

Im Frühjahr ist ganz Frankreich verrückt auf die frischen, zarten Gemüse (les primeurs), *die vor allem entlang der Loire in großem Umfang angebaut werden. Alle drei Gerichte sind Standard in der französischen Gemüseküche, nur bei der Orangen-Hollandaise haben wir uns eine kleine Variante erlaubt.*

Erbsen mit Salatherzen

PETITS POIS À LA FRANÇAISE

FÜR 4 PERSONEN
400 g TK-Erbsen
2 Römersalatherzen
2 Schalotten
2 EL Butter
100 ml Gemüsebrühe
80 g Sahne
Salz • Pfeffer
frisch geriebene Muskatnuss
1 Zweig Estragon
1–2 TL frisch gepresster Zitronensaft
Zucker

ZUBEREITUNG: 35 Min. **PRO PORTION:** 180 kcal

1 Erbsen nach Möglichkeit leicht antauen lassen. Salatherzen waschen, die Strünke abschneiden, die äußeren dunkelgrünen Blätter ablösen und quer in ca. 4 cm breite Streifen schneiden. Schalotten schälen und fein würfeln.

2 Die Butter in einem Topf erhitzen, darin Schalotten und die beiden Salatherzen bei mittlerer Hitze andünsten, bis die Schalotten goldgelb gebräunt sind. Salatherzen aus dem Topf heben. Die Erbsen dazugeben, Brühe und Sahne angießen und alles mit Salz, Pfeffer und Muskatnuss würzen. Die zerschnittenen Salatblätter unterrühren, die Herzen obenauf legen. Zugedeckt bei mittlerer Hitze ca. 20 Min. garen (falls die Erbsen noch gefroren waren, eventuell 5 Min. länger).

3 Estragon waschen und klein schneiden. Unter die Erbsen mischen und 2 Min. mitgaren, dann das Gemüse mit Zitronensaft und 1–2 Prisen Zucker abschmecken. Die Erbsen passen als Beilage besonders gut zu Kalb- und Hühnerfleischgerichten.

DAS BILD ZU DEN REZEPTEN AUF DIESER DOPPELSEITE STEHT AUF SEITE 69 UND ZEIGT: ERBSEN MIT SALATHERZEN (HINTEN), GLASIERTE MAIRÜBCHEN (VORNE LINKS) UND SPARGEL MIT ORANGEN-HOLLANDAISE (VORNE RECHTS).

Glasierte Mairübchen

NAVETS GLACÉS

FÜR 4 PERSONEN
700 g möglichst kleine Mairübchen (Navetten)
75 g Butter
2 EL Puderzucker
Salz • Pfeffer

ZUBEREITUNG: 35 Min. **PRO PORTION:** 200 kcal

1 Die Rübchen waschen, Stielansätze und Wurzeln abschneiden. Rübchen halbieren oder vierteln. Butter und 75 ml Wasser in eine beschichtete Pfanne geben, die Butter darin unter Rühren schmelzen lassen. Die Navetten dazugeben, kurz durchrühren, mit Puderzucker bestäuben, salzen, pfeffern und nochmals durchrühren.

2 Rübchen offen bei kleiner bis mittlerer Hitze 20–25 Min. dünsten, dabei immer wieder umrühren, damit sie gleichmäßig garen und schön mit dem Sud überzogen werden. Immer wieder gerade so viel Wasser nachgießen, dass nur wenig Flüssigkeit in der Pfanne ist und der Zucker leicht karamellisieren kann. Ganz zum Schluss die Flüssigkeit so gut wie vollständig einkochen lassen.

Spargel mit Orangen-Hollandaise

ASPERGES EN SAUCE

FÜR 4 PERSONEN
1 kg weißer Spargel
250 g Butter
Salz • Zucker
1 Bio-Orange
4 EL Weißwein (oder Wasser)
1 EL Weißweinessig
6 weiße Pfefferkörner
1 Lorbeerblatt
4 Eigelb (Größe M)
Chilipulver
frisch gepresster Zitronensaft

ZUBEREITUNG: 45 Min. **PRO PORTION:** 580 kcal

1 Spargel waschen, schälen und holzige Enden abschneiden. Butter bis auf 1 guten TL in einem Topf bei kleiner Hitze schmelzen. Dann bei stärkerer Hitze langsam zum Kochen bringen. So lange leicht köcheln lassen, bis sich die weißliche Molke vom Fett absetzt. Den aufsteigenden Schaum abschöpfen. Das klare Butterfett dann vorsichtig durch ein mit Küchenpapier ausgelegtes Sieb in einen sauberen Topf gießen (am Topfboden bleibt meist ein milchiger Bodensatz), leicht warm halten.

2 Inzwischen reichlich Wasser einem großen Topf zum Kochen bringen, kräftig salzen, 1 Prise Zucker und 1 TL Butter dazugeben. Spargel darin bei mittlerer Hitze 18–25 Min. (je nach Dicke und gewünschter Konsistenz der Stangen) garen. Orange heiß waschen, abtrocknen, die Hälfte der Schale mit dem Zestenreißer abschälen, Saft auspressen.

3 Währenddessen Wein und Essig in ein Töpfchen geben. Den Pfeffer grob zerdrücken und mit dem Lorbeer dazugeben. Bei großer Hitze offen auf ca. ein Drittel einkochen lassen, durch ein feines Sieb in eine Metallrührschüssel gießen. Die Schüssel so in einen Topf mit Wasser hängen, dass sie das Wasser nicht berührt. Eigelbe unterrühren und alles mit dem Schneebesen bei langsam ansteigender Hitze in 8–12 Min. dick-cremig aufschlagen; dabei nicht zu heiß werden lassen, sonst stockt das Eigelb. Die Schüssel vom Wasserbad nehmen. Die flüssige, leicht abgekühlte Butter erst tröpfchenweise, dann in dünnem Strahl kräftig mit dem Schneebesen unter die Eiercreme schlagen. Die Sauce mit Salz und 1 Prise Chilipulver abschmecken, Orangenschale, 3–5 EL Orangensaft und 1 Spritzer Zitronensaft gründlich unterrühren. Spargel aus dem Wasser heben und möglichst bald mit der Sauce servieren.

Hollandaise mit frischem Grün
Puristen bereiten die Hollandaise ohne Orangensaft und -schale zu. Wer möchte, mischt unter die fertige Hollandaise gehackten Sauerampfer, Brunnenkresse oder Kerbel.

Auberginenpüree

CAVIAR D'AUBERGINES

FÜR 4 PERSONEN

3 Knoblauchzehen
2 große Auberginen (à ca. 400 g)
8 EL Olivenöl
Salz • Pfeffer
1 TL gehackter Thymian
2 Tomaten
2 EL frisch gepresster Zitronensaft

IM BILD HINTEN

ZUBEREITUNG: 20 Min. **GAREN:** 45 Min. **PRO PORTION:** 220 kcal

1 Knoblauch schälen und längs in feine Stifte schneiden. Auberginen waschen, von den Stielansätzen befreien und längs halbieren. Auberginen auf den Schnittflächen mehrmals mit einem spitzen Messer einstechen und je 1 Knoblauchstift in die Einschnitte stecken. Dann mit 2 EL Öl bepinseln und mit Salz und Pfeffer bestreuen.

2 Den Backofen auf 200° vorheizen. Ein Backblech mit Alufolie auslegen und die Folie dünn mit Olivenöl bepinseln. Auberginen mit der Schnittfläche nach unten auf die Folie legen und im Ofen (Mitte; Umluft nicht geeignet) 35–45 Min. garen, bis das Innere richtig weich ist. Herausnehmen, mit einem feuchten Tuch bedecken und leicht abkühlen lassen. Die Haut abziehen, das Fruchtfleisch ganz abkühlen lassen.

3 Auberginenfleisch in kleine Stücke schneiden, dann fein hacken, dabei den Thymian dazugeben. Tomaten waschen, halbieren, die Kerne herauslösen und die Stielansätze abschneiden. Tomaten in kleine Würfel schneiden und mit dem übrigen Öl und Zitronensaft unter das Auberginenfleisch mischen. Mit Salz und Pfeffer würzen.

Baskisches Paprikagemüse mit Ei

PIPERADE

FÜR 4 PERSONEN

5 Eiertomaten
1 grüne und 2 rote Paprikaschoten
1 große weiße Zwiebel
1–2 Knoblauchzehen
3 EL Olivenöl
Salz • Pfeffer • Zucker
Piment d'Espelette oder Cayennepfeffer
6 Eier (Größe M)
2 EL gehackte Petersilie
1 TL Butter
4 Scheiben Bayonne-Schinken (ca. 150 g; nach Belieben; s. Seite 139)

IM BILD VORNE

ZUBEREITUNG: 30 Min. **GAREN:** 30 Min. **PRO PORTION:** 305 kcal

1 Tomaten kreuzweise einritzen, mit kochend heißem Wasser übergießen und kurz stehen lassen. Abgießen, häuten, vierteln, die Kerne herausschneiden und das Fruchtfleisch in kleine Stücke schneiden. Paprika vierteln, putzen, waschen und längs in schmale Streifen schneiden. Zwiebel schälen, längs halbieren und in dünne Streifen schneiden, Knoblauch schälen und fein hacken.

2 Das Öl in einer großen beschichteten Pfanne erhitzen, darin die Zwiebel bei mittlerer Hitze 2–3 Min. andünsten, ohne sie zu bräunen. Paprika und Knoblauch dazugeben und unter Rühren 2–3 Min. mitdünsten, dann Tomaten dazugeben und mit Salz, Pfeffer, 1–2 Prisen Zucker und 2–3 Prisen Piment d'Espelette würzen. Zugedeckt bei kleiner Hitze ca. 30 Min. garen, bis die Tomaten schön zerkocht und die Paprika weich sind. Inzwischen die Eier aufschlagen, verquirlen und mit Salz und Pfeffer würzen. Das Gemüse offen bei mittlerer bis großer Hitze unter Rühren nochmals kochen lassen, damit möglichst die gesamte Flüssigkeit verdampft.

3 Eier auf das Gemüse in die Pfanne gießen, 1 EL Petersilie dazugeben und alles unter Rühren bei mittlerer Hitze 3–4 Min. garen, bis die Eier gestockt sind. Vom Herd nehmen und abgedeckt warm halten. Butter in einer Pfanne schmelzen und darin den Schinken bei mittlerer Hitze braten, bis er leicht bräunt. Das Bratfett über das Gemüse gießen, alles mit übriger Petersilie bestreuen und mit dem Schinken servieren. Das Gericht schmeckt aber auch ohne Schinken!

Auch Spätsommer und Herbst bieten herrliche Gemüsegerichte: grüne Bohnen als traditionelle Beilage zu Lamm, Pilze, die man idealerweise selbst in den Wäldern findet, und der ursprünglich aus Belgien stammende Chicorée haben unter den französischen Gemüsegerichten ihren festen Platz.

Grüne Bohnen mit Speck

HARICOTS VERTS AU LARD

FÜR 4 PERSONEN
600 g grüne Bohnen • Salz
2 Schalotten
1 Knoblauchzehe
150 g Räucherspeck
1 EL Butter • Pfeffer
1 TL gehacktes Bohnenkraut

ZUBEREITUNG: 40 Min. **PRO PORTION:** 305 kcal

1 Bohnen waschen, Stielansätze und Spitzen abknipsen, sehr lange Bohnen eventuell quer halbieren. Circa 700 ml Wasser in einem Topf zum Kochen bringen und salzen. Bohnen hineingeben und zugedeckt bei mittlerer Hitze in 15–20 Min. etwas weicher als bissfest garen. In ein Sieb abgießen, dabei etwas Kochwasser auffangen. Die Bohnen kurz kalt abbrausen und abtropfen lassen

2 Inzwischen Schalotten und Knoblauch schälen und fein würfeln. Den Speck klein würfeln. Butter in einem Topf zerlassen, darin Speck, Schalotten und Knoblauch bei mittlerer Hitze anbraten, bis der Speck leicht gebräunt und die Schalotten goldgelb sind. Bohnen unterrühren und 2–3 EL Kochwasser und Bohnenkraut dazugeben, salzen und pfeffern. Zugedeckt bei kleiner Hitze nochmals 3–5 Min. garen. Die Bohnen passen hervorragend zu Lammfleisch oder Rindersteak.

DAS BILD ZU DEN REZEPTEN AUF DIESER DOPPELSEITE STEHT AUF SEITE 75 UND ZEIGT: GRÜNE BOHNEN MIT SPECK (RECHTS), PILZGEMÜSE IN SAHNESAUCE (VORNE) UND KARAMELLISIERTEN CHICORÉE (HINTEN RECHTS).

Pilzgemüse in Sahnesauce

RAGOÛT DE CHAMPIGNONS DE LA FORÊT

FÜR 4 PERSONEN

600 g gemischte Pilze (z. B. Pfifferlinge, Champignons, Steinpilze, Totentrompeten; s. Info)
80 g Räucherspeck
2 große Schalotten
2 EL Butter
1 EL Cognac (nach Belieben)
150 g Sahne
Salz • Pfeffer
frisch geriebene Muskatnuss
2 EL gehackte Petersilie

ZUBEREITUNG: 35 Min. PRO PORTION: 310 kcal

1 Pilze in kaltem Wasser waschen, gründlich mit einem scharfen Messer putzen, große Pilze in Stücke oder Scheiben schneiden. Speck in kleine Würfel schneiden. Schalotten schälen und fein würfeln. Butter in einer hohen beschichteten Pfanne zerlassen, darin den Speck und die Schalotten bei mittlerer Hitze braten, bis der Speck leicht gebräunt ist. Pilze dazugeben und bei großer Hitze 2–5 Min. anbraten. Die Flüssigkeit, die aus den Pilzen austritt, sollte möglichst stark verdunsten.

2 Nach Belieben Cognac unterrühren und einkochen lassen. Die Sahne dazugießen und alles mit Salz, Pfeffer und Muskatnuss würzen. Offen bei mittlerer Hitze nochmals 7–10 Min. garen, bis die Pilze gar sind; sie sollen aber auf keinen Fall zerkochen. Mit Petersilie bestreuen und als Beilage zu gebratenem Fleisch servieren.

Waldpilze – besonders fein

In Frankreich sind Waldpilze ungeheuer beliebt. Toten- oder Herbsttrompeten findet man von August bis November vor allem in Buchenwäldern. Besonders in getrockneter Form haben sie ein sehr intensives Aroma und werden deshalb auch gerne als Ersatz für Trüffel verwendet. Wer möchte, kann zusätzlich ein paar eingeweichte, getrocknete Pilze unter das Gemüse mischen.

Karamellisierter Chicorée

ENDIVES GLACÉES

FÜR 4 PERSONEN

6 große Stauden Chicorée
3 kleine Schalotten
2 EL Zucker
1 Zweig Thymian (nach Belieben)
Salz • Pfeffer
1 TL Weißweinessig
1 EL kalte Butter

ZUBEREITUNG: 25 Min. PRO PORTION: 80 kcal

1 Chicorée waschen, putzen und längs halbieren. Wer möchte, schneidet den Strunk keilförmig so heraus, dass die Blätter noch zusammenhalten. Schalotten schälen und längs halbieren. Den Zucker in einer beschichteten Pfanne bei mittlerer Hitze goldgelb karamellisieren lassen. Pfanne vom Herd nehmen und die Chicoréestauden sofort vorsichtig mit den Schnittseiten nach unten in den Karamell drücken – Achtung, es zischt! Schalotten und nach Wunsch den Thymian dazugeben, salzen und pfeffern.

2 Die Pfanne wieder auf den Herd stellen und alles offen bei kleiner Hitze ca. 15 Min. dünsten, dabei Chicorée und Schalotten nach etwa der Hälfte der Zeit wenden. Essig dazugeben, 1 Min. mitdünsten, dann die Butter unterrühren, mit Salz und Pfeffer abschmecken und sofort servieren.

Weiße Bohnen

HARICOTS BLANCS

FÜR 4 PERSONEN
ZUBEREITUNG: 20 Min.
EINWEICHEN: 12 Std.
GAREN: 1 Std. 30 Min.
PRO PORTION: 390 kcal

300 g kleine weiße Bohnen
3 Knoblauchzehen
1 Lorbeerblatt
150 g Räucherspeck
5 Zweige Thymian
Salz • Pfeffer
6 Salbeiblätter
3 EL Olivenöl • 1 EL Butter

IM BILD LINKS

1 Die Bohnen 12 Std. oder über Nacht in reichlich kaltem Wasser einweichen. In ein Sieb abgießen, kalt abbrausen und mit 1,5 l Wasser in einen Topf geben. Knoblauch schälen, 2 Zehen halbieren und mit Lorbeerblatt und Speck zu den Bohnen geben. Thymian waschen und 4 Zweige dazugeben. Das Ganze einmal aufkochen, dann zugedeckt bei kleiner Hitze 70–90 Min. köcheln lassen, bis die Bohnen weich sind. Dabei, besonders zu Beginn, ab und zu mit einer Siebkelle den aufsteigenden Schaum abschöpfen. Gegen Garzeitende salzen und pfeffern.

2 Übrigen Knoblauch fein würfeln. Vom übrigen Thymian Blättchen abzupfen und hacken. Salbei waschen, trocken tupfen und in feine Streifen schneiden. Bohnen in ein Sieb abgießen, dabei den Sud auffangen. Wer möchte, kann den Speck trocken tupfen und in kleine Würfel schneiden. Öl und Butter in einem Pfännchen erhitzen, darin Knoblauch, Salbei, Thymian und nach Belieben den Speck leicht anbraten. Alles mit ein paar EL Kochsud unter die Bohnen rühren, mit Salz und Pfeffer abschmecken und servieren. Die Bohnen passen gut zu Lamm- und Grillgerichten.

Linsensalat mit Blauschimmelkäse

SALADE DE LENTILLES AU BLEU D'AUVERGNE

FÜR 4 PERSONEN

2 große Möhren
2 Stangen Staudensellerie
800 ml Gemüsebrühe
250 g Le-Puy-Linsen
Salz • Pfeffer
6 EL Weißweinessig
1 EL Honig
1 ½ TL Dijon-Senf
6 EL Olivenöl • 2 Schalotten
100 g Brunnenkresse oder Feldsalat
200 g Bleu d'Auvergne (s. Seite 200/201; oder anderer Blauschimmelkäse)
100 g Frühstücksspeck in Scheiben (nach Belieben)
je 2 EL gehackte Petersilie und Kerbel

IM BILD RECHTS

ZUBEREITUNG: 50 Min. **PRO PORTION:** 695 kcal

1 Die Möhren schälen, Sellerie waschen und putzen, beides in ca. 1 cm große Würfel schneiden. Brühe aufkochen lassen, Linsen hineingeben und einmal aufkochen. Gemüse unterrühren und alles bei mittlerer Hitze 20–30 Min. kochen lassen, bis die Linsen bissfest sind. Dabei gegen Garzeitende salzen und pfeffern. Linsen in ein Sieb abgießen und abtropfen lassen, dabei den Sud auffangen.

2 Inzwischen Essig, Honig und Senf gut verrühren, salzen und pfeffern, dann das Öl kräftig unterschlagen. Schalotten schälen, fein würfeln und unterrühren. Brunnenkresse waschen, trocken tupfen oder schleudern, grobe Stiele entfernen, Blätter eventuell etwas kleiner zupfen. Käse in kleine Stücke bröckeln. Speck nach Belieben in einer beschichteten Pfanne bei mittlerer Hitze kross braten und auf Küchenpapier abtropfen lassen.

3 Die warmen Linsen mit 4 EL Vinaigrette mischen und lauwarm abkühlen lassen. Übrige Vinaigrette, Brunnenkresse und Kräuter vorsichtig unterheben. Den Salat auf Teller verteilen, Käse und nach Belieben Speck daraufsetzen und sofort servieren.

Ratatouille schmeckt nach Süden und Sonne pur. Sein Geheimnis: aromatisches Sommergemüse, dem man genügend Zeit beim ausgiebigen Schmoren lässt. Und: Es sollte nicht an gutem Olivenöl gespart werden. Als Beilage passt frisches Brot oder Panisses, *die knusprigen Kichererbsenstangen. Sie werden in den südlichen Küstenregionen von Nizza bis Marseille an Straßenständen frisch angeboten.*

Frittierte Kichererbsenstangen

PANISSES MARSEILLAISES

FÜR 4–6 PERSONEN
250 g Kichererbsenmehl
2 EL Olivenöl
Salz • Pfeffer
Olivenöl zum Frittieren

ZUBEREITUNG: 45 Min. **KÜHLEN:** 4 Std. **PRO PORTION (BEI 6):** 215 kcal

1 Das Kichererbsenmehl und 400 ml Wasser kräftig mit dem Schneebesen verrühren. Weitere 400 ml Wasser mit 2 EL Öl, 3/4 TL Salz und etwas Pfeffer in einem großen Topf erhitzen, bis es leicht kocht. Das angerührte Kichererbsenmehl unter ständigem Rühren in das Wasser gießen und die Masse bei mittlerer Hitze weitere 5–10 Min. kochen lassen, dabei ständig mit einem Holzlöffel durchrühren. Der Teig sollte dann fest und kloßartig, ähnlich wie Polenta, sein.

2 Eine flache, rechteckige Gratinform oder ein Blech mit etwas Olivenöl ausstreichen. Kichererbsenmasse ca. 2 cm hoch hineingeben und glatt streichen. Mit Frischhaltefolie abdecken und im Kühlschrank in 3–4 Std. auskühlen lassen. Anschließend aus der Form auf ein Brett stürzen und in ca. 2 cm breite, fingerlange Stangen schneiden.

3 Reichlich Olivenöl in einem großen, schweren Topf (ca. 5 cm hoch) erhitzen – sobald Bläschen an einem Holzlöffelstiel, den man hineintaucht, aufsteigen, ist das Öl heiß genug. Kichererbsenstäbchen portionsweise hineingeben und rundum in 5–8 Min. goldbraun ausbacken. Auf Küchenpapier abtropfen lassen, nochmals salzen und am besten lauwarm servieren.

Ratatouille

FÜR 4 PERSONEN
1 kg sonnenreife Tomaten (ersatzweise 800 g passierte Tomaten aus der Dose)
1 große Zwiebel
3 Knoblauchzehen
1 Lorbeerblatt
Salz • Pfeffer
Zucker
1 grüne Paprikaschote
2 rote Paprikaschoten
3 Zucchini
2 große Auberginen
je ⅓ Bund Petersilie und Basilikum
Olivenöl zum Braten
IM BILD AUF SEITE 81

ZUBEREITUNG: 1 Std. **GAREN:** 30 Min. **PRO PORTION:** 175 kcal

1 Die Tomaten waschen, kreuzweise einritzen, mit heißem Wasser übergießen und kurz stehen lassen. Tomaten abgießen, häuten und klein schneiden, dabei die Stielansätze entfernen und den Saft auffangen. Zwiebel und Knoblauch schälen und getrennt fein würfeln. 2 EL Olivenöl in einem Topf erhitzen und Zwiebel und ein Drittel vom Knoblauch darin andünsten. Tomaten samt Saft sowie Lorbeerblatt unterrühren, alles salzen, pfeffern. Tomaten (auch die aus der Dose) offen bei kleiner Hitze ca. 40 Min. köcheln lassen. Dabei immer wieder rühren, damit möglichst viel Flüssigkeit verdunstet und eine dicke, sämige Sauce entsteht. Die Sauce gegen Garzeitende je nach Säure der Tomaten mit etwas Zucker würzen.

2 Inzwischen die Paprikaschoten halbieren, putzen, waschen und in ca. 4 cm große Stücke schneiden. Die Zucchini waschen, putzen, längs vierteln und die Viertel anschließend in 1 cm dicke Scheiben schneiden. Die Auberginen waschen, putzen, längs vierteln und in ca. 3 cm breite Stücke schneiden.

3 In einer Pfanne 2 EL Öl richtig heiß werden lassen. Darin die Hälfte der Auberginen bei mittlerer Hitze hellbraun anbraten. Etwas Knoblauch dazugeben, alles salzen und pfeffern. 2–4 EL Wasser dazugeben, umrühren und einkochen lassen (so garen die Auberginen, ohne dass noch mehr Öl benötigt wird). Die Auberginen weiterbraten, bis sie bissfest gegart sind, dann herausnehmen. Die übrigen Auberginen genauso braten. Für die Zucchini und Paprika ebenfalls je 2 EL Öl richtig heiß werden lassen und das Gemüse darin braten, bis es leicht bräunt. Den restlichen Knoblauch dazugeben, das Gemüse salzen, pfeffern und unter Rühren kurz weiterbraten.

4 Das gesamte gebratene Gemüse samt eventuell ausgetretenem Saft unter die eingekochte Tomatensauce rühren und zugedeckt bei kleiner Hitze nochmals gut 30 Min. garen, dabei ab und zu umrühren. Mit Salz und Pfeffer abschmecken. Petersilie und Basilikum waschen, trocken schütteln, Blättchen abzupfen und grob zerschneiden und unter das Ratatouille mischen. Es schmeckt übrigens auch lauwarm sehr gut!

Rondini mit Reisfüllung

RONDINI FARCIS AU RIZ DE CAMARGUE

FÜR 4 PERSONEN
ZUBEREITUNG: 40 Min.
GAREN: 1 Std.
PRO PORTION: 365 kcal

300 ml Gemüsebrühe
100 g roter Camargue-Reis
4 Rondini (siehe Tipp; à ca. 250 g)
150 g Spinat (oder 100 g aufgetauter TK-Spinat)
2 Tomaten
½ Bund Petersilie
4 Stängel Minze
1 große Zwiebel
2 Knoblauchzehen
3–4 EL Öl
Salz • Pfeffer
150 g cremiger Ziegenfrischkäse
Chilipulver

1 Gemüsebrühe in einem Topf zum Kochen bringen, Reis einstreuen und zugedeckt bei mittlerer Hitze ca. 30 Min. kochen, bis er fast gar, aber noch leicht bissfest ist. In ein Sieb abgießen und abtropfen lassen, dabei die Brühe auffangen.

2 Inzwischen von den Rondini einen Deckel abschneiden. Das Fruchtfleisch mit einem Löffel bis auf einen ca. 5 mm breiten Rand und Boden herauslösen. Ein Drittel vom Fruchtfleisch klein hacken, dabei nur festes, möglichst faserfreies Fruchtfleisch verwenden. Den Spinat waschen, verlesen und in einem Topf bei großer Hitze zusammenfallen lassen. Diesen oder den aufgetauten TK-Spinat in ein Sieb geben (gekochten kalt abbrausen), abtropfen lassen, gut ausdrücken, anschließend fein hacken. Tomaten waschen und in kleine Würfel schneiden, dabei die Stielansätze abschneiden. Kräuter waschen, trocken tupfen und die Blättchen hacken.

3 Zwiebel und Knoblauch schälen und fein würfeln. 2 EL Öl in einer Pfanne erhitzen, Zwiebel und Knoblauch darin goldgelb andünsten. Gehacktes Zucchinifleisch dazugeben und bei großer Hitze unter Rühren 2–3 Min. braten. Mit Salz und Pfeffer würzen. Vom Herd nehmen und mit Spinat, Tomaten und Reis mischen, Frischkäse unterrühren, Kräuter unterheben und alles mit Salz, Pfeffer und 2 Msp. Chili würzen.

4 Den Backofen auf 180° vorheizen. Eine Auflaufform mit reichlich Öl ausstreichen. Die Rondini innen salzen und pfeffern, die Reismasse einfüllen und die Deckel auflegen. Rondini rundum mit Öl einpinseln, in die Form setzen und im Ofen (Mitte, Umluft 160°) 50–60 Min. garen; dabei nach ca. 20 Min. gerade so viel Brühe angießen, dass die Rondini ca. ½ cm tief darin stehen). Zwischendurch die Rondini eventuell nochmals ölen.

5 Fertig gegarte Rondini aus dem Ofen nehmen, kurz abkühlen lassen und mit einem Salat oder der Tomatensauce von Seite 89 servieren.

Rondini und Camargue-Reis
Rondini werden oft als runde Zucchini angeboten. In der Tat ähneln sie ihren langen Artgenossen und gehören auch zur Familie der Kürbisgewächse. Manche Sorten haben allerdings eine sehr harte Schale, die auch beim Garen nicht weich wird – darauf sollte man beim Kauf für dieses Gericht unbedingt achten. Beim Camargue-Reis handelt es sich um eine Naturreis-Spezialität, die in Südfankreich nur in kleinen Mengen angebaut wird. Da er ungeschält ist, hat er noch seine typische dunkelrote Farbe, muss aber etwas länger kochen. Man findet ihn in Feinkost- und Bioläden.

Die Gemüseküche des Südens und speziell der Provence ist berühmt für sonnenreife Gemüse wie Auberginen, Zucchini und Tomaten, in gesundem Olivenöl gegart und mit reichlich Knoblauch und frischen Kräutern gewürzt. Die beliebten Kräuter der Provence (herbes de Provence) *kennt man meist nur in getrocknetem Zustand. Vor Ort werden dagegen, wenn immer möglich, frische Kräuter in jeweils passender Zusammenstellung verwendet.*

Provenzalisches Gemüsegratin

TIAN DE LÉGUMES

FÜR 4 PERSONEN
2 große Zwiebeln
1 Knoblauchzehe
6 EL Olivenöl
2 EL gehackter Thymian
1 TL getrockneter Oregano
Salz • Pfeffer
1 große Aubergine
6 Eiertomaten
2 Zucchini (à ca. 200 g; gelb und grün)

ZUBEREITUNG: 25 Min. **GAREN:** 55 Min. **PRO PORTION:** 200 kcal

1 Die Zwiebeln schälen, längs halbieren und in feine Streifen schneiden. Knoblauch schälen und fein hacken. 2 EL Olivenöl in einer beschichteten Pfanne erhitzen, darin die Zwiebeln glasig andünsten. Den Knoblauch dazugeben, kurz mitdünsten, dann 1 EL Thymian und den Oregano unterrühren. Die Pfanne vom Herd nehmen und die Zwiebeln nach Geschmack leicht salzen und pfeffern.

2 Den Backofen auf 160° vorheizen. Eine große flache Auflaufform dünn mit etwas Olivenöl ausstreichen, die Zwiebeln gleichmäßig auf dem Boden verteilen. Die Gemüse waschen und putzen. Auberginen und Tomaten quer in ca. 4 mm dicke, die Zucchini in ca. 6 mm dicke Scheiben schneiden. Auberginen und Zucchini jeweils dachziegelartig geschichtet in Reihen nebeneinander in die Form legen, dazwischen jeweils ein Reihe Tomaten. Alles salzen und pfeffern, mit übrigem Thymian bestreuen und gleichmäßig mit übrigem Öl beträufeln. Die Form fest mit Alufolie abdecken und das Gratin im Ofen (Mitte, Umluft 140°) 35–40 Min. garen, bis die Gemüse fast gar sind. Dann Folie entfernen und die Hitze auf 220° (Umluft 200°) erhöhen. Das Gratin nochmals 10–15 Min. garen, bis die Gemüse leicht gebräunt sind und die Garflüssigkeit verdunstet ist.

DAS BILD AUF SEITE 87 ZEIGT: PROVENZALISCHES GEMÜSEGRATIN (VORNE) UND PROVENZALISCHE OFENTOMATEN (HINTEN).

Provenzalische Ofentomaten

TOMATES PROVENÇALES AU FOUR

FÜR 4 PERSONEN
8 Tomaten
Salz • Pfeffer
5 EL Olivenöl
1 Knoblauchzehe
5 EL Semmelbrösel
1 TL gehackter Thymian
2 EL gehackte Petersilie

ZUBEREITUNG: 55 Min. **PRO PORTION:** 185 kcal

1 Tomaten waschen, längs halbieren, Stielansätze entfernen. Jeweils ein wenig Kerne und Fruchtfleisch dünn herauskratzen (die werden nicht weiter benötigt), die Schnittflächen salzen und pfeffern. 3 EL Öl in einer beschichteten Pfanne erhitzen, die Tomaten mit der Schnittfläche nach unten hineinsetzen. Bei kleiner Hitze ca. 30 Min. schmoren lassen, es soll möglichst viel Saft austreten und verdampfen.

2 Inzwischen den Backofen auf 190° vorheizen. Knoblauch schälen und winzig klein würfeln. Mit Semmelbröseln, Thymian und Petersilie mischen, leicht salzen und pfeffern. Eine Auflaufform mit wenig Öl auspinseln. Die Tomaten vorsichtig aus der Pfanne heben und mit der Schnittfläche nach oben in die Form setzen. Den Bratensatz und das restliche Öl mit den Semmelbröseln mischen. Die Bröselmasse in den Tomaten verteilen, Tomaten im Ofen (Mitte, Umluft 175°) 20–25 Min. garen. Sie schmecken hervorragend, warm oder lauwarm, zu gegrilltem oder gebratenem Fleisch oder Fisch.

Südfranzösische Tomatensauce

FRICOT DE POMMES D'AMOUR

FÜR 4 PERSONEN (CA. 500 ML)
1 kg vollreife Tomaten
2 Knoblauchzehen
5 Stängel Petersilie
2 Zweige Thymian
2 EL Olivenöl
1 Lorbeerblatt
Salz • Pfeffer • Zucker

ZUBEREITUNG: 20 Min. **GAREN:** 55 Min. **PRO PORTION:** 90 kcal

1 Die Tomaten kreuzweise einritzen und in einer Schüssel mit kochendem Wasser überbrühen. Etwas ziehen lassen, dann abgießen und häuten. Vierteln, dabei Stielansätze und die Kerne entfernen, den Saft auffangen.

2 Knoblauch schälen und fein würfeln. Die Kräuter waschen, trocken schütteln und die Petersilie mit den Stängeln fein hacken. Das Olivenöl in einem Topf erhitzen, darin Knoblauch und Petersilie nur kurz andünsten, dann Tomaten samt Saft, Thymianzweige und Lorbeerblatt dazugeben. Mit Salz und Pfeffer würzen und offen bei mittlerer Hitze ca. 25 Min. leicht köcheln lassen, dabei gelegentlich umrühren und die Tomatenstücke mit dem Löffelrücken im Topf zerdrücken.

3 Lorbeerblatt und Thymian entfernen. Die Sauce mit dem Pürierstab fein pürieren, mit 1–2 guten Prisen Zucker abschmecken und bei kleiner Hitze in weiteren 20–30 Min. sämig einkochen lassen. Die Sauce schmeckt zu gegrilltem oder gebratenem Fleisch oder Fisch, oder zu Gemüsegerichten ohne Sauce (wie z. B. Rondini, s. Seite 84).

Gefüllte Gemüse auf Nizza-Art

PETITS FARCIS

FÜR 4 PERSONEN
ZUBEREITUNG: 45 Min.
GAREN: 1 Std. 15 Min.
PRO PORTION: 270 kcal

2 schlanke Auberginen
2 große Zucchini
4 Tomaten
8 große Champignons
4 milde, weiße Zwiebeln
3 Knoblauchzehen
3–4 EL Olivenöl
1 Zweig Rosmarin
4 Zweige Thymian
3 Stängel Basilikum
½ Bund Petersilie
Salz • Pfeffer
3 EL Tomatenmark
5 Sardellenfilets in Salzlake
4 EL Semmelbrösel
80 g frisch geriebener Parmesan
100 ml Gemüsebrühe

1 Gemüse waschen und putzen. Auberginen und Zucchini in ca. 6 cm breite Stücke schneiden, ein Viertel davon (möglichst die dünneren Stücke) erst ganz klein würfeln, dann hacken. Beiseitelegen. Die ganzen Stücke so aushöhlen, dass ein ca. 5 mm breiter Rand und ein dünner Boden stehen bleiben – das geht besonders gut mit einem kleinen Kugelausstecher. Tomaten längs halbieren, die Kerne herauslösen, 4 Tomatenhälften ganz fein hacken. Stiele aus den Champignons drehen, 4 Champignons mit den Stielen fein hacken. Zwiebeln schälen, 2 quer halbieren, den inneren Teil herauslösen und die Hälften beiseitelegen. Inneres mit den übrigen beiden ganzen Zwiebeln fein würfeln. Knoblauch schälen und fein würfeln.

2 Eine große Auflaufform mit etwas Öl ausstreichen. Kräuter waschen, trocken schütteln, Blättchen abzupfen und fein hacken. Gemüsestücke mit den ausgehöhlten Seiten nach oben hineinlegen, leicht salzen und pfeffern. Gut 2 EL Öl in einer beschichteten Pfanne erhitzen, darin Zwiebel- und Knoblauchwürfel goldgelb andünsten. Gemüsewürfel bis auf die Tomaten dazugeben und unter Rühren 2–4 Min. braten, salzen und pfeffern. Tomatenwürfel dazugeben und kurz mitbraten, bis alle Flüssigkeit verdunstet ist. Tomatenmark unterrühren, einmal gut durchrühren, dann die Kräuter dazugeben und die Gemüsemasse vom Herd nehmen, leicht abkühlen lassen.

3 Den Backofen auf 180° vorheizen. Sardellen kalt abwaschen, trocken tupfen und fein hacken. Mit Semmelbröseln und Parmesan unter das angebratene Gemüse mischen, mit Salz und Pfeffer abschmecken. Die Masse gleichmäßig so in die Gemüse füllen, dass sich kleine Hauben darauf bilden. Die Brühe angießen. Das gefüllte Gemüse im Ofen (Mitte, Umluft 160°) 50–60 Min. garen, dabei nach etwa der Hälfte der Zeit mit Öl bepinseln.

Oder lieber mit Fleischfüllung?
Dafür 100 g klein gewürfelten Räucherspeck mit 3 gewürfelten Zwiebeln und 2 gehackten Knoblauchzehen in 1 EL Olivenöl hellbraun anbraten. 500 g klein geschnittenen Spinat dazugeben und bei großer Hitze unter Rühren mitbraten, bis er zusammengefallen und alle Flüssigkeit verdampft ist. Leicht abkühlen lassen. 400 g rohe, grobe Bratwürste aus der Pelle drücken, zerteilen und mit einem zerzupften, in Wasser eingeweichten und anschließend gut ausgedrückten Brötchen verkneten. 2 Eier, 2 EL Tomatenmark, je 1 TL getrockneten Majoran und Oregano, ½ Bund gehackte Petersilie und die Spinatmasse ebenfalls gut untermengen, mit Salz, Pfeffer und Cayennepfeffer würzen. Die Fleischmasse in das Gemüse füllen und diese wie beschrieben garen.

Ein einfacher Auflauf mit Mangoldstielen und einer Béchamelsauce, die mit Zwiebeln und Knoblauch besonders aufgepeppt wird. Der Clou: fein gehackte Sardellenfilets und frischer Zitronensaft. So lässt man sich die klassische Grundsauce für Aufläufe im Süden schmecken.

Mangoldgratin

GRATIN DE BLETTES

FÜR 4 PERSONEN
ZUBEREITUNG: 30 Min.
GAREN: 30 Min.
PRO PORTION: 405 kcal

1 kg Mangoldstiele (nur die weißen Teile; siehe Tipp)
200 ml Weißwein (ersatzweise etwas mehr Zitronensaft)
Saft von 1 Zitrone
6 Zweige Thymian
Salz • Pfeffer
150 g Gruyère
2 Sardellenfilets in Salzlake oder Öl
2 kleine Zwiebeln
2 Knoblauchzehen
3–4 EL Olivenöl
2 EL Mehl
100 ml Milch oder Sahne
80 g kleine schwarze Oliven mit Stein
3 EL Crème fraîche
3 EL gehackte Petersilie
frisch geriebene Muskatnuss

1 Mangoldstiele waschen, putzen und in ca. 4 cm breite Stücke schneiden. Mit Weißwein, 4 EL Zitronensaft, Thymian und ca. 1 l Wasser in einen Topf geben (der Mangold sollte gut bedeckt sein), salzen, pfeffern und bei mittlerer Hitze zugedeckt in 12–15 Min. nicht zu weich dünsten. In ein Sieb abgießen, dabei den Kochsud auffangen, abtropfen lassen und die Thymianzweige herausfischen.

2 Inzwischen den Käse reiben und die Sardellen fein hacken (eingesalzene vorher kalt abspülen). Zwiebeln und Knoblauch schälen und fein würfeln. 3 ½ EL Öl in einem Topf erhitzen, Zwiebeln und Knoblauch mit den Sardellen darin goldgelb andünsten. Mehl darüberstäuben und unter Rühren anschwitzen. Nach und nach ca. 500 ml Kochsud dazugießen und gut unterrühren, damit sich keine Klümpchen bilden. Dann die Milch unterrühren und alles offen bei kleiner Hitze 10 Min. köcheln lassen.

3 Inzwischen den Backofen auf 180° vorheizen. Eine Auflaufform mit übrigem Öl auspinseln. Mangold und Oliven mischen und hineingeben. 100 g Käse und Crème fraîche in die Sauce rühren und unter Rühren schmelzen lassen. Petersilie unterrühren und die Sauce mit Salz, Pfeffer, Muskatnuss und einigen Spritzern Zitronensaft würzen. Über den Mangold gießen. Das Gratin im Ofen (Mitte, Umluft 160°) ca. 20 Min. garen. Dann den Mangold mit dem übrigen Käse bestreuen und bei 200° (Umluft 180°) in ca. 10 Min. goldbraun backen. Er schmeckt zu Fisch oder neuen Kartoffeln.

Mangoldblätter zubereiten
Die Mangoldblätter, die in diesem Rezept nicht gebraucht werden, lassen sich im Kühlschrank nur kurz aufbewahren. Aus ihnen kann man eine Gemüsebeilage, ähnlich wie Spinat, zubereiten. Oder sie für den Fleischkuchen von Seite 188 verwenden.

GV 31754

LE PORT

FISCH UND MEHR

Ein Blick auf die Landkarte genügt. *L'hexagone,* das Sechseck, wie Frankreich manchmal genannt wird, grenzt mit drei Seiten direkt ans Meer. Die Bewohner dieser langen Küstenstreifen lebten jahrhundertelang vom Meer und natürlich vom Fischfang. Berühmt sind die großen Häfen im Norden wie Dieppe, Le Havre, Cherbourg, St. Malo und Brest sowie die großen Fischereihäfen im Süden, Marseille und Nizza. Der Küstenort Boulogne-sur-Mer unweit der belgischen Grenze ist heute nicht nur der größte Fischereihafen Frankreichs, sondern auch wichtigster

Umschlagsplatz für Fisch und Fischereierzeugnisse in ganz Europa. Ausgeklügelte Logistik, Transport- und Kühlsysteme sorgen dafür, dass fangfrischer Fisch in kürzester Zeit direkt zu den Kunden auch ins Landesinnere gelangen kann.

Kein Wunder also, dass man Fischgerichte überall findet, als einfache Mahlzeit der Fischer oder auf den Speisekarten der Spitzengastronomie. Von üppigen Fischeintöpfen über feine, in Butter gebratene Seezunge, Fischragout in sahnigen Saucen bis zu edlen Fischpasteten reicht die Bandbreite. Und wer einmal *Plateau de fruits de mer* bestellt hat, weiß: Fisch ist bei weitem nicht alles. Meeresfrüchte jeglicher Art wie Hummer, Austern, Muscheln, Meeresschnecken, Garnelen, Krebse, Seespinnen oder sogar Seeigel häufen sich auf diesen Platten, die vor allem im Norden angeboten werden. Direkt aus dem Meer und superfrisch muss alles sein; dazu wird meist nur Mayonnaise oder eine schlichte Sauce gereicht und im besten Fall noch eine Anleitung, wie man mit derlei Köstlichkeiten umzugehen hat.

Infolge starker Überfischung ist Fisch auch in Frankreich heute teurer geworden. Die Preise für die bekannten Edelfische der Nord- und Atlantikküste wie Seezunge *(sole),* Seeteufel *(lotte* oder *baudroie),* Steinbutt *(turbot)* oder Wolfsbarsch *(loup de mer* oder *bar)* sind inzwischen so gestiegen, dass auch die Spitzengastronomie auf preiswertere Arten wie Dorsch, Seelachs oder Kabeljau zurückgreift. Nicht anders verhält es sich an den Küsten des Mittelmeers mit Thunfisch, Sardinen, Kabeljau und Sardellen. Als es sie noch in rauen Mengen gab, wurden die beiden letztgenannten gerne für den Vorrat nutzbar gemacht: Kabeljau als getrockneter Stockfisch *(morue)* und Sardellen als in Salz eingelegte Anchovis. Auch die berühmte *Bouillabaisse* war einst ein Arme-Leute-Essen; alles was an kleinen, nicht verkäuflichen Fischen und Fischabschnitten übrig war, wurde zur würzigen Suppe verkocht. Grundlage dieser Marseiller Spezialität sollten nach sich oft leicht widersprechenden Angaben mindestens sechs der lokalen Mittelmeerfische sein: Drachenkopf *(rascasse),* Knurrhahn *(grondin),* Rotbarbe *(rouget),* Petersfisch *(Saint-Pierre),* Meeral *(congre)* und Seeteufel. Davon abweichend können auch Meeräsche *(mulet)* oder sogar Kalmare, Muscheln oder Langusten Verwendung finden. So oder so, insgesamt ist so eine richtige *Bouillabaisse* nach wie vor ein köstliches, aber auch ein kostspieliges Vergnügen.

Den Preis für Fisch und Meeresfrüchte zahlen die Franzosen aber nach wie vor willig, speziell an Feiertagen. So dürfen beim *réveillon,* dem großen Weihnachtsmenü, auf keinen Fall Austern fehlen. Sie werden vor den Feiertagen kistenweise in allen Größen und Preislagen angeboten. Dass diese Delikatesse halbwegs erschwinglich ist, ist den professionell ausgebauten Austern- und Muschelzuchten zu verdanken. Rund 90 Prozent aller in Europa verkauften Austern kommen aus Frankreich, mit die besten von den Austernbänken bei Pont-Aven in der Bretagne. Dort, an der Mündung des Flusses Belon, werden nach wie vor die inzwischen selten gewordenen »europäischen« Austern gezüchtet. Aufgrund ihrer rundlichen, flachen Form werden sie als *plats* bezeichnet und erzielen unter ihrer Herkunftsbezeichnung als *belons* Höchstpreise. Verbreiterter und preiswerter sind die länglichen und größeren Felsenaustern, die *creuses.* Für den kleineren Geldbeutel gibt es Jakobsmuscheln oder Miesmuscheln, die ebenfalls in großem Stil produziert werden. Im Mittelmeer werden sie in Netzen in geschlossenen Bassins oder direkt im offenen Meer gezüchtet. An der Atlantikküste macht man sich den Gezeitenwechsel zunutze: Die Muscheln werden an Pfählen *(bouchots)* gezüchtet, die bei Ebbe frei stehen, sodass die Muscheln sozusagen nur noch gepflückt werden müssen. Deshalb haben diese etwas kleineren Muscheln auch oft den Namen *bouchots.*

Auch im Landesinneren, hat Fischküche Tradition. Die großen Flüsse boten früher ein schier unerschöpflich scheinendes Angebot an Süßwasserfischen wie Forelle *(truite),* Hecht *(brochet),* Karpfen *(carpe),* Zander *(sandre)* oder auch Aal *(anguille),* Lachs *(saumon)* und sogar Flusskrebs *(écrevisse de rivière).* Auch sie sind heute rar geworden, aber nicht weniger beliebt – als Delikatesse zu besonderen Anlässen. Und genau so sollte man es mit Fisch auch halten: Ab und zu, dafür in bester Qualität.

Fisch wird klassischerweise gerne als Vorspeise serviert. Der Tintenfischsalat macht sich gut als Entrée *in einem mediterranen Menü, und das edle Fischtatar schmückt als* Hors d'œuvre *jedes Gänge-Menü.*

Tintenfischringe mit Kräutersalat

CALMARS EN SALADE AUX HERBES FRAÎCHES

FÜR 4 PERSONEN

500 g küchenfertige Tintenfischtuben (Kalmare)
2 Knoblauchzehen
200 g Kirschtomaten
1 großes Bund Rucola
1 Handvoll Kerbel
½ Bund Petersilie
4 Stängel Basilikum
2 Zweige Estragon
4 EL Olivenöl
3–5 EL frisch gepresster Zitronensaft
Salz (am besten Meersalz) • Pfeffer

IM BILD VORNE LINKS

ZUBEREITUNG: 30 Min. **PRO PORTION:** 205 kcal

1 Die Tintenfische unter fließendem, kaltem Wasser säubern, trocken tupfen und in ca. 1 cm breite Ringe schneiden. Knoblauch schälen und fein hacken. Tomaten waschen und halbieren. Rucola und Kräuter waschen und gut trocken schütteln. Von 1 Stängel Estragon, 2 Stängeln Basilikum und der Hälfte der Petersilie die Blättchen abzupfen und fein schneiden. Die übrigen Kräuter grob zerzupfen und mit dem Rucola auf Tellern auslegen. Tomaten gleichmäßig darauf verteilen.

2 Das Öl in einer beschichteten Pfanne erhitzen, Knoblauch und Tintenfische hineingeben und unter Rühren bei großer Hitze unter Rühren 4–5 Min. braten, bis sie hell bräunen. 3–5 EL Zitronensaft (je nach Geschmack) darübergeben, mit Salz und Pfeffer würzen, die klein geschnittenen Kräuter unterrühren. Tintenfische mit Sauce sofort auf die Mitte des Salates geben und heiß servieren. Der Salat eignet sich mit etwas Baguette auch prima als Vorspeise oder leichtes Abendessen.

Zweierlei Fischtatar mit Avocado

DEUX TARTARES DE POISSON ET D'AVOCAT

FÜR 4 PERSONEN

je 200 g Thunfisch- und Lachsfilet (ohne Haut)
1 Tomate
1 Bio-Zitrone
1 reife Avocado
2 schlanke Frühlingszwiebeln
4 Stängel Dill
1 Stängel Estragon
6–8 kleine Stängel Kerbel
1 Stängel Basilikum
1 EL Crème double
Salz • Pfeffer • Zucker
2 EL Olivenöl
Chilipulver

IM BILD HINTEN RECHTS

ZUBEREITUNG: 25 Min. **MARINIEREN:** 10 Min. **PRO PORTION:** 410 kcal

1 Beide Fischfilets getrennt mit einem großen Messer sehr klein würfeln, die Würfel dann leicht hacken. Tomate halbieren, Kerne mit einem Löffel entfernen, das Fruchtfleisch fein würfeln. Zitrone heiß waschen, abtrocknen, Schale fein abreiben und Saft auspressen. Avocado halbieren, Kern entfernen, das Fruchtfleisch aus der Schale heben, klein würfeln und sofort mit 2 EL Zitronensaft mischen. Frühlingszwiebeln waschen, putzen und nur die grünen und hellgrünen Teile in feine Ringe schneiden.

2 Kräuter waschen und trocken schütteln. Dill, Estragon und Kerbel fein hacken, mit Crème double, 2 Msp. Zitronenschale und 1 EL -saft mischen und mit Salz, Pfeffer und 1 Prise Zucker würzen. Mit der Hälfte der Avocadowürfel unter den Lachs heben. Basilikumblättchen fein schneiden und mit 2 Msp. Zitronenschale und 2 EL -saft und dem Öl verrühren. Die Tomate und die Frühlingszwiebeln unterheben und mit Salz, Pfeffer und 1–2 Msp. Chilipulver würzen. Dann das Ganze mit der übrigen Avocado unter den Thunfisch heben. Beide Tatarsorten ca. 10 Min. ziehen lassen. Mit einem Esslöffel Nocken daraus formen und auf Tellern anrichten. Mit Salat und geröstetem Baguette servieren.

LEUR DE SEL

Entlang der Côte d'Azur serviert man Sardinen traditionellerweise gerne auf diese Art. Am liebsten nach Sonnenuntergang als kleiner Happen zu einem Gläschen Wein oder Pastis. Anstelle von Spinat als Füllung werden häufig auch Mangoldblätter verwendet; man sollte sie eventuell aber etwas länger schmoren.

Gefüllte Sardinen

SARDINES FARCIES AUX ÉPINARDS

FÜR 4 PERSONEN
ZUBEREITUNG: 35 Min.
GAREN: 20 Min.
PRO PORTION: 425 kcal

500 g Spinat (oder 300 g TK-Spinat)
1 Schalotte
1 Knoblauchzehe
1 EL Rosinen
5 EL Olivenöl
Salz • Pfeffer
3 EL gehackte Petersilie
3 EL Semmelbrösel
8–10 Sardinenfilets, möglichst mit Schwanz (à 80–100 g)
frisch geriebene Muskatnuss
1 Zitrone
8–10 Zahnstocher

1 Spinat waschen, in einem Sieb abtropfen lassen, verlesen und in einzelne Blätter zerzupfen. (TK-Spinat in einem Sieb auftauen und abtropfen lassen, anschließend gut ausdrücken.) Schalotte und Knoblauch schälen und fein hacken. Rosinen mit heißem Wasser übergießen und quellen lassen.

2 In einem Topf 2 EL Öl erhitzen, Schalotte und Knoblauch darin goldgelb andünsten. Frischen oder TK-Spinat dazugeben, salzen, pfeffern und bei großer Hitze unter Rühren 2–4 Min. dünsten, sodass möglichst viel Flüssigkeit verdunstet. Die Rosinen abgießen und fein hacken. Den Spinat eventuell ausdrücken, dann fein hacken und mit Salz, Pfeffer und Muskatnuss abschmecken. Rosinen, Petersilie und Semmelbrösel untermengen.

3 Die Sardinenfilets waschen, trocken tupfen und mit der Hautseite nach unten flach auslegen, salzen und pfeffern. Jeweils ein wenig Spinatmasse auf die Kopfenden der Filets geben und leicht festdrücken. Dann das Schwanzende darüberschlagen und mit einem Holzspießchen feststecken.

4 Den Backofen auf 200° (Umluft 180°) vorheizen. Eine ofenfeste Auflaufform mit 1 EL Öl auspinseln. Die Sardinenröllchen in die Form legen, mit 2 EL Öl beträufeln, salzen und pfeffern. Röllchen im Ofen (Mitte) ca. 10 Min. garen. Inzwischen die Zitrone auspressen und den Saft mit 2 EL Öl verrühren. Sardinen aus dem Ofen nehmen und mit Zitronenöl beträufeln, dann weitere 10 Min. garen. Aus dem Ofen nehmen, leicht auskühlen lassen und am besten mit Zitronenschnitzen zum Darüberpressen servieren.

4,00 / Dz

Miesmuscheln (moules) *gibt es an der gesamten Atlantikküste und stehen dort auch auf fast jeder Speisekarte: in unterschiedlichsten Zubereitungen, aber sehr oft als* Moules-frites. *Diese etwas seltsame Kombination aus Muscheln und Pommes frites ist fast ein heimliches Nationalgericht, das auf keinem Dorffest fehlen darf. Traditionell werden die kleineren Muscheln* (les moyennes) *gerne in Weißwein gegart und die größeren* (les grasses) *gefüllt.*

Muscheln in Petersiliensud

MOULES MARINIÈRE

FÜR 4 PERSONEN
ZUBEREITUNG: 30 Min.
PRO PORTION: 180 kcal

2,5 kg Miesmuscheln
4 Schalotten
1 Knoblauchzehe
2–3 Stängel Fenchelgrün (von einer Knolle), falls vorhanden
1 Bund Petersilie
2 EL Butter
250 ml Weißwein
Salz • Pfeffer

IM BILD AUF SEITE 103

1 Muscheln in kaltem Wasser säubern, falls nötig, kräftig abbürsten und Bärte herausziehen. Offene Muscheln wegwerfen (s. unten). Schalotten schälen und fein würfeln. Knoblauch schälen und in Scheiben schneiden. Fenchel fein würfeln bzw. hacken. Petersilie waschen, trocken schütteln, Blätter und feine Stiele nicht zu klein schneiden.

2 Butter in einem großen Topf zerlassen, Schalotten, Fenchel und Knoblauch darin bei mittlerer Hitze hellgelb andünsten. Mit einem Schuss Wein ablöschen, den Wein vollständig einkochen lassen. Petersilie, Salz, Pfeffer, übrigen Wein und Muscheln dazugeben und alles bei mittlerer Hitze zugedeckt 10–12 Min. garen. Dabei ein- bis zweimal umrühren und immer wieder kräftig am Topf rütteln. Muscheln und Sud auf tiefe Teller verteilen (geschlossene Muscheln aussortieren) und mit Baguette zum Stippen des Suds servieren.

Muscheln – frisch auf den Tisch
Heute kann man sie dank moderner Kühl- und Transporttechnik das ganze Jahr genießen, nicht nur in den Monaten mit »r«. Am besten sind sie aber in den Wintermonaten, wenn sie genug Zeit zum Wachsen hatten. Beim Verarbeiten muss man nur wenig beachten: Beschädigte Muscheln gleich aussortieren, ebenso offene Muscheln. Allerdings: Wenn sie wirklich richtig frisch sind, d. h., noch leben, öffnen sie sich manchmal während des Transports. Klopft man an die Schale oder fährt mit einem Messer zwischen die Schalen, schließen sie sich. Solange dieser Schließreflex funktioniert, sind sie in Ordnung und dürfen mit in den Topf. Muscheln, die nach dem Garen noch geschlossen sind, dürfen nicht gegessen werden.

Muscheln in Sahne-Cidre-Sud

MOULES NORMANDES

FÜR 4 PERSONEN
2,5 kg Miesmuscheln
2 dicke Möhren
2 Stangen Staudensellerie (mit Grün)
½ Stange Lauch
1 Zwiebel • 2 Knoblauchzehen
2 EL Butter
1 Lorbeerblatt
2 Zweige Thymian
150 ml trockener Cidre
200 g Sahne
Salz • Pfeffer
2 EL gehackte Petersilie

ZUBEREITUNG: 45 Min. **PRO PORTION:** 320 kcal

1 Die Muscheln wie im Rezept links beschrieben säubern und vorbereiten. Möhren schälen und in ca. 5 mm kleine Würfel schneiden. Sellerie und Lauch waschen und putzen. Selleriestangen längs halbieren und in kleine Stücke schneiden, Lauch längs vierteln und in kleine Stücke schneiden. Das Selleriegrün fein hacken und beseitelegen. Zwiebel und Knoblauch schälen und fein würfeln.

2 Butter in einem großen Topf erhitzen, darin erst Zwiebel und Knoblauch hellgelb andünsten, dann das Gemüse dazugeben und unter Rühren bei mittlerer Hitze 3 Min. mitdünsten. Lorbeerblatt, Thymian und Cidre dazugeben und ca. 1 Min. kochen. Die Sahne angießen, salzen, pfeffern und offen bei mittlerer Hitze 5 Min. kochen. Die sauberen Muscheln tropfnass dazugeben und Petersilie und Selleriegrün unterrühren. Zugedeckt bei mittlerer Hitze 10–12 Min. garen, dabei immer wieder gut durchrütteln. Die Muscheln mit Sud auf Teller verteilen und mit frischem Brot servieren.

Gefüllte Muscheln

MOULES FARCIES

FÜR 4 PERSONEN
1,5 kg möglichst große Miesmuscheln
2 EL Olivenöl
150 ml Weißwein
(ersatzweise Wasser)
2 große Tomaten
3 Knoblauchzehen
je 3 Stängel Basilikum und Dill
6 Stängel Petersilie
½ Bio-Zitrone
40 g Semmel- oder Weißbrotbrösel
1 EL frisch geriebener Parmesan
6–8 EL Olivenöl oder
5 EL weiche Butter
Salz • Pfeffer

ZUBEREITUNG: 45 Min. **PRO PORTION:** 330 kcal

1 Muscheln wie links beschrieben säubern und vorbereiten. Öl in einem flachen, weiten Topf erhitzen. Muscheln tropfnass hineingeben, den Wein dazugeben und die Muscheln zugedeckt bei großer Hitze ca. 10 Min. kochen, dabei zwischendurch immer wieder rütteln und die Muscheln umrühren.

2 Backofen auf 220° (Umluft 220°) vorheizen. Muscheln in ein Sieb gießen, Sud auffangen. Muscheln so abkühlen lassen, dass man sie anfassen kann. Geschlossene Muscheln wegwerfen. Von den übrigen die oberen Schalenhälften abbrechen und wegwerfen, die Schalen mit der Muschel darin in eine flache Auflaufform setzen.

3 Die Tomaten waschen, halbieren, Kerne und Stielansätze entfernen, das Fruchtfleisch möglichst klein würfeln. Knoblauch schälen und fein hacken. Kräuter waschen, trocken schütteln und fein schneiden. Zitrone waschen, abtrocknen, Schale fein abreiben, den Saft auspressen. Schale und 2 EL Saft mit den übrigen vorbereiteten Zutaten mischen, Semmelbrösel und Parmesan untermengen, dann Öl oder Butter unterarbeiten. Die Masse sollte weich und nicht zu bröselig sein, eventuell noch etwas Muschelsud dazugeben. Mit Salz und Pfeffer würzen. Jeweils etwas Füllung auf die Muscheln in die Schalen drücken. Die Muscheln im Ofen (Mitte) 5–8 Min. garen, bis die Füllung an den Rändern schön bräunt und leicht brutzelt.

Überbackene Austern

HUÎTRES CHAUDES GRATINÉES

FÜR 4 PERSONEN
ZUBEREITUNG: 40 Min.
PRO PORTION
(BEI 800 G AUSTERN): 185 kcal

12 große oder 16 kleinere Austern (Größe 2 oder 3)
je 100 g Möhre, Knollensellerie und Lauch
Salz
4 Eigelb
100 ml Champagner oder Sekt
1 EL Butter
Pfeffer
frisch geriebene Muskatnuss
50 g Sahne
1 EL gehackter Kerbel

1 Die Austern öffnen. Dazu die Muscheln mit der runden Seite nach unten auf ein zusammengefaltetes Geschirrtuch legen und mit einem Austernmesser, einem Messer mit fester, stabiler Klinge oder mit einem flachen Schraubenzieher vorsichtig hinten am »Scharnier«, das die Hälften zusammenhält, aufhebeln bzw. zwischen die Schalenhälften stechen. An dieser Stelle befindet sich der Schließmuskel, den man durch leichtes Hin- und Herbewegen der Klinge durchtrennen kann. Dann mit dem Messer zwischen den Schalenhälften ringsum entlang fahren; die obere Muschelschale so anheben und ablösen. Die Auster mit einem Löffel herausheben und das Wasser in der Muschel durch ein feines Sieb in ein Töpfchen gießen. Die unteren Schalenhälften aufbewahren.

2 Austern in das Muschelwasser geben und darin bei kleiner Hitze 2–3 Min. garen, herausheben und abtropfen lassen. Den Sud aufheben. Gemüse waschen, schälen und in ca. 4 cm lange, ganz dünne Stifte (Julienne) schneiden. In einem Topf Wasser zum Kochen bringen, salzen, das Gemüse darin 1–2 Min. garen, in ein Sieb abgießen, kalt abbrausen und abtropfen lassen.

3 Eigelbe und Champagner in eine Metallschlagschüssel geben und mit dem Schneebesen verrühren. Die Schüssel über einen Topf mit wenig leicht kochendem Wasser hängen, der Boden der Schüssel sollte das Wasser nicht berühren. Die Masse über dem heißen Wasserbad zu einem dicken, schaumigen Sabayon aufschlagen. Die Schüssel vom Topf nehmen und die Butter mit dem Schneebesen unter die Masse schlagen. Mit Salz, Pfeffer und Muskatnuss würzen.

4 Den Grill des Backofens auf höchster Stufe vorheizen. Austernschalen auf ein Blech setzen, eventuell etwas zerknüllte Alufolie darunterlegen (oder Meersalz aufs Blech streuen), damit sie gut stehen bleiben. Sahne leicht steif schlagen. Mit 3–4 EL Austernsud und Kerbel unter den Champagnersabayon rühren. In jede Muschelschale etwas Gemüse legen, darauf jeweils 1 Auster legen und einen Klecks Champagnersabayon daraufgeben. Unter dem heißen Grill in 5–7 Min. leicht braun gratinieren. Mit Baguette servieren.

Variante ***Überbackene Jakobsmuscheln***
Dazu 12 ausgelöste Jakobsmuscheln (nur den weißen Teil ohne orangefarbenes Corail) bei mittlerer Hitze in 1–2 Min. in Butter anbraten. Jeweils 3 Muscheln mit Gemüse in ein Gratinförmchen geben, Sabayon (ohne Austernwasser zubereiten) darübergeben und die Jakobsmuscheln wie die Austern gratinieren.

Bouillabaisse mit Rouille

FÜR 4 PERSONEN
ZUBEREITUNG: 1 Std. 45 Min.
PRO PORTION: 685 kcal

Für die Fischsuppe:
ca. 1,8 kg Mittelmeerfische (z. B. Rotbarben, Seeteufel, Drachenkopf, Knurrhahn, Petersfisch – vom Fischhändler filetieren lassen, Köpfe und Gräten mitnehmen!)
2 große Zwiebeln
5 Knoblauchzehen
2 kleine Fenchelknollen
1 große Möhre
2 Stangen Staudensellerie
400 g reife Tomaten (oder stückige Tomaten aus der Dose)
5 EL Olivenöl
1 EL Tomatenmark
250 ml Weißwein
100 ml Pastis (Anisschnaps)
1 Stück Schale von 1 Bio-Orange
1 Lorbeerblatt
8 Zweige Thymian
5 Stängel Petersilie
Salz • Pfeffer
Chilipulver oder Piment d'Espelette
¼ TL Safranfäden
2 große festkochende Kartoffeln
300 g Miesmuscheln
2–3 EL gehackte Petersilie

Für die Rouille:
50 g Weißbrot (ohne Rinde)
1 Knoblauchzehe • Salz
1 frisches Eigelb (Größe L)
¼ TL edelsüßes Paprikapulver
Chilipulver oder Piment d'Espelette
5–6 EL Olivenöl
Pfeffer
1 dünnes Baguette

IM BILD AUF SEITE 108

1 Fischabschnitte (Gräten und Köpfe) unter fließendem kaltem Wasser gründlich säubern. Die Kiemen aus den Köpfen schneiden und wegwerfen; alles in einem Sieb abtropfen lassen. Zwiebeln und Knoblauch schälen und klein hacken. Fenchel, Möhre und Sellerie waschen, putzen und alles klein würfeln. Tomaten waschen und klein schneiden, dabei Stielansätze entfernen. Das Olivenöl in einem Suppentopf erhitzen. Zwiebeln und Knoblauch darin goldgelb andünsten, Möhre, Sellerie und Fenchel dazugeben und weiterdünsten, bis das Gemüse leicht bräunt.

2 Tomatenmark unter das Gemüse rühren und kurz mitdünsten. Tomaten und Fischabschnitte dazugeben und unter Rühren bei großer Hitze 3–4 Min. dünsten – es kann ruhig alles zerfallen! Weißwein angießen und 2–3 Min. kochen lassen. Die Hitze reduzieren und 1,3 l Wasser sowie Pastis dazugießen. Orangenschale, Lorbeerblatt, Thymian und Petersilie waschen und dazugeben. Alles mit Salz, Pfeffer, 1–2 Msp. Chili und dem Safran würzen und zugedeckt bei mittlerer Hitze 25 Min. kochen lassen. Inzwischen die Kartoffeln schälen, waschen und in dünne Scheiben schneiden. Die Fischfilets in Stücke schneiden. Die Muscheln in kaltem Wasser säubern, offene Muscheln wegwerfen.

3 Die Suppe portionsweise durch ein feines Sieb gießen, dabei alles gut mit einem Löffelrücken auspressen und zerdrücken – nur so bekommt die Suppe ihren richtigen Geschmack; wer will, kann sie auch durch ein Passiergerät pressen.

4 Für die Rouille das Brot klein würfeln. 5–8 EL Suppe abnehmen und das Brot darin 5–10 Min. einweichen. Den Knoblauch schälen, fein hacken, auf einem Brett mit etwas Salz bestreuen, mit einer festen Messerklinge zermusen und mit dem Eigelb in ein hohes Rührgefäß geben. Das Brot breiig zerdrücken und mit Paprika- und 1–2 Msp. Chilipulver zum Ei geben. Mit dem Pürierstab auf mittlerer Stufe pürieren, dabei nach und nach das Öl dazulaufen lassen. Auf diese Weise alles zu einer dicken, gleichmäßigen Mayonnaise pürieren, diese salzen und pfeffern.

5 Die Fischsuppe zurück in den Topf geben und aufkochen lassen. Kartoffeln dazugeben und offen bei mittlerer Hitze ca. 10 Min. garen. Muscheln dazugeben und bei mittlerer bis großer Hitze 5–10 Min. garen, bis sich die Muscheln geöffnet haben. (Geschlossene Muscheln später unbedingt aussortieren!) Die Fischfilets einlegen und bei kleiner Hitze zugedeckt in 5–7 Min. gar ziehen lassen. Baguette in dünne Scheiben schneiden. Die Suppe auf Teller verteilen. Die Rouille auf die Baguettescheiben streichen und zur Suppe servieren. Oder Rouille mit 2–3 EL warmer Fischsuppe verrühren und etwas davon direkt auf die Suppe im Teller geben und mit Petersilie bestreuen.

Heller Fischeintopf mit Aïoli

BOURRIDE

FÜR 4 PERSONEN
ZUBEREITUNG: 1 Std. 30 Min.
FISCHTOPF PRO PORTION: 665 kcal
AÏOLI PRO PORTION: 605 kcal

ca. 2,3 kg Mittelmeerfische mit festem weißem Fleisch (z. B. Seeteufel, Seezunge, Brasse oder Kabeljau – vom Fischhändler filetieren lassen, Köpfe und Gräten mitnehmen!)
2 Zwiebeln
2 Knoblauchzehen
1 kleine Fenchelknolle
2 große Möhren
1 dicke Stange Lauch
½ Bio-Orange
6 EL Olivenöl
250 ml Weißwein
1 Lorbeerblatt
4 Zweige Thymian
8 Stängel Petersilie
Salz • Pfeffer
¼ TL Safranfäden
12 dünne Scheiben Baguette
1 Rezept Aïoli (s. Seite 120, Stockfisch-Gemüse-Platte)
3 frische Eigelb

1 Fischabschnitte (Gräten und Köpfe) wie im Rezept links beschrieben vorbereiten. Zwiebeln und 1 Knoblauchzehe schälen und klein hacken. Gemüse waschen, putzen und alles klein würfeln bzw. den Lauch in feine Ringe schneiden. Orange waschen, abtrocknen und die Schale in großen dünnen Streifen abschneiden.

2 In einem großen Topf 2 EL Öl erhitzen, Zwiebeln und Knoblauch darin glasig dünsten. Gemüse bei mittlerer Hitze 2–3 Min. mitdünsten, es sollte kaum bräunen. Fischabschnitte dazugeben und 3 Min. unter Rühren dünsten. Weißwein dazugießen und 2–3 Min. kochen. Die Hitze reduzieren und 1,2 l Wasser dazugießen. Lorbeer, Thymian und Petersilie waschen und mit der Orangenschale dazugeben. Alles mit Salz, Pfeffer und Safran würzen und zugedeckt bei mittlerer Hitze 25 Min. köcheln.

3 Inzwischen den Backofen auf 175° vorheizen. Baguettescheiben beidseitig mit Öl bepinseln, auf das Ofengitter legen und im Ofen (Mitte, Umluft nicht empfehlenswert) in ca. 10 Min. knusprig und leicht braun rösten, dabei einmal wenden. Übrigen Knoblauch halbieren und die warmen Baguettescheiben auf einer Seite damit einreiben. Fischfilets in Stücke schneiden und das Aïoli (s. Rezept Seite 120) zubereiten.

4 Die Suppe portionsweise durch ein feines Sieb in einen anderen Topf gießen, dabei alles gut mit einem Löffel auspressen oder durch ein Passiergerät drücken. Fischsuppe aufkochen lassen, dann die Hitze reduzieren. Die Fischfilets einlegen und bei kleiner Hitze zugedeckt in 5–7 Min. gar ziehen lassen. Fisch mit einer Siebkelle herausheben und warm stellen (im Backofen bei 60°).

5 Suppe bei großer Hitze 3–5 Min. einkochen lassen, vom Herd nehmen. Eigelbe in einer Schale verrühren, nach und nach 2–3 Kellen Fischsuppe mit dem Schneebesen gründlich unterrühren. Eigelbe unter Rühren in die Suppe gießen. Die Suppe bei kleiner Hitze in 2–3 Min. heiß werden lassen, bis sie leicht andickt (nicht mehr kochen lassen, sonst gerinnt das Eigelb). Dabei nach und nach zwei Drittel des Aïoli unterrühren. Fisch in die Suppe legen und warm werden lassen. Baguettes in Teller geben und die Suppe darüberschöpfen. Übriges Aïoli getrennt zum Nachwürzen reichen.

Fisch und Wein gibt es Burgund und Lothringen entlang der großen Flüsse in Hülle und Fülle. Forellen, Karpfen, Barsche, Schleien, Brassen oder sogar Aale wandern dort bevorzugt mit einem guten, regionalen Tropfen in einen Topf. Je nach Fang auch bunt gemischt, mal in Weiß- oder auch in Rotwein, kommen sie dann als Matelote, *als »Fisch nach* Matrosenart*«, üppig und weinselig auf den Tisch.*

Forellenragout in Rotweinsauce

MATELOTE DE TRUITE

FÜR 4 PERSONEN
ZUBEREITUNG: 1 Std.
PRO PORTION: 460 kcal

4 küchenfertige Forellen (à ca. 350 g)
3 Schalotten
1 Stange Lauch
400 g Champignons
4 EL Butter
400 ml Fischfond (aus dem Glas)
400 ml leichter Rotwein (z. B. Pinot noir oder junger Burgunder)
Salz • Pfeffer
100 g Crème fraîche
2 Eigelb (Größe M)
1–2 EL frisch gepresster Zitronensaft
3 EL gehackte krause Petersilie

1 Die Fische innen und außen gründlich kalt abspülen und trocken tupfen. Köpfe und Flossen abschneiden – die Flossen am einfachsten mit einer Schere. Die Fischkörper in je 3–4 gleich große Stücke schneiden. Schalotten schälen und fein würfeln. Lauch putzen, längs halbieren, waschen und in dünne Ringe schneiden. Champignons gut sauber reiben oder waschen und in Scheiben schneiden.

2 In einem Topf 2 EL Butter zerlassen, die Hälfte der Schalotten darin andünsten. Den Lauch dazugeben und bei mittlerer Hitze unter Rühren 2–3 Min. mitdünsten, ohne dass er bräunt. Fischfond und Wein dazugießen und alles ca. 5 Min. köcheln lassen. Die Fischstücke einlegen und zugedeckt bei kleiner Hitze in 12–15 Min. gar ziehen lassen. Dann die Fische mit einer Schaumkelle aus dem Sud heben und zugedeckt warm halten (eventuell im 60° warmen Ofen). Den Fischsud offen bei großer Hitze in 10–12 Min. auf die Hälfte einkochen lassen.

3 Inzwischen die übrige Butter in einer beschichteten Pfanne schmelzen. Darin die zweite Hälfte Schalotten bei mittlerer Hitze goldgelb dünsten. Champignons dazugeben, salzen, pfeffern und bei mittlerer Hitze unter Rühren 2–3 Min. braten. Den eingekochten Fischsud darübergießen und bei mittlerer Hitze zugedeckt ca. 5 Min. köcheln lassen, dann die Crème fraîche unterrühren.

4 Die Eigelbe in einer Tasse verquirlen. Einen Schöpflöffel von der Sauce abnehmen und gründlich mit den Eigelben verquirlen, dann die Eigelbe in die Sauce rühren. Die Sauce jetzt nur noch warm halten, auf keinen Fall mehr kochen lassen, mit Salz, Pfeffer und Zitronensaft abschmecken. Petersilie bis auf einen kleinen Rest unterrühren. Die Fische unterheben und nochmals warm werden lassen. Das Forellenragout mit Petersilie bestreuen und zu Salzkartoffeln servieren.

Marie-
Claude

Seeteufel mit Garnelensauce

LOTTE ET CREVETTES À LA SAUCE SAFRANÉE

FÜR 4 PERSONEN

4 Seeteufelkoteletts (à ca. 180 g)
Salz • Pfeffer
1 kleine, dicke Möhre
1 Stück Knollensellerie (ca. 80 g)
1 Stück Lauch (ca. 60 g)
1 Schalotte
4 EL Butter
400 ml Fischfond (aus dem Glas)
100 ml Weißwein
150 g Sahne
2 Msp. Safranfäden
2 EL Olivenöl
150 g gegarte kleine Garnelen

IM BILD OBEN RECHTS

ZUBEREITUNG: 40 Min. **PRO PORTION:** 450 kcal

1 Die Fischkoteletts unter kaltem Wasser abspülen, gut trocken tupfen, eventuell noch die Haut abschneiden, dann die Filets salzen und pfeffern. Möhre und Sellerie waschen, schälen und in ganz feine Stifte (Julienne) schneiden oder hobeln. Den Lauch längs halbieren, waschen und längs in schmale Streifen schneiden. Wasser in einem Topf zum Kochen bringen, salzen, das Gemüse hineingeben und 1–2 Min. garen. Dann in ein Sieb abgießen, kalt abbrausen und abtropfen lassen.

2 Die Schalotte schälen und ganz fein würfeln. 2 EL Butter in einem Topf zerlassen, die Schalotte darin bei kleiner Hitze goldgelb andünsten. Fond und Wein dazugießen und bei großer Hitze offen in 8–10 Min. auf die Hälfte einkochen lassen. Sahne dazugießen, Safran einrühren und die Sahne bei kleiner bis mittlerer Hitze sämig einkochen.

3 Inzwischen das Öl und 1 EL Butter in einer beschichteten Pfanne erhitzen und die Fischkoteletts darin bei mittlerer Hitze auf beiden Seiten jeweils 3–4 Min. braten. Übrige Butter zur Sauce geben und mit dem Pürierstab kräftig durchmixen. Gemüse und Garnelen unter die Sauce rühren, mit Salz und Pfeffer abschmecken und heiß werden lassen. Den Fisch mit der Sauce servieren. Dazu passen Nudeln.

Lachs mit Sauerampfersauce

SAUMON À L'OSEILLE

FÜR 4 PERSONEN

200 ml Fischfond (aus dem Glas)
125 ml trockner Weißwein
50 ml Noilly Prat (frz. Wermut)
125 g Sahne
Salz • Pfeffer
150 g Sauerampfer
4 Stück Lachsfilet
(ohne Haut, à ca. 180 g)
2 EL Olivenöl
1 EL Butter • Zucker
1 TL frisch gepresster Zitronensaft

IM BILD UNTEN LINKS

ZUBEREITUNG: 40 Min. **PRO PORTION:** 570 kcal

1 Fischfond, Wein und Noilly Prat in einen Topf geben und offen bei großer Hitze in ca. 5 Min. um ein Drittel einkochen lassen. Sahne dazugeben und wieder um gut ein Drittel zu cremiger Konsistenz einkochen lassen, dabei gelegentlich umrühren. Salzen, pfeffern und warm halten.

2 Inzwischen Sauerampfer waschen, trocken schütteln, verlesen und Stiele abschneiden. Blättchen übereinanderlegen und quer in ganz feine Streifen schneiden. Lachs kalt abwaschen, gut trocken tupfen und beidseitig salzen und pfeffern. Öl und Butter in einer beschichteten Pfanne erhitzen, den Lachs darin bei mittlerer Hitze pro Seite ca. 3 Min. braten. Vom Herd nehmen und nachziehen lassen. Zwischenzeitlich den Sauerampfer unter die Sauce rühren, heiß werden lassen und die Sauce mit Salz, Pfeffer, 1–2 Prisen Zucker und Zitronensaft würzen. Den Lachs in die Sauce legen, etwas Sauce darüberlöffeln und das Gericht heiß servieren.

Fisch mit Kräuterkruste

FILETS DE POISSON GRATINÉS AUX HERBES

FÜR 4 PERSONEN
4 Fischfilets à ca. 200 g
(z. B. weißer Kabeljau, Seelachs)
50 g Toast- oder Weißbrot vom Vortag
2 Zweige Rosmarin
5 Zweige Thymian
4 EL gehackte Petersilie
1 EL Kapern
abgeriebene Schale von ½ Bio-Zitrone
5–6 EL Olivenöl
Salz • Pfeffer
1 TL Dijon-Senf (nach Belieben)
2 EL Butter
IM BILD VORNE

ZUBEREITUNG: 15 Min. **GAREN:** 15 Min. **PRO PORTION:** 355 kcal

1 Den Backofen auf 200° (Umluft 180°) vorheizen. Die Fischfilets kalt abbrausen und gut trocken tupfen. Das Brot in Würfel schneiden und im Blitzhacker zu mittelfeinen Bröseln mahlen. Die Kräuter waschen und trocken tupfen. Die Nadeln bzw. Blättchen abzupfen und fein hacken; mit der Petersilie zu den Brotkrümeln geben. Die Kapern fein hacken und mit Zitronenschale und 4 EL Öl unter das Brot mischen. Die Brotmischung leicht salzen und pfeffern.

2 Mit dem übrigen Öl den Boden einer flachen ofenfesten Form ausstreichen. Die Fischfilets auf einer Seite salzen und pfeffern, mit dieser Seite nach unten nebeneinander in die Form legen. Nach Wunsch die Oberseite noch dünn mit Senf bestreichen und ebenfalls salzen und pfeffern. Nun die Bröselmasse gleichmäßig auf dem Fisch verteilen und leicht andrücken. Butter in dünne Flöckchen schneiden und daraufgeben. Die Filets im Ofen (Mitte) 12–15 Min. garen. Heiß servieren, am besten mit frischem Brot und grünem Salat oder Tomatensalat.

Seezunge mit Buttersauce

SOLE AU BEURRE BLANC

FÜR 4 PERSONEN
1 Schalotte
180 g eiskalte Butter
125 ml Weißwein
75 ml Fischfond (aus dem Glas)
2 EL Noilly Prat (frz. Wermut)
1 EL Weißweinessig
4 küchenfertige Seezungenfilets
(à ca. 180 g)
2 EL frisch gepresster Zitronensaft
Salz • Pfeffer
Mehl zum Wenden
2 EL Olivenöl
IM BILD HINTEN

ZUBEREITUNG: 30 Min. **PRO PORTION:** 565 kcal

1 Die Schalotte schälen und fein würfeln. 1 EL Butter in einem kleinen Topf schmelzen und die Schalotte darin glasig andünsten. Wein, Fond, Noilly Prat und Essig dazugießen. Alles bei großer Hitze in 5–8 Min. auf ein Drittel einkochen lassen. Dann durch ein feines Sieb in einen kleinen Topf gießen. Die übrige Butter in Flöckchen schneiden und kühlen, am besten sogar ins Gefrierfach stellen.

2 Die Seezungen kalt abspülen, trocken tupfen und mit Zitronensaft beträufeln, salzen und pfeffern. Dann ganz leicht in Mehl wenden und überschüssiges Mehl gut abklopfen. Öl und ca. 1 TL Butter in einer großen beschichteten Pfanne schmelzen. Die Seezungen darin bei mittlerer Hitze beidseitig je 3–4 Min. braten; herausnehmen und abdecken.

3 Den aufgefangenen Weinsud nochmals aufkochen lassen. Salzen und pfeffern. Die Hitze reduzieren und die kalten Butterflöckchen nacheinander mit dem Schneebesen unter die Flüssigkeit schlagen (dabei die Sauce nicht mehr kochen lassen). Sofort mit den gebratenen Seezungen servieren.

PAVÉS DE
MORUE SALÉES
€
21.60 le kg

Stockfisch, eingesalzener, langsam getrockneter Fisch, hat in vielen Ländern Tradition als Fastenspeise. Die Provenzalen machen daraus ein richtig großes Ding: le grand aïoli. *Ein wahres Fasten-Festessen mit viel Gemüse, Eiern und Fisch, häufig ergänzt durch Seeschnecken und natürlich mit jeder Menge gehaltvollem, knoblauchscharfem Aïoli. So lässt es sich fasten, ohne zu darben …*

Stockfisch-Gemüse-Platte

LE GRAND AÏOLI

FÜR 4 PERSONEN
ZUBEREITUNG: 1 Std. 15 Min.
WÄSSERN: 48 Std.
FISCHPLATTE PRO PORTION: 865 kcal
AÏOLI PRO PORTION: 605 kcal

600 g Stockfisch (idealerweise aus der Mitte; kein Schwanzstück)
ca. 800 g gemischtes Gemüse; (z. B. Blumenkohl, Fenchel, grüne Bohnen)
2 kleine Möhren
1 dicke Stange Lauch
8 kleine festkochende Kartoffeln
1 Lorbeerblatt • 4 Zweige Thymian
½ TL schwarze Pfefferkörner • Salz
2 EL gekörnte Gemüsebrühe
500 g große rohe, geschälte Garnelen
4 Eier (Größe M)

Für das Aïoli:
2 Knoblauchzehen • Salz
2 frische Eigelb (Größe M)
250 ml Olivenöl
frisch gepresster Zitronensaft
Pfeffer • Chilipulver
1 EL gehacktes Basilikum
1 EL gehackte Petersilie

1 Den Fisch unter kaltem Wasser abwaschen, dann in eine Schüssel in reichlich kaltes Wasser legen und zugedeckt im Kühlschrank 1–2 Tage (24–48 Std.) wässern, dabei ungefähr alle 8 Std. das Wasser wechseln.

2 Für das Aïoli Knoblauch schälen, grob hacken und mit 1 guten Prise Salz mit einem großen schweren Messer fein zermusen. Eigelbe und Knoblauchsalz mit dem Schneebesen verquirlen. Das Öl tröpfchenweise dazugeben und immer gründlich verrühren, dann Öl in dünnem Strahl dazugeben und gründlich unterschlagen, bis eine dicke Mayonnaise entstanden ist. Mit ein paar Spritzern Zitronensaft, Salz, Pfeffer und Chilipulver würzen, die Kräuter unterheben. Aïoli in ein Schälchen füllen und kühl stellen.

3 Gemüse waschen und putzen. Blumenkohl in Röschen teilen, Fenchel vierteln. Lauch in 3 gleich lange Stücke schneiden. 1,5 l Wasser in einem großen Topf zum Kochen bringen, Lorbeer, Thymian, Pfeffer und Salz dazugeben. Die gekörnte Brühe einrühren. Kartoffeln und Gemüse dazugeben und zugedeckt bei mittlerer Hitze 10 Min. garen. Stockfisch kalt abspülen, dazugeben und alles bei kleiner Hitze ca. 30 Min. garen, bis das Gemüse gar ist. 5 Min. vor Garzeitende die Garnelen dazugeben.

4 Inzwischen Eier in ca. 10 Min. hart kochen, kalt abschrecken, pellen und halbieren. Gemüse, Fisch und Garnelen mit einem Schaumlöffel vorsichtig aus dem Sud heben. Fisch eventuell in Stücke schneiden und mit Garnelen, Gemüse (möglichst getrennt) und den Eiern auf einer Platte anrichten. Aïoli separat dazu reichen.

IM BILD AUF SEITE 119

Stockfischpüree

BRANDADE DE MORUE

FÜR 4 PERSONEN
700 g Stockfisch
1 Zwiebel
4 Knoblauchzehen
5 Stängel Petersilie
3 Zweige Thymian
1 Lorbeerblatt
100 g Sahne
150 ml Olivenöl
150 ml Milch
1–2 EL frisch gepresster Zitronensaft
2 EL gehackte Petersilie

ZUBEREITUNG: 35 Min. **WÄSSERN:** 48 Std. **PRO PORTION:** 1040 kcal

1 Stockfisch kalt abwaschen, in einer Schüssel in reichlich kaltem Wasser einlegen und zugedeckt im Kühlschrank 1–2 Tage (24–48 Std.) wässern lassen, dabei alle 8 Std. das Wasser wechseln – der Fisch soll schön weich sein.

2 Fisch kalt abwaschen und in einen Topf mit ca. 1,5 l Wasser geben. Zwiebel und Knoblauch schälen, getrennt fein würfeln. Kräuter waschen. Zwiebel, die Hälfte vom Knoblauch, Lorbeer, Petersilie und 2 Zweige Thymian zum Fisch geben und alles bei kleiner Hitze ca. 15 Min. köcheln, bis der Fisch ganz weich ist und leicht zerfällt. In ein Sieb gießen, Kräuter wegwerfen. Den Fisch eventuell häuten, Gräten herauszupfen. Fischfleisch grob zerkleinern und mit 50 g Sahne mit dem Pürierstab oder der Küchenmaschine pürieren. Übrigen Thymian abzupfen, Blättchen fein hacken.

3 In einer beschichteten Pfanne 2 EL Öl erhitzen, übrigen Knoblauch darin andünsten, Thymian und Fischmasse dazugeben. Alles erwärmen, dabei nach und nach abwechselnd wenig Milch und Öl kräftig unterrühren, bis alles aufgebraucht ist. 50 g Sahne gründlich unterrühren, das Püree mit Pfeffer und Zitronensaft abschmecken und mit Petersilie bestreuen. Lauwarm oder kalt auf gerösteten Brotscheiben servieren.

Stockfischbällchen

BEIGNETS DE MORUE

FÜR 6 PERSONEN (CA. 28 BÄLLCHEN)
200 g Stockfisch
300 g mehligkochende Kartoffeln
Salz
50 g Semmelbrösel
3 EL Crème fraîche
1 Ei (Größe L)
3 EL gehackte Petersilie
½ TL abgeriebene Schale von 1 Bio-Zitrone
Pfeffer • edelsüßes Paprikapulver
Öl zum Braten

ZUBEREITUNG: 1 Std. **WÄSSERN:** 48 Std. **KÜHLEN:** 30 Min. **PRO PORTION:** 270 kcal

1 Den Fisch wie oben beschrieben wässern. Abspülen und in reichlich kochendem Wasser bei kleiner Hitze ca. 10 Min. köcheln. In ein Sieb abgießen und abkühlen lassen. Kartoffeln waschen und ungeschält in kochendem Salzwasser zugedeckt bei mittlerer Hitze 25–30 Min. garen. Dann abgießen, ausdampfen lassen, schälen und durch die Kartoffelpresse in eine Schüssel drücken.

2 Fisch eventuell häuten, das Fischfleisch in Stücke zupfen, dabei Gräten entfernen. Fisch ganz fein hacken und mit einer Gabel zerfasern. Mit Kartoffeln, Semmelbröseln, Crème fraîche, Ei, Petersilie und Zitronenschale mischen, mit Pfeffer, Paprikapulver und eventuell wenig Salz (der Fisch ist bereits recht salzig) würzen und zu einer homogenen Masse verkneten. Zugedeckt für ca. 30 Min. in den Kühlschrank stellen.

3 Aus der Fischmasse mit leicht feuchten Händen Bällchen formen. Öl erhitzen – es ist heiß genug, wenn an einem Holzkochlöffelstiel, den man hineinhält, Bläschen aufsteigen. Die Bällchen darin portionsweise in 2–4 Min. goldbraun backen. Mit einem Schaumlöffel herausheben und auf Küchenpapier abtropfen lassen. Noch warm servieren – am besten mit Aïoli (s. Seite 120) und Zitronenschnitzen zum Darüberpressen.

Rotbarben gehören zu den gesuchtesten Fischen auf den Märkten des Südens und haben daher meist ihren Preis. Durchaus zu Recht: Zusammen mit frischen mediterranen Gemüsen, leicht herben Oliven und saftig-süßen Orangen geben sie ein äußerst deliziöses Sommergericht ab.

Rotbarben auf Olivengemüse

ROUGETS AUX LÉGUMES ET OLIVES

FÜR 4 PERSONEN
ZUBEREITUNG: 35 Min.
GAREN: 20 Min.
PRO PORTION: 440 kcal

500 g reife Tomaten
2 rote Paprikaschoten
250 g Staudensellerie
2 Bio-Orangen
(am besten Saftorangen)
1 große Zwiebel
2 Knoblauchzehen
8 Zweige (Zitronen-)Thymian
½ Bund Petersilie
5 EL Olivenöl
Salz • Pfeffer
Cayennepfeffer • Zucker
120 g schwarze Oliven mit Stein
8 küchenfertige Rotbarben
(à ca. 180 g)

1 Tomaten kreuzweise einritzen, in eine Schüssel geben und mit kochend heißem Wasser überbrühen. Paprikaschoten halbieren, putzen, waschen und in kleine Würfel schneiden. Sellerie waschen, putzen, dabei das Grün abschneiden und beiseitelegen, dann die Stangen längs halbieren und in kleine Stücke schneiden. Tomaten abgießen, häuten und in kleine Würfel schneiden, dabei den Saft auffangen und die Stielansätze entfernen. Orangen heiß abwaschen, halbieren, 3 Hälften auspressen, die übrige Hälfte in dünne Scheiben schneiden, diese noch halbieren. Zwiebel und Knoblauch schälen und fein würfeln. Die Kräuter waschen und trocken schütteln. Knapp die Hälfte der Petersilie beiseitelegen. Vom Rest der Petersilie und vom Thymian die Blätter abzupfen und getrennt fein hacken.

2 In einer großen beschichteten Pfanne 2 EL Öl erhitzen, Zwiebel und Knoblauch darin glasig andünsten. Paprika und Sellerie dazugeben und unter Rühren bei großer Hitze weitere 2–3 Min. braten. Salzen, pfeffern und Thymian unterrühren. Mit der Hälfte vom Orangensaft ablöschen, den Saft vollständig einkochen lassen. Dann Tomaten samt Tomatensaft und übrigen Orangensaft dazugeben. Alles offen bei kleiner Hitze 15–20 Min. köcheln lassen. Mit Salz, Pfeffer, 1–2 Msp. Cayennepfeffer und 1–2 Prisen Zucker abschmecken. Die abgetropften Oliven und den Großteil der gehackten Petersilie unterrühren (etwas zum Garnieren beseitelegen).

3 Inzwischen den Backofen auf 180° (Umluft 160°) vorheizen. Die Rotbarben innen und außen gründlich kalt abspülen und trocken tupfen. Innen und außen salzen und pfeffern, einige Petersilienstängel und etwas Selleriegrün in die Bauchhöhlen verteilen. Das Olivengemüse in eine große feuerfeste Form geben, Rotbarben darauflegen und die Orangenscheiben dazwischen verteilen (dabei leicht in das Gemüse drücken). Übriges Öl über die Fische träufeln und alles im Ofen (Mitte) in 15–20 Min. garen. Zum Servieren mit der übrigen gehackten Petersilie bestreuen. Dazu schmecken Weißbrot und ein leichter Roséwein.

Für frischen Fisch gibt es kaum eine bessere Zubereitungsart: marinieren und einfach auf den Grill damit. Sardinen und Makrelen sind ideal, da sie schön fett sind und damit richtig saftig bleiben, ohne auszutrocknen. Etwas ganz Besonderes für Festtage sind Langusten, die dank ihrer schützenden Schale und mit reichlich Butter schonend rösten.

Gegrillte Sardinen

SARDINES GRILLÉES

FÜR 4 PERSONEN
ZUBEREITUNG: 50 Min.
PRO PORTION: 545 kcal

16 Sardinen (à ca. 125 g, am besten vom Fischhändler vorbereiten lassen, s. Step 1)
3 Zweige Thymian
3 Zweige Minze
6 Stängel Petersilie
fein abgeriebene Schale von 1 Bio-Orange
70 g Semmelbrösel
Salz • Pfeffer • Cayennepfeffer
5–8 EL Olivenöl
8 dünne, lange Holzspieße

1 Sardinen, falls noch nötig, schuppen, Köpfe abschneiden. Bäuche nur zu ca. zwei Dritteln aufschneiden und Fische ausnehmen. Die Mittelgräten mit einem Messer am Kopfende leicht vom Fleisch abheben und vorsichtig mit den Fingern zum Schwanz hin vom Fleisch lösen, dann mit einer Schere an den Enden vorne und hinten abschneiden. Fische nochmals innen und außen kalt abwaschen und gut trocken tupfen.

2 Die Kräuter waschen, gut trocken schütteln, die Blättchen abzupfen und so fein wie möglich hacken (eventuell im Blitzhacker). Die Kräuter mit der Orangenschale und den Semmelbröseln mischen, mit Salz, Pfeffer und 2–3 Msp. Cayennepfeffer würzen. Ein gutes Drittel der Würzmischung mit 3 EL Olivenöl verrühren und diese Paste in die Bauchhöhlen der Fische verteilen.

3 Jeweils 4 Sardinen am Kopfende auf einen Spieß stecken und an den Schwanzenden ebenfalls einen Spieß durchstecken (das ergibt 4 Fisch»päckchen«). Dabei darauf achten, dass die Füllung nicht herausfällt – diese am besten nochmal gut in die Fischbäuche drücken. Übrige Semmelbrösel auf einen flachen Teller geben. Die Fische auf beiden Seiten mit Öl bepinseln und in den Bröseln wenden, diese gut andrücken. Die Fischspieße auf dem heißen Holzkohlegrill oder unter dem Backofengrill beidseitig jeweils 5–8 Min. grillen, bis sie knusprig braun sind.

DAS BILD ZU DEN REZEPTEN AUF DIESER DOPPELSEITE STEHT AUF SEITE 125 UND ZEIGT: GEGRILLTE SARDINEN (HINTEN RECHTS), LANGUSTEN MIT TOMATENBUTTER (AUF DEM TELLER RECHTS) UND GEGRILLTE KRÄUTER-MAKRELEN (AUF DEM TELLER LINKS).

Langusten mit Tomatenbutter

LANGOUSTINES GRILLÉES AU BEURRE DE TOMATES

FÜR 4 PERSONEN
12 große Langustinen (Kaisergranat) oder King Prawns (à 80–100 g; vom Händler vorbereiten lassen, s. Step 1)
2 Knoblauchzehen
2 Tomaten
8 Stängel Petersilie
abgeriebene Schale von 1 Bio-Orange
Salz • Pfeffer
Chilipulver
100 g weiche Butter

ZUBEREITUNG: 25 Min. **PRO PORTION:** 285 kcal

1 Die Langustinen der Länge nach vom Rücken zum Bauch hin durchschneiden lassen. Den Darm am Rückenende mit einem spitzen Messer herauslösen. Kalt abwaschen und gut trocken tupfen. Knoblauch schälen und ganz fein hacken. Die Tomaten waschen, halbieren, Kerne und Stielansätze entfernen, dann das Fruchtfleisch ganz fein würfeln. Petersilie waschen, trocken schütteln, Blättchen abzupfen und ganz fein hacken.

2 Den Knoblauch und 2 Msp. Orangenschale mit etwas Salz mischen und mit einem schweren Messer zermusen. Das Mus mit Tomaten, Petersilie, Salz, Pfeffer und 2–3 Prisen Chilipulver unter die Butter mischen. Die Butter großzügig auf das Fleisch der Langusten streichen. Langusten mit der Schale nach unten auf eine Alugrillschale legen und auf dem heißen Holzkohlegrill oder unter dem Backofengrill 7–10 Min. grillen.

Gegrillte Kräutermakrelen

MAQUEREAUX GRILLÉS AUX HERBES

FÜR 4 PERSONEN
4 küchenfertige Makrelen (à ca. 300 g)
1 Bio-Zitrone
1 kleine Fenchelknolle
4 Zweige Thymian
2 Zweige Rosmarin
5 Stängel Petersilie
6 EL Olivenöl
Salz • Pfeffer
2 Knoblauchzehen

ZUBEREITUNG: 30 Min. **MARINIEREN:** 2 Std. **GRILLEN:** 30 Min. **PRO PORTION:** 445 kcal

1 Die Makrelen innen und außen unter fließendem kaltem Wasser waschen und gut trocken tupfen. Die Haut auf beiden Seiten mehrmals schräg ca. ½ cm tief einschneiden. Zitrone heiß waschen und abtrocknen. Aus der Mitte 2 Scheiben schneiden und halbieren, den Saft aus den Reststücken auspressen.

2 Fenchel waschen, putzen, das Grün beseitelegen, die Knolle längs in schmale Scheiben schneiden. Die Kräuter waschen, gut trocken schütteln, Blättchen abzupfen und mit dem Fenchelgrün fein hacken. Mit Olivenöl und Zitronensaft mischen und mit Salz und Pfeffer würzen. Knoblauch schälen und dazupressen, gut unterrühren. Etwas Marinade in die Bäuche der Fische geben und jeweils ½ Zitronenscheibe und Fenchelscheiben hineinstecken. Übrige Marinade auf die Fische pinseln, dabei möglichst viel in die Einschnitte geben. Zugedeckt mindestens 2 Std. marinieren lassen.

3 Die Fische salzen und pfeffern und auf dem Holzkohlegrill (dann möglichst Grillkörbe für Fisch verwenden und die vorher gut mit Öl einpinseln) oder unter dem Backofengrill ca. 30 Min. grillen, dabei zwischendurch wenden und nochmals mit Öl oder übriger Marinade bepinseln.

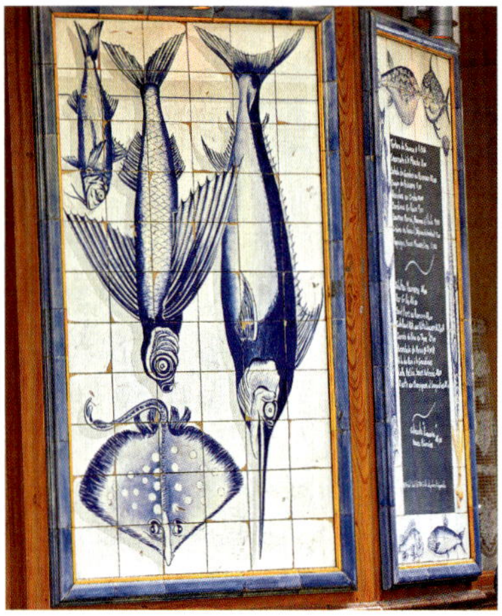

Doraden oder Brassen, wie die typischen Mittelmeerfische auch heißen, gibt es in den unterschiedlichsten Arten. Für dieses Gericht eignen sich alle von ihnen, besonders fein ist aber eine richtig große Goldbrasse, die Dorade royale. Sie ist festfleischig und bleibt beim Garen wunderbar saftig.

Doraden auf Gemüse

DORADES AUX LÉGUMES AU FOUR

FÜR 4 PERSONEN
ZUBEREITUNG: 35 Min.
GAREN: 40 Min.
PRO PORTION: 500 kcal

4 küchenfertige Doraden (à ca. 400 g oder 2 Stück à ca. 800 g)
600 g festkochende Kartoffeln
4 Fenchelknollen (ca. 1 kg)
1 große Zwiebel
2 Knoblauchzehen
1 Bio-Orange
½ Bio-Zitrone
1 großer Zweig Rosmarin
½ Bund Thymian
50 ml Pastis (Anisschnaps)
80 ml Weißwein (oder Fischfond)
5–6 EL Olivenöl
Salz (am besten Fleur de Sel) • Pfeffer
1–2 TL Butter (nach Belieben)

1 Die Fische unter fließendem kaltem Wasser gründlich abwaschen, innen und außen gut trocken tupfen. Kartoffeln waschen, schälen, in ca. 5 mm dicke Scheiben schneiden und in eine Schüssel mit kaltem Wasser geben. Von den Fenchelknollen die Stiele wegschneiden und beiseitelegen. Die Knollen längs halbieren, die Strünke so herausschneiden, dass die Knollen unten gerade noch zusammenhalten, dann die Hälften in ca. 5 mm dicke Scheiben schneiden.

2 Backofen auf 200° (Umluft 180°) vorheizen. Zwiebel schälen, längs halbieren und in schmale Spalten schneiden. Knoblauch schälen und in dünne Scheiben schneiden. Orange und Zitrone heiß abwaschen und abtrocknen. Von der Orange die Schale mit einem Messer in hauchdünnen breiten Streifen abschneiden. Von der Zitrone 2 dicke Scheiben abschneiden und halbieren. Den Saft von Orange und Zitrone auspressen.

3 Die Kräuter waschen und trocken schütteln. Nadeln und Blättchen abstreifen und fein hacken. 4–5 Fenchelstängel putzen und mit dem Grün (eventuell noch etwas Grün von den anderen Stängeln dazunehmen) fein hacken, dann mit den Kräutern mischen. Die Hälfte der Kräuter mit Pastis, Wein, Orangen- und Zitronensaft und 4 EL Olivenöl mischen. Kartoffeln in ein Sieb abgießen und abtupfen, dann mit Fenchel, Zwiebel, Knoblauch, Orangenschale und der Kräutermarinade mischen. Alles kräftig salzen, pfeffern und auf ein tiefes Backblech geben. Im Ofen (Mitte) ca. 15 Min. garen.

4 Inzwischen die Doraden innen leicht salzen und pfeffern, die übrigen Kräuter in den Bauchhöhlen verteilen. Je ½ Zitronenscheibe dazustecken und die Fische außen salzen und pfeffern. Das Blech aus dem Ofen nehmen, das Gemüse einmal mit einem Löffel gut durchmischen. Doraden darauflegen und mit 1–2 EL Öl beträufeln. Dann alles im Ofen weitere 20–25 Min. garen – die Fische sind gar, wenn sich die Schwanzflosse ganz leicht aus dem Fleisch ziehen lässt. Wer möchte, kann die Fische nach der Hälfte der Garzeit mit Butterflöckchen belegen, so bleiben sie auf jeden Fall schön saftig!

Wolfsbarsch in Salzkruste

BAR EN CROÛTE

FÜR 4 PERSONEN
ZUBEREITUNG: 30 Min.
GAREN: 40 Min.
PRO PORTION: 255 kcal

1 küchenfertiger, ungeschuppter Wolfsbarsch (ca. 1,6 kg)
½ Bio-Zitrone
1 kleine Fenchelknolle
2 Stängel Estragon
7 Zweige Thymian
3 kg grobes Meersalz
200 g Mehl
4 Eiweiß

1 Wolfsbarsch unter fließendem kaltem Wasser säubern und innen und außen trocken tupfen. Zitrone waschen und in Scheiben schneiden. Fenchel waschen, putzen und in schmale Streifen schneiden. Kräuter waschen und trocken schütteln. Alles gleichmäßig im Fischbauch verteilen, dabei 4 Zweige Thymian beiseitelegen.

2 Den Backofen auf 200° vorheizen. Zwei Bögen Alufolie (ca. 40 cm länger als der Fisch) überlappend auf ein Backblech legen. Meersalz und Mehl mischen. Eiweiße und nach und nach ca. 150 ml Wasser untermischen, dabei das Salz immer wieder zwischen den Händen zerreiben. Es soll feucht, auf keinen Fall klebrig oder pappig nass sein.

3 Gut ein Drittel bis knapp die Hälfte der Salzmasse in Form des Fisches, nur etwas größer, auf der Alufolie auslegen und leicht andrücken. Den Fisch darauflegen, die Bauchhöhle nochmals gut zusammendrücken, sodass kein Salz hineingelangt. Übrige Thymianzweige auf den Fisch legen, darüber das restliche Salz vorsichtig verteilen, bis der Fisch rundum damit bedeckt ist. Salzmasse leicht andrücken und die Fischform mit feuchten Händen nachmodellieren. Überstehende Folie so nach innen rollen, dass sie einen Rand rings um das Salzbett mit dem Fisch bildet. Das Blech in den Ofen schieben (Mitte, Umluft 180°) und den Fisch ca. 40 Min. garen.

4 Blech aus dem Ofen nehmen. Fisch gut mit einem Geschirrtuch festhalten und mit einem Brotmesser ringsherum einen »Deckel« aus der Salzkruste sägen. Die Kruste vorsichtig aufbrechen und abnehmen. Die Haut des Fisches lösen (darauf achten, dass keine Salzbröckchen auf das Fischfleisch gelangen), den Fisch in der Kruste filetieren, von den Gräten lösen und auf Tellern verteilen. Zum Fisch schmeckt hervorragend eine *Beurre blanc* (s. Seite 116; Seezunge mit Buttersauce) oder Sauce Béarnaise (s. Seite 140, Rückensteak). Experimentierfreudige geben einfach etwas zerlassene Butter darüber und bestreuen den Fisch mit etwas Himbeersalz.

Himbeer-Würzsalz
Eine raffinierte Würze mit bestem Meersalz, die sich auch schön verschenken lässt. Dafür 125 g gesäuberte und gut abgetrocknete Himbeeren mit 50 g Fleur de Sel und 1 EL gehacktem Estragon mischen. Auf einem mit Backpapier ausgelegtem Blech großzügig verteilen, die Hälfte der Himbeeren mit einer Gabel ganz leicht andrücken. Im Ofen bei 70° (Mitte, Umluft 70°) 3 Std. trocknen lassen, dabei nach ca. der Hälfte der Zeit, wenn die Himbeeren aussaften, nochmals ca. 30 g Fleur de Sel darüberstreuen. Herausnehmen und mindestens 3 Std. abkühlen lassen. Anschließend mit 1 TL Korianderkörnern und 1 EL schwarzen Pfefferkörnern im Mörser zerreiben. In ein verschließbares Glas füllen und nach Bedarf verwenden, z. B. zu gedünstetem oder gegrilltem Fisch oder Steak.

Hachis parmentier liebt in Frankreich jedes Kind: gewürztes Hackfleisch unter einer goldbraun gebackenen Kartoffelbreihaube. Mit Fisch statt Hack wird aus dem ursprünglichen Auflauf für jeden Tag ein richtig feines Gericht, das sicher auch große Feinschmecker überzeugt.

Kartoffelbrei-Fisch-Auflauf

PARMENTIER DE POISSON

FÜR 4 PERSONEN
ZUBEREITUNG: 1 Std. 30 Min.
BACKEN: 30 Min.
PRO PORTION: 615 kcal

1 kg mehligkochende Kartoffeln • Salz
250 ml Milch
100 g Butter
Pfeffer • frisch geriebene Muskatnuss
2 dünne Stangen Lauch
1 Bund Frühlingszwiebeln
1 Knoblauchzehe
600 g Kabeljaufilet (ersatzweise Seelachs)
2 EL frisch gepresster Zitronensaft
5–6 EL Weißwein (ersatzweise Gemüsebrühe)
1 ½ TL Dijon-Senf
2 EL Crème fraîche
2 EL gehackte Petersilie
5–6 EL Semmelbrösel
Butter für die Form

1 Kartoffeln schälen, waschen und in große Stücke schneiden. Ausreichend Wasser zum Kochen bringen, salzen und die Kartoffeln darin zugedeckt in 20–25 Min. weich garen. Das Wasser abgießen, die Kartoffeln kurz ausdampfen lassen. Die Milch erhitzen. Kartoffeln durch eine Kartoffelpresse drücken oder mit dem Kartoffelstampfer zermusen. 3 EL Butter in Flöckchen dazugeben und nach und nach die heiße Milch gründlich unter den Kartoffelschnee rühren. Den Kartoffelbrei mit Salz, Pfeffer und Muskatnuss würzen und leicht abkühlen lassen.

2 Inzwischen den Lauch putzen, längs halbieren, waschen, trocken schütteln und in schmale Ringe schneiden. Frühlingszwiebeln putzen, waschen und die weißen und grünen Teile getrennt in feine Ringe schneiden. Knoblauch schälen und fein würfeln. Fisch kalt abspülen, trocken tupfen und in 8 gleich große Teile schneiden, mit Salz, Pfeffer und Zitronensaft würzen.

3 In einer beschichteten Pfanne 2 EL Butter schmelzen. Lauch, weiße Zwiebelringe und Knoblauch darin unter Rühren bei mittlerer Hitze 2–3 Min. dünsten. Den Fisch dazulegen und ringsum 2 Min. anbraten. Mit Wein oder Brühe ablöschen. Weitergaren und durchrühren, bis der Fisch von alleine in kleine Stücke zerfällt oder sich leicht teilen lässt. Mit Salz, Pfeffer, Muskatnuss und Senf würzen. Vom Herd nehmen und leicht abkühlen lassen, dann Crème fraîche, grüne Zwiebelringe und Petersilie unterrühren.

4 Den Backofen auf 200° vorheizen. Eine Auflaufform (ca. 15 x 25 cm) mit reichlich Butter fetten. Mit 2 EL Semmelbröseln ausstreuen. Die Hälfte vom Kartoffelbrei auf dem Boden der Form verstreichen. Fischmasse daraufgeben und den restlichen Kartoffelbrei darüber verteilen, glatt streichen und einige Wellen eindrücken. Mit den übrigen Semmelbröseln bestreuen und mit der übrigen Butter in Flöckchen belegen. Den Auflauf im Ofen (Mitte, Umluft 180°) 25–30 Min. backen, bis er schön goldgelb gebräunt ist. Aus dem Ofen nehmen, kurz abkühlen lassen und servieren. Am besten passt dazu ein Salat.

Lachs-Zander-Terrine

TERRINE DE SAUMON ET SANDRE

FÜR 1 FORM VON 1 L INHALT (6–8 STÜCK)
ZUBEREITUNG: 1 Std.
GAREN: 50 Min.
PRO STÜCK (BEI 8; ALS VORSPEISE): 490 kcal

2 Schalotten
1 TL Butter
120 g Toastbrot
3 Eiweiß (Größe M)
600 g Sahne
je 300 g Lachs- und Zanderfilet (ohne Haut)
3 EL frisch gepresster Zitronensaft
3 EL Noilly Prat (frz. Wermut)
frisch geriebene Muskatnuss
Salz • Pfeffer
2 EL gehackter Kerbel
1 ½ EL gehackte Petersilie
4 Scheiben geräucherter Lachs
hitzebeständige Folie

1 Schalotten schälen und klein würfeln. Butter in einem beschichteten Pfännchen zerlassen, darin die Schalotten glasig andünsten – sie sollten keinesfalls bräunen – vom Herd nehmen und abkühlen lassen. Vom Brot die Rinde abschneiden, dann das Brot in feine Scheiben oder kleine Würfel schneiden. In eine Schale geben, die Eiweiße darüber verteilen und ca.150 g Sahne darübergießen. Beides leicht mit einer Gabel ins Brot drücken und die Schale für ca. 20 Min. in den Kühlschrank stellen.

2 Fischfilets waschen, gut trocken tupfen, zur Sicherheit auf Gräten absuchen und diese entfernen, dann beide Fischsorten getrennt in Würfel schneiden. Jeweils mit der Hälfte von Zitronensaft und Noilly Prat beträufeln und kühl stellen.

3 Den Backofen auf 150° vorheizen. Terrinenform mit Folie so auslegen, dass sie an einer Längsseite überhängt. Brotmasse aus dem Kühlschrank nehmen, mit einer Gabel gründlich durchrühren und zermusen. Zander aus dem Kühlschrank nehmen und mit der Hälfte der Schalotten und gerade so viel Sahne, das der Fisch sich gut pürieren lässt, im Blitzhacker möglichst fein pürieren. Dann die Hälfte der Brotmasse dazugeben, nochmals gründlich pürieren, mit Salz, Pfeffer, Muskatnuss und der Hälfte der Kräuter mischen und kalt stellen. Blitzhacker säubern, dann den Lachs genauso mit Sahne, übrigen Schalotten und Brotmasse pürieren, salzen, pfeffern (hier keine Muskatnuss nehmen) und mit übrigen Kräutern verrühren, kalt stellen.

4 Übrige Sahne steif schlagen. Jeweils eine Hälfte der Sahne löffelweise unter die beiden Fischmassen heben, dabei die Sahneportion immer erst gründlich unterrühren, bevor man den nächsten Löffel dazugibt. Zandermasse in die Form füllen und glatt streichen. Räucherlachsscheiben darauflegen, dann die Lachsmasse darauf verteilen. Die Form ein paar Mal leicht auf die Arbeitsfläche stoßen, damit sich Luftzwischenräume schließen. Überhängende Folie darüberschlagen und die Form mit Deckel oder Alufolie verschließen.

5 Die Form in einen ausreichend großen Bräter stellen. Wasser zum Kochen bringen und so viel in den Bräter gießen, dass die Form zu etwa zwei Dritteln im Wasser steht. Den Bräter in den Ofen (unten, Umluft 130°) stellen und die Terrine in ca. 50 Min. garen. Herausnehmen und lauwarm abkühlen lassen. Vor dem Servieren eventuell ausgetretenen Saft vorsichtig abgießen, dann die Terrine auf eine Platte stürzen, Folie abziehen und die Terrine in Scheiben schneiden. Sie schmeckt lauwarm oder kalt – ideal ist ein kleiner Kräuter- oder Blattsalat dazu.

CHARCUTERIE
TRAITEUR
CHARCUTE
PRESSING
PLATS CUISINES SUR COMMANDE
HOTEL

LA BOUCHERIE

VOM METZGERHANDWERK

In Deutschland bekommen wir beim Metzger außer Schnitzel auch ein paar Scheiben Aufschnitt. In Frankreich dagegen ist das traditionsreiche Fleischerhandwerk arbeitsteilig angelegt. Der *boucher* schlachtete und zerlegte die Tiere, wobei in einer *boucherie* früher meist nur Rind, Kalb- und Lammfleisch angeboten wurden. Für Schweinefleisch und weitere Schweinereien war die *charcuterie* der richtige Ort, und Innereien gab es in der *triperie* (*tripes* = Kutteln). Daran hat sich natürlich einiges geändert und den modernen Lebensweisen angeglichen. Ein guter *boucher* hat

heute auch Schweinefleisch, Geflügel, Kaninchen und schlachtfrische Innereien im Angebot. Seine Kunden halten ihm meist die Treue und verschmähen Supermarktfleisch und Tiefkühlhähnchen.

Die Franzosen lieben gutes Fleisch, das am besten aus regionaler Erzeugung stammt. An erster Stelle steht – wie könnte es in dem Land mit dem gallischen Hahn als Nationalsymbol anders sein – Hühnerfleisch. Frankreich ist nicht nur Europas größter Produzent für Hühnerfleisch, sondern verzehrt im eigenen Land fast noch einmal dieselbe Menge, die es exportiert. Natürlich möchte man nicht ein gemeines Suppenhuhn *(poule)* im Topf haben, sondern mindestens einen stolzen Hahn *(poulet* oder *coq)* und am besten einen aus der Bresse, einer Landschaft im Osten Frankreichs. Dieses regionale Vorzeigegeflügel präsentiert sich in den Nationalfarben – blaue Füße, weißes Gefieder und leuchtend roter Kamm – und erfüllt alle Kriterien für eine AOC-Auszeichnung. Ähnlichen, nicht ganz so strengen Qualitätsanforderungen entsprechen auch meist die *poulets fermiers,* die auf Bauernhöfen mit viel Freilauf, Zeit zum Wachsen und gesundem Körnerfutter ohne tierische Zusätze gehalten werden und nur möglichst frisch geschlachtet in den Handel kommen. Ähnlich werden auch Gänse und Enten im Südwesten Frankreichs gehalten. Allerdings ist dort ein Enten- oder Gänsebraten fast Nebenprodukt: Hochbezahle Stopfleber ist das eigentliche Zuchtziel. Die dazu angewandte tägliche Zwangszufütterung ist bei Tierschützern mehr als umstritten. Durch diese extreme Mästung fällt nicht nur die Leber, sondern auch das Fleisch der Tiere fetter aus, und so kocht man daraus bevorzugt *Confit* (s. Seite 180). Für eine schöne magere Entenbrust eignet sich das Fleisch von Flugenten, wie der Barbarie-Ente, wesentlich besser. Diese werden auch im großen Stil exportiert.

Zahlreiche Rinderrassen, allen voran die cremefarbenen Charolais-Rinder oder die rotbraunen Limousin-Rinder, werden fast ausschließlich zur Fleischerzeugung gezüchtet. Ihr Fleisch ist zwar fettarm, aber so, wie man es in Frankreich schätzt: fein marmoriert und durchwachsen, sodass es beim Garen saftig und aromatisch bleibt. Das ist besonders bei den Lieblingsstücken der Franzosen wichtig, den Steaks. Französische Metzger schneiden sie bevorzugt aus dem gut abgehangenen Roastbeef in der Mitte des Rückens. Im Unterschied zu Fleischschnitten in anderen Ländern werden hier die Steaks aus dem vorderen Teil *entrecôte* genannt, die mittleren Lendenstücke oberhalb des eigentlichen Filets *faux filet,* also »falsches Filet«. Besonders edel sind die aus dem eigentlichen Filet geschnittenen Teile: Filetsteaks aus der Mitte bezeichnet man als *tournedos,* doppelt dick geschnittene als *chateaubriand* und die Stücke aus den Spitzen *filet mignon.* Ein weiterer, besonderer Leckerbissen aus Frankreich: das *côte de bœuf,* ein Rinderkotelett mit Knochen und reichlich Fettrand, der das Fleisch saftig hält. Kalb- und Lammfleisch wird vor allem wegen seiner Zartheit und dem Aroma geschätzt. Als besonders aromatisch gilt das Fleisch der Salzwiesenlämmer, die an der normannischen Küste rund um den Mont Saint-Michel grasen; das *agneau de prés-salés du Mont Saint-Michel* besitzt sogar eine AOC-Auszeichnung.

Schweinefleisch hat in Frankreich keinen guten Ruf. Abfällig wird das Schwein *(porc)* zum vulgären *cochon* degradiert, dessen Fleisch nur in der bäuerlichen Küche Wertschätzung erfuhr. In ländlichen Regionen, z. B. im Elsass und in Lothringen, genießt man aber von jeher Schweinebraten, gepökeltes Schweinefleisch, geräucherten Speck und nimmt reichlich Schweinschmalz zum Braten. Eher im Verborgenen hegen die Franzosen aber doch eine Leidenschaft fürs Schwein, zumindest nach liebevoller Behandlung durch einen *charcutier:* in Form von Würsten, Schinken, Sülzen, deftigen Terrinen und feinen Pasteten in Teighülle. Berühmt sind gekochter Schinken aus Paris oder dem Burgund und die daraus hergestellte Petersilien-Schinken-Sülze (s. Seite 190), roher Schinken aus Bayonne, *Rilettes* (s. Seite 192) aus Le Mans, Würste aus Toulouse und Lyon wie die berühmten Lyoner *Cervelas* mit Trüffel und Pistazien oder salami-ähnliche getrocknete Würste aus dem Süden. *Tout est bon dans le cochon,* lautet ein Sprichwort, und in der Tat wissen französische Metzger auch aus den Innereien des Schweins noch das Beste herauszuholen, z. B. *Boudin* (Blutwurst) und die berühmte *Andouillette.* Diese Wurst aus Schweinedärmen und anderen Innereien ist vielleicht nicht jedermanns Sache, aber in Frankreich so beliebt, dass es in vielen verschiedenen Regionen unterschiedliche, typische Rezepturen gibt.

Rückensteak mit Sauce Béarnaise

CÔTE DE BŒUF À LA BÉARNAISE

FÜR 4–6 PERSONEN
ZUBEREITUNG: 25 Min.
GAREN: 1 Std. 30 Min.
PRO PORTION (BEI 6): 775 kcal

Für das Fleisch:
1,8 kg Côte de bœuf (Hochrippe mit Knochen, s. Tipp)
Salz • Pfeffer
2 EL weiche Butter
1 ½ TL körniger Senf
1 EL gehackter Estragon
3–4 EL Sonnenblumenöl

Für die Sauce:
2 Schalotten
ca. 5 Stängel Estragon
1 Handvoll Kerbel
5 EL trockener Weißwein
5 EL Weißweinessig
4 frische Eigelb (Größe L)
180 g kalte Butter
Salz • Pfeffer

1 Den Backofen auf 160° vorheizen. Das Fleisch kalt abspülen und trocken tupfen, salzen und pfeffern. Butter, Senf und Estragon mit einer Gabel gut verrühren, ein Viertel davon dünn auf das Fleisch streichen. Öl in einer ofenfesten Pfanne erhitzen, das Kotelett darin beidseitig bei großer Hitze je 2 Min. anbraten, dann auch noch die Ränder ringsum je ca. 2 Min. anbraten, dabei das Fleisch möglichst nicht einstechen. Aus der Pfanne nehmen, das Fett abgießen. Das Kotelett mit der übrigen Butter bestreichen, zurück in die Pfanne legen – wenn möglich mit der Fettschicht nach oben – und im Ofen (Mitte, Umluft 140°) ca. 1 Std. 30 Min. garen. Ideal ist hierfür ein Bratenthermometer, das man an der dicksten Stelle ins Fleisch steckt; bei knapp 60° Kerntemperatur ist das Fleisch medium und schön rosa.

2 Inzwischen für die Sauce Schalotten schälen und fein würfeln. Die Kräuter waschen, Blättchen abzupfen, die Stängel fein hacken und mit Schalotten, Wein und Essig in ein Töpfchen geben, eventuell noch ca. ein Fünftel des Estragons dazugeben. Bei mittlerer bis großer Hitze auf ca. 2 EL Flüssigkeit einkochen. Durch ein feines Sieb in eine Metallschlagschüssel gießen, die Flüssigkeit gut aus Schalotten und Kräutern pressen. Abkühlen lassen und mit den Eigelben verrühren. Alle übrigen Kräuter fein hacken.

3 Fleisch aus dem Ofen nehmen und in Alufolie wickeln. Die Schüssel mit der Eigelbmasse über einen Topf mit wenig leicht siedendem Wasser hängen (der Boden der Schüssel darf das Wasser nicht berühren) und die Eigelbe mit dem Schneebesen aufschlagen. Über dem heißen Wasserdampf so lange kräftig rühren, bis die Eimasse heller, leicht cremig und fester wird. Dann die gut gekühlte Butter nach und nach in Stücken kräftig unterschlagen, bis die Sauce dick-cremig ist. Die Schüssel vom Topf nehmen, die Sauce mit Salz und Pfeffer würzen und die gehackten Kräuter unterrühren. Das Fleisch in fingerdicken Scheiben vom Knochen schneiden und mit Salz, Pfeffer und der Sauce Béarnaise servieren. Dazu schmecken Bratkartoffeln.

Kotelett auf Französisch
Côte de bœuf, ein Rinderkotelett, bekommt man in Deutschland in der Regel unter der Bezeichnung Hochrückensteak oder Hochrippe (nicht zu verwechseln mit der fettärmeren Hohen Rippe oder Fehlrippe). Wichtig ist, dass das Fleisch gut abgehangen und schön mit Fettadern gemasert ist – so wird es beim Garen zart und bleibt saftig. Wer beim Metzger mit dem Begriff *côte de bœuf* nicht weiterkommt, kann auch ein Ribeye-Steak mit Knochen verlangen.

½ Ltr.

Die hohe Kunst des Steakbratens wird in Frankreich zelebriert: Egal, ob einfaches Entrecôte oder edles Filet – Hauptsache, das Fleisch ist auf den Punkt gegart. Keineswegs Nebensache ist eine gute Sauce, die das Aroma des Fleisches unterstreicht und hebt.

Pfeffersteak

STEAK AU POIVRE

FÜR 4 PERSONEN
ZUBEREITUNG: 20 Min.
PRO PORTION: 490 kcal

4 Rinderfiletsteaks (à 200 g)
je 2 EL weißer und schwarzer Pfeffer
5 Pimentkörner
2 EL Sonnenblumenöl
25 g Butter
3 EL Cognac
Salz
200 g Sahne
Pfeffer

IM BILD AUF SEITE 143

1 Das Fleisch mindestens 30 Min. vor dem Braten aus dem Kühlschrank nehmen. Pfeffer und Piment im Mörser grob zerstoßen (oder in eine Tüte geben und mit dem Fleischklopfer zerdrücken). Pfeffermischung auf einen flachen Teller streuen. Fleisch trocken tupfen und in dem Pfeffer wenden, dabei die Körner gut festdrücken.

2 Öl in einer Bratpfanne (am besten aus Eisen oder Gusseisen) erhitzen, Steaks einlegen und bei großer Hitze 1 Min. anbraten, dann wenden und auf der zweiten Seite ebenfalls 1 Min. anbraten. Butter dazugeben und das Fleisch bei mittlerer Hitze pro Seite nochmals jeweils 2–4 Min. braten – nach 2 Min. ist das Steak noch blutig *(saignant)*, nach ca. 3 Min. medium und rosa *(à point)*, nach ca. 4 Min. durchgebraten *(bien cuit)*. Pfanne vom Herd nehmen. Zum Flambieren den Cognac über das Fleisch träufeln und sofort anzünden. Sobald die Flamme erloschen ist, die Steaks salzen, aus der Pfanne nehmen, in Alufolie wickeln und warm halten.

3 Die Sahne in die Pfanne gießen und bei großer Hitze in 2–5 Min. sämig einkochen lassen, mit Salz und Pfeffer würzen. Die Steaks auf Teller geben und den ausgetretenen Bratensaft aus der Alufolie unter die Sauce rühren. Am besten Pommes frites oder Bratkartoffeln dazu servieren.

Steak mit Rotweinsauce

STEAK À LA MARCHAND DE VIN

FÜR 4 PERSONEN
4 Rinderfiletsteaks (à 200 g)
250 ml Kalbsfond (aus dem Glas)
3 Schalotten
100 g kalte Butter
300 ml Rotwein (z. B. Beaujolais oder Bordeaux)
1 TL Rotweinessig
Salz • Pfeffer
2 EL Sonnenblumenöl

ZUBEREITUNG: 35 Min. **PRO PORTION:** 545 kcal

1 Steaks mindestens 30 Min. vor dem Braten aus dem Kühlschrank nehmen. Kalbsfond in einen Topf geben und offen bei großer Hitze auf die Hälfte einkochen lassen. Schalotten schälen und fein würfeln. 2 EL Butter in einem Topf zerlassen, darin die Schalotten bei kleiner bis mittlerer Hitze in ca. 10 Min. weich dünsten (sie sollen lediglich goldgelb bräunen). Mit einem guten Schuss Rotwein ablöschen und den Rotwein fast vollständig einkochen lassen, dann nochmals einen Schuss Rotwein dazugießen und wieder einkochen lassen. Den Rest Rotwein (ca. 150 ml) und den Fond dazugeben und bei großer Hitze in 5–7 Min. auf die Hälfte einkochen lassen, mit Essig, Salz und Pfeffer abschmecken. Die Sauce warm halten.

2 Öl in einer Pfanne erhitzen und die Steaks darin wie im Rezept Pfeffersteak (s. links) beschrieben bis zum gewünschten Gargrad braten (ebenfalls etwas Butter dazugeben!). Salzen, pfeffern und warm halten. Die Sauce nochmals richtig heiß werden lassen, dann vom Herd nehmen. Die restliche kalte Butter nach und nach unterrühren, bis die Sauce leicht bindet und einen schönen Glanz bekommt. Sofort mit den Steaks servieren.

Zwiebel-Trauben-Confit

CONFIT D'OIGNONS ET RAISINS

FÜR 4 PERSONEN
2 Zwiebeln
200 g blaue Weintrauben
250 ml Rotwein
50 ml Rotweinessig
5 EL Zucker
1 EL gehackter Thymian

ZUBEREITUNG: 15 Min. **GAREN:** 1 Std. **PRO PORTION:** 160 kcal

1 Die Zwiebeln schälen, halbieren und in nicht zu dünne Ringe schneiden. Die Weintrauben abzupfen, waschen, halbieren und die Kerne herauskratzen. Zwiebeln und Trauben mit gut der Hälfte vom Rotwein, dem Essig und dem Zucker in einen Topf geben und offen bei mittlerer Hitze 50–60 Min. köcheln lassen. Dabei immer wieder gründlich umrühren – besonders gegen Ende der Garzeit – und dabei den übrigen Rotwein nach und dazugießen.

2 Alles gründlich einkochen lassen, bis die Zwiebeln weich sind, fast alle Flüssigkeit verdunstet und der Rest sirupartig eingekocht ist. Thymian unterrühren und das Confit abkühlen lassen. Es schmeckt zu Steaks, zu Entrecôte (s. Seite 30, Steak mit Pommes frites), dem Rückensteak (s. Seite 140) und zu anderem gegrilltem Fleisch.

Bœuf Bourguignon

FÜR 4 PERSONEN
ZUBEREITUNG: 1 Std. 10 Min.
GAREN: 3 Std. 30 Min.
MARINIEREN: 24 Std.
PRO PORTION: ca. 1245 kcal

1,2 kg Rindfleisch (Bug oder Schulter)
2 Zwiebeln
4 Knoblauchzehen
½ Bund Thymian
1–2 Bund krause Petersilie
½ TL schwarze Pfefferkörner
500 ml Rotwein (z. B. Burgunder)
je 1 Stück Lauch und Knollensellerie (je ca. 100 g)
2 große, dicke Möhren
180 g Räucherspeck in ca. 5 mm dicken Scheiben (am besten vom Metzger schneiden lassen)
Salz • Pfeffer
400 ml Rinderfond oder Brühe
4–6 EL Olivenöl
2–3 EL Butter
1 ½ EL Mehl
1 Lorbeerblatt
2 EL Marc de Bourgogne oder Cognac
120 g braune Perlzwiebeln
450 g möglichst kleine braune Champignons

1 Häutchen, Sehnen und grobes Fett vom Fleisch schneiden. Fleisch in große Stücke (à ca. 80 g) schneiden. 1 Zwiebel und 2 Knoblauchzehen schälen, Zwiebel grob würfeln, Knoblauch in Scheiben schneiden. 4 Zweige Thymian und 2–3 große Stängel Petersilie waschen. Alles in eine Schüssel schichten. Pfeffer grob zerstoßen und darüberstreuen. Fleisch mit Wein bedecken und zugedeckt über Nacht im Kühlschrank ziehen lassen.

2 Lauch waschen, putzen, längs halbieren und in Streifen, diese in feine Stücke schneiden. Sellerie und Möhren schälen und ca. 5 mm groß würfeln. Übrige Zwiebel und den Knoblauch schälen und fein würfeln. Speck quer in schmale Streifen schneiden und in einer beschichteten Pfanne bei mittlerer Hitze goldbraun braten, dann in ein feines Sieb geben und das Bratfett auffangen.

3 Fleisch aus der Marinade fischen, trocken tupfen, salzen und pfeffern. Marinade durch ein Sieb gießen, den Wein auffangen, Kräuter und Knoblauch wegwerfen. Rinderfond in einem offenen Topf bei großer Hitze um gut ein Viertel einkochen.

4 Backofen auf 180° vorheizen. In einem großen Bräter 2 EL Öl erhitzen, darin das Fleisch in zwei Portionen rundum anbraten. Nach dem ersten Wenden je 1 TL Butter dazugeben. Fleisch herausnehmen, Bräter vom Herd nehmen, 2–3 EL Speckfett hineingeben. Die Hitze reduzieren, Bräter wieder auf den Herd stellen und darin bei mittlerer Hitze Zwiebeln und Knoblauch andünsten. Gemüse dazugeben, salzen, pfeffern und unter Rühren 3–5 Min. dünsten. Zwiebeln aus der Marinade 1–2 Min. mitbraten.

5 Mehl darüberstäuben und unter Rühren hellbraun anschwitzen (nicht anbrennen lassen!), Fond und Marinade unterrühren. Fleisch, Lorbeer, Marc oder Cognac, je 3–4 Zweige Thymian und Petersilie unterrühren. Den Topf zugedeckt in den Ofen (unten, Umluft 160°) stellen. Das Fleisch ca. 3 Std. garen, bis es richtig schön weich ist.

6 Inzwischen die Perlzwiebeln schälen. (Das geht leichter, wenn man sie vorher mit kochend heißem Wasser übergießt und ca. 5 Min. ziehen lässt.) Pilze putzen, große vierteln. 1 EL Öl in einer beschichteten Pfanne erhitzen, darin die Pilze bei großer Hitze rundum braun braten. 1 TL Butter dazugeben, Pilze salzen, pfeffern und 1–2 Min. schwenken, dann herausnehmen. Pfanne mit Küchenpapier sauber wischen. Wenig Öl hineingeben und die Zwiebeln darin bei mittlerer Hitze goldgelb anbraten. Etwas Butter dazugeben, Zwiebeln schwenken und herausnehmen.

7 Speck, Zwiebeln, Champignons (falls sie Saft gezogen haben, den auch verwenden) und 1–2 Stängel Petersilie unter das Fleisch rühren, eventuell salzen und pfeffern, und zugedeckt im Ofen ca. 30 Min. weiterschmoren. Kurz vor dem Servieren restliche Petersilie fein hacken. Bräter aus dem Ofen nehmen, Kräuter herausfischen und das Fleisch mit Petersilie bestreuen. Es schmeckt, ganz schlicht, mit frischem Weißbrot; ich finde aber auch Kartoffelpüree dazu hervorragend.

Heute gilt ein Frikassee häufig als etwas altmodisch oder zumindest »nostalgisch«. Wer aber einmal diesen Klassiker der gutbürgerlichen Küche gekostet hat, weiß, dass richtig guter Geschmack niemals außer Mode kommt: Butterzart gegartes Fleisch und schmelzende Sauce zergehen förmlich auf der Zunge.

Kalbsfrikassee mit Morcheln

BLANQUETTE DE VEAU AUX MOURILLES

FÜR 4 PERSONEN
ZUBEREITUNG: 35 Min.
GAREN: 2 Std. 30 Min.
PRO PORTION: 1680 kcal

1 kg Kalbfleisch (aus der Schulter)
200 g frische Morcheln (ersatzweise 20 g getrocknete Morcheln)
3 Möhren
1 kleine Petersilienwurzel
1 Stange Lauch
2 Knoblauchzehen
2 Zwiebeln
3 Gewürznelken
50 g Butter
Salz • weißer Pfeffer
1,6 l Kalbsfond (oder Rinderbrühe)
1 Lorbeerblatt
je 4 Zweige Thymian und Petersilie
2 Eigelb (Größe M)
125 g Sahne
3 EL Mehl
1/8 l Weißwein (ersatzweise 1/8 l Kochbrühe)
frisch geriebene Muskatnuss
frisch gepresster Zitronensaft
2 EL gehackte Petersilie

1 Vom Fleisch überschüssiges Fett, Sehnen und Häutchen abschneiden, dann das Fleisch in ca. 5 cm große Stücke schneiden. Morcheln vorsichtig in kaltem Wasser waschen (sie sind oft sehr sandig) und auf einem Küchentuch abtropfen lassen. (Getrocknete Morcheln in ¼ l lauwarmem Wasser einweichen.) Möhren und Petersilienwurzeln schälen, putzen und in große Stücke schneiden. Den Lauch waschen, putzen und in 3–4 Stücke schneiden. Den Knoblauch und die Zwiebeln schälen und halbieren, 3 Zwiebelhälften mit je 1 Nelke spicken.

2 In einem großen Topf 20 g Butter bei kleiner Hitze schmelzen, das Fleisch darin rundum bei kleiner bis mittlerer Hitze sanft anbraten, ohne dass es bräunt. Salzen und pfeffern, dann die Brühe angießen. Das ganze klein geschnittene Gemüse, Lorbeer und die Kräuter dazugeben und bei mittlerer Hitze aufkochen lassen. Die Temperatur reduzieren und alles zugedeckt köcheln lassen; in den ersten 15–30 Min. den aufsteigenden Schaum ab und an abschöpfen. Dann zugedeckt ca. 1 Std. 15 Min. weitergaren, bis das Fleisch schön weich gegart ist.

3 Das Fleisch aus der Brühe fischen und beiseitestellen. Gemüse und Kräuter herausheben und wegwerfen. Den Kochfond durch ein mit einem Tuch ausgelegtes Sieb gießen und auffangen. Die Eigelbe in einer Tasse mit 2–3 EL Sahne verquirlen. Übrige Butter in einem Topf bei mittlerer Hitze schmelzen. Mehl darüberstäuben, einmal aufschäumen lassen und kurz mit dem Schneebesen rührend anschwitzen – es soll nicht bräunen. Dann nach und nach Wein oder dieselbe Menge Fleischbrühe dazugießen und immer wieder kräftig mit dem Schneebesen verrühren, damit sich keine Klümpchen bilden. Dann knapp ½ l Brühe und die übrige Sahne unterrühren. Einmal leicht aufkochen lassen, mit Salz, Pfeffer und Muskatnuss würzen. Morcheln in die Sauce geben, bei kleiner Hitze 10 Min. nur leicht köcheln lassen.

4 Während der letzten 5 Min. Garzeit das Fleisch dazugeben und heiß werden lassen. Mit Zitronensaft leicht säuerlich abschmecken – wer Wein verwendet hat, braucht weniger, sonst etwas mehr Zitronensaft. Den Topf vom Herd nehmen, einen Saucenlöffel voll Sauce abnehmen und mit den Eigelben verrühren, dann diese Mischung unter die Sauce rühren. Sauce eventuell nochmals erwärmen, aber auf keinen Fall mehr kochen. Mit Petersilie bestreuen und sofort servieren, am besten zu Bandnudeln oder Reis.

CIDRE
DOUX

Medaillons in Roquefortsauce

FILET MIGNON AU ROQUEFORT

FÜR 4 PERSONEN
2 Schalotten
150 g Roquefort
200 g Sahne
8 Schweinemedaillons (à ca. 70 g)
Salz • Pfeffer
2 EL Olivenöl
1 EL Butter
4 EL Cognac (ersatzweise Wasser)
edelsüßes Paprikapulver
IM BILD OBEN RECHTS

ZUBEREITUNG: 25 Min. **PRO PORTION:** 505 kcal

1 Schalotten schälen und möglichst fein würfeln. Roquefort in Stücke schneiden und mit der Sahne pürieren. Medaillons trocken tupfen und beidseitig salzen und pfeffern. Öl und Butter in einer Pfanne erhitzen, die Medaillons darin bei mittlerer Hitze auf jeder Seite ca. 3 Min. braten, herausnehmen und in Alufolie einschlagen.

2 Schalotten in den Bratensatz geben und unter Rühren hellbraun andünsten. Mit Cognac ablöschen. Flüssigkeit einkochen lassen, 4–5 EL Wasser dazugeben und wieder verdampfen lassen, dann die Roquefortcreme einrühren und bei mittlerer Hitze in 3–4 Min. sämig einkochen. Mit Salz, Pfeffer und 2 Msp. Paprikapulver würzen. Die Medaillons samt Bratensatz in die Sauce geben, erwärmen und servieren.

Koteletts mit Cidre-Sauce

CÔTELETTES AU CIDRE

FÜR 4 PERSONEN
4 nicht zu magere Schweine- oder Kalbskoteletts (à ca. 380 g)
Pfeffer
6 Zweige Thymian
Salz
3–4 EL Sonnenblumenöl
4 kleine Zwiebeln
75 g kalte Butter
½ TL getrockneter Majoran
250 ml trockener Cidre
400 ml Kalbsfond (aus dem Glas)
2 große, feste Äpfel (z. B. Boskop)
IM BILD UNTEN LINKS

ZUBEREITUNG: 35 Min. **PRO PORTION:** 640 kcal

1 Den Backofen auf 160° vorheizen. Koteletts kalt abspülen, trocken tupfen, beidseitig salzen und pfeffern. Thymian waschen und trocken schütteln, die Hälfte der Zweige in eine ofenfeste Form legen. Dann 2 EL Öl in einer beschichteten Pfanne erhitzen und 2 Koteletts darin auf jeder Seite bei mittlerer Hitze 2–3 Min. braun anbraten, gegen Garzeitende etwas Butter dazugeben. Koteletts herausnehmen und auf den Thymian in die Form legen. Übrige Koteletts ebenso anbraten und dazulegen. Form in den Ofen schieben (Mitte, Umluft 140°) und die Koteletts ca. 20 Min. garen.

2 Inzwischen vom übrigen Thymian Blättchen abzupfen und hacken. Zwiebeln schälen, längs halbieren und in schmale Streifen schneiden. Pfanne wieder auf den Herd stellen, 2 EL Butter bei kleiner Hitze im Bratensatz schmelzen, die Zwiebeln darin hellbraun andünsten, gegen Ende Thymian und Majoran unterrühren. Einen Schuss Cidre dazugeben und verkochen lassen. Übrigen Cidre und Fond dazugießen und offen bei starker Hitze in 8–10 Min. um die Hälfte einkochen lassen; warm halten.

3 Inzwischen Äpfel schälen, vierteln, Kerngehäuse entfernen und die Viertel quer in 1,5 cm dicke Spalten schneiden. 2 EL Butter in einer zweiten beschichteten Pfanne erhitzen, darin die Äpfel bei mittlerer Hitze in 3–5 Min. goldgelb braten, dabei einmal vorsichtig wenden. Dann vom Herd nehmen. Koteletts aus dem Ofen nehmen, Bratensaft zur Sauce gießen und diese aufkochen lassen. Übrige Butter nach und nach unterrühren, damit die Sauce leicht bindet. Sauce vom Herd nehmen, Äpfel und Koteletts hineinlegen und sofort servieren. Dazu passt Kartoffelpüree.

Wenn in Frankreich ein Schweinbraten auf den Tisch kommt, ist es meist ein im Ofen knusprig gebratenes Rippenstück. Mit reichlich Kräutern im Sommer, oder als schön deftiges Winteressen direkt mit Gemüse zusammen geschmort. Wir verbinden beides: kräutersattes Fleisch auf Kartoffeln und Wurzelgemüse.

Schweinebraten mit Kräutern

CARRÉ DE PORC AUX HERBES

FÜR 4 PERSONEN
ZUBEREITUNG: 30 Min.
GAREN: 1 Std. 30 Min.
PRO PORTION: 865 kcal

1,2 kg Schweinekotelett am Stück (mit Fettrand)
2 Knoblauchzehen
je 5 große Zweige Salbei und Rosmarin
je ½ Bund Thymian und Petersilie
1 EL körniger Senf
1 EL weiche Butter
Salz • Pfeffer
Öl zum Braten
100 g Räucherspeck in dünnen Scheiben
250 ml Weißwein (ersatzweise Fleischbrühe)
5 große Möhren
4 dünne Petersilienwurzeln
1 große Gemüsezwiebel
800 g kleine junge festkochende Kartoffeln

1 Das Fleisch trocken tupfen, sollte der Fettrand sehr dick sein, eventuell etwas davon abschneiden. Dann am Knochen entlang tief einschneiden, sodass Fleisch und Knochen noch aneinander halten (eventuell den Metzger darum bitten). Den Knoblauch schälen, 1 Zehe fein würfeln. Kräuter waschen und trocken schütteln. Von je 2 Zweigen Salbei und Rosmarin, gut der Hälfte des Thymians und der gesamten Petersilie die Blättchen abzupfen und getrennt fein hacken. Davon den gesamten Salbei, alle Petersilie und die Hälfte von Rosmarin und Thymian gut mit Senf und Butter vermengen, salzen und pfeffern. Diese Masse gleichmäßig in dem Einschnitt des Koteletts verteilen. Das Fleisch rundum salzen und pfeffern, die übrigen ganzen Zweige Rosmarin, Thymian und Salbei auf der Fettseite des Fleisches verteilen. Das Fleisch so mit Küchengarn binden, dass auch der Einschnitt zusammenhält und die Kräuter gut festgebunden sind.

2 Den Backofen auf 180° vorheizen. In einem großen Bräter auf dem Herd reichlich Öl erhitzen, das Fleisch darin bei großer Hitze rundum anbraten. Herausnehmen und das Bratfett bis auf einen kleinen Rest abgießen. Das Fleisch mit der Fettseite nach oben in den Bräter legen, die Speckscheiben auf den Braten legen und das Fleisch im Ofen (Mitte, Umluft 160°) 30 Min. garen. Dabei eventuell nach ca. 15 Min. wenig Wein oder Brühe in den Bräter gießen.

3 Inzwischen Möhren und Petersilienwurzeln schälen, putzen und in 4–5 cm lange Stücke schneiden. Die Zwiebel schälen und längs in 16 schmale Spalten schneiden. Die Kartoffeln in kaltem Wasser kräftig sauber bürsten, abtropfen lassen. 1 Knoblauchzehe in Scheiben schneiden. Gemüse, Zwiebel, Knoblauch, Kartoffeln und übrigen gehackten Thymian und Rosmarin mischen, salzen, pfeffern. Das Fleisch kurz aus dem Bräter heben, Speckscheiben abnehmen und mit dem Gemüse im Bräter mischen. Den Braten wieder obenauf legen, restlichen Wein oder Brühe dazugießen und alles 30 Min. weitergaren. Dann die Hitze auf 200° (Umluft 180°) erhöhen, Gemüse einmal durchrühren, Fleisch mit Bratensaft begießen und nochmals 30 Min. garen, bis das Gemüse gar ist und der Braten eine schöne braune Kruste hat. Fleisch aus dem Ofen nehmen, kurz ruhen lassen, dann aufschneiden und mit dem Gemüse servieren.

Fleisch-Kartoffel-Topf

BAECKEOFFE

FÜR 4–6 PERSONEN
ZUBEREITUNG: 30 Min.
GAREN: 3 Std.
MARINIEREN: 24 Std. (über Nacht)
PRO PORTION (BEI 6): 995 kcal

je 300 g Rindfleisch (aus der Schulter), Schweinefleisch (aus dem Nacken) und Lammfleisch (aus der Schulter) oder: je ca. 500 g von zwei Fleischsorten
2 Rinderbeinscheiben (ca. 500 g; s. unten)
3 Zwiebeln
2 Knoblauchzehen
3 Möhren
100 g Knollensellerie
½ Bund Thymian
1 Bund krause Petersilie
1 Lorbeerblatt
5 Gewürznelken
750 ml trockener Weißwein (z. B. Riesling oder Sylvaner)
1,5 kg festkochende Kartoffeln
1 dicke Stange Lauch
100 g Räucherspeck in dünnen Scheiben
Salz • Pfeffer
frisch geriebene Muskatnuss
1 TL getrockneter Majoran

1 Vom Fleisch (bis auf die Rinderbeinscheiben oder eventuell den Schweinefuß, die erst am nächsten Tag gebraucht werden, s. auch unten) Häutchen und sehr große Fettstücke abschneiden, dann das Fleisch in ca. 6 cm große Stücke schneiden. 1 Zwiebel, 1 Knoblauchzehe, 1 Möhre und den Sellerie schälen und klein würfeln. 4 Zweige Thymian und 4 Stängel Petersilie waschen, trocken schütteln und mit den Gemüsewürfeln, Lorbeerblatt und Nelken in einer Schüssel mit dem Wein mischen. Fleischstücke dazugeben und so unterrühren, dass sie vollständig mit Wein bedeckt sind. Zugedeckt im Kühlschrank mindestens 24 Std. oder über Nacht marinieren lassen.

2 Die Kartoffeln waschen, schälen, in ca. 7 mm breite Scheiben schneiden und in eine Schüssel mit kaltem Wasser geben. Lauch waschen, putzen, längs halbieren, waschen und in ca. 5 mm breite Ringe schneiden. Übrige Möhren, Zwiebeln und Knoblauch schälen. Möhren und Knoblauch klein würfeln. Zwiebeln längs halbieren und in dünne Streifen schneiden. Übrige Kräuter waschen, trocken schütteln, Blättchen abzupfen und fein hacken. Beinscheiben unter fließendem kaltem Wasser waschen und trocken tupfen. Kartoffeln durchrühren und in ein Sieb abgießen.

3 Den Backofen auf 170° vorheizen. Das Fleisch in ein Sieb abgießen, dabei die Marinade auffangen, die Petersilie herausfischen und wegwerfen. Den Boden eines Bräters (s. unten) mit den Speckscheiben auslegen. Ein Drittel der Kartoffeln daraufgeben, mit etwas Salz, Pfeffer, Muskatnuss, Majoran und Knoblauch würzen; reichlich Thymian, Petersilie, Möhrenwürfel, Lauchstücke und Zwiebelstreifen darüberstreuen. Darauf die Beinscheiben legen und darüber wieder ein Drittel Kartoffeln schichten, würzen und mit Zwiebelstreifen, Petersilie und Thymian und bestreuen.

4 Den Rest von Lauch, Petersilie und Thymian unter das marinierte Fleisch und die Marinadezutaten mischen. Alles gleichmäßig auf den Kartoffeln verteilen, salzen und pfeffern. Die übrigen Kartoffeln leicht überlappend daraufschichten. Marinadeflüssigkeit darübergießen, mit Salz, Pfeffer, Muskatnuss und etwas Majoran würzen. Alles zugedeckt im Ofen (unten, Umluft nicht empfehlenswert) ca. 3 Std. garen, möglichst ohne den Deckel zu öffnen. Das fertige Gericht im Topf zu Tisch bringen und auf tiefe Teller verteilen. Die Beinscheiben sorgen eigentlich eher für Geschmack, wer will, kann das Fleisch natürlich auch ablösen und essen.

Das Elsässer Original
Traditionell wird der *Baeckeoffe* in einer speziellen Tonform gebacken. So können Flüssigkeit und Aroma nicht entweichen. Ebenfalls für Geschmack sorgen 1–2 klein gehackte, mitgegarte Schweinefüße. Da diese in Deutschland selbst bei guten Metzgern nur schwer erhältlich sind, habe ich mich für Rinderbeinscheiben entschieden – die bekommt man leicht, und es schmeckt genau so gut. Wer Schweinefüße bekommt, nimmt davon 1 und 1 Rinderbeinscheibe. Ideal zum Garen ist statt des Bräters ein ausreichend großer Römer- oder Tontopf. Dann den Römertopf vorher nach Gebrauchsanweisung wässern und den Backofen nicht vorheizen.

Sauerkraut würde man zunächst sicher nicht mit französischer Küche in Verbindung bringen. Im Elsass hat es aber eine lange Tradition, vor allem in Verbindung mit deftigen Würsten und richtig viel Schweinefleisch. Schön lange mit geschmort, verleihen sie dem Kraut Würze und kräftiges Aroma.

Elsässer Sauerkraut

CHOUCROUTE GARNIE

FÜR 4–6 PERSONEN
ZUBEREITUNG: 30 Min.
GAREN: 3 Std.
MARINIEREN: 24 Std. (über Nacht)
PRO PORTION (BEI 6): 1220 kcal

1,2 kg frisches Sauerkraut
2 Zwiebeln
2 Äpfel
1 große dicke Möhre
3 EL Schweineschmalz
1 TL Wacholderbeeren
2 Lorbeerblätter
200 ml Elsässer Riesling (ersatzweise Rinderbrühe)
Pfeffer
700 g ungeräucherter, frischer Speck mit Schwarte (gepökelter Schweinebauch)
6 feine Schweinswürste (z. B. Wiener Würste)
12 kleine festkochende Kartoffeln
2 geräucherte rohe grobe Schweinswürste (Bauernwürste)

1 Den Backofen auf 180° vorheizen. Das Sauerkraut in ein Sieb abgießen, kalt abbrausen, abtropfen lassen und mit einer Gabel locker zerzupfen. Die Zwiebeln schälen und fein würfeln. Die Äpfel schälen, vierteln und die Kerngehäuse entfernen, die Viertel in kleine Stücke schneiden. Die Möhre schälen und klein würfeln.

2 Das Schweineschmalz in einem großen ofenfesten Topf oder einem Bräter erhitzen. Die Zwiebeln darin bei kleiner Hitze 5–8 Min. goldgelb andünsten, sie sollen nicht bräunen. Sauerkraut, Apfel- und Möhrenstücke, Wacholderbeeren, Lorbeerblätter und Wein dazugeben und so viel Wasser dazugießen, dass das Kraut knapp bedeckt ist. Mit Pfeffer würzen. Den Speck hineinlegen und mit Sauerkraut bedecken. Zugedeckt im heißen Ofen (unten, Umluft 160°) ca. 1 Std. 45 Min. garen, dabei einmal nachschauen und, falls nötig, noch etwas Wasser dazugießen.

3 Währenddessen die feinen Würste in einem Topf mit siedendem Wasser bei kleiner Hitze in ca. 10 Min. garziehen lassen, herausnehmen. Kartoffeln waschen und schälen. Geräucherte Würste in größere Stücke schneiden. Topf aus dem Ofen nehmen. Würste und Wurststücke unter das Kraut mischen, eventuell mit Salz und Pfeffer abschmecken und die Kartoffeln obenauf legen. Falls nötig, nochmals etwas Wasser nachgießen, sodass am Topfboden noch genügend ist. Weitere 30-40 Min. garen, bis die Kartoffeln weich sind. Den Topf aus dem Ofen nehmen, Kartoffeln, Speck und Wurststücke herausfischen. das Kraut auf eine Platte geben und Kartoffeln, Speck und Würste darauf anrichten. Heiß servieren und Senf dazureichen.

Nieren in Senfsauce

ROGNONS DE VEAU À LA MOUTARDE

FÜR 4 PERSONEN
3 Kalbsnieren
(ca. 700 g; ohne Fettmantel)
3 Schalotten
3 EL Sonnenblumenöl
50 g Butter
2–3 EL Cognac
100 ml Weißwein (ersatzweise Kalbsfond)
je 1 EL Dijon- und körniger Senf
100 g Sahne
250 ml Kalbsfond (aus dem Glas)
Salz • Pfeffer
2 EL gehackte krause Petersilie
IM BILD VORNE

ZUBEREITUNG: 35 Min. **WÄSSERN:** 1 Std. **PRO PORTION:** 480 kcal

1 Die Nieren von eventuell noch vorhandenen Fettresten und äußeren Häutchen befreien, dann längs durchschneiden. Die inneren dicken Fettstränge und Sehnen gründlich herausschneiden – also alles, was weiß oder hell ist. Anschließend die Nieren in kaltem Wasser für 1 Std. wässern, dabei das Wasser eventuell 1- bis 2-mal wechseln. So verlieren sie den Harngeschmack und den beim Garen entstehenden Geruch, den viele als unangenehm empfinden. (Wer ganz sicher gehen will, kann sie auch in Milch oder Buttermilch einlegen, damit werden sie zusätzlich noch zarter.)

2 Inzwischen Schalotten schälen und fein würfeln. Nieren abgießen, gut trocken tupfen, dann in einzelne Segmente schneiden und diese in ca. 1 cm dicke Scheiben. Öl und die Hälfte der Butter in einer beschichteten Pfanne erhitzen, darin die Nieren bei mittlerer Hitze 3–4 Min. braten, mit Cognac ablöschen (wer möchte, kann sie auch flambieren), in ein Sieb geben und zugedeckt warm halten.

3 Übrige Butter in der Pfanne schmelzen, die Schalotten darin goldgelb andünsten. Etwas Wein angießen und bei großer Hitze vollständig einkochen lassen, dann den Rest Wein nachgießen und ebenfalls fast vollständig einkochen lassen. Beide Senfsorten und Sahne unterrühren und in 3–4 Min. um die Hälfte einkochen. Kalbsfond dazugießen und nur noch bei mittlerer Hitze 3–4 Min. köcheln. Die abgetropften Nieren in die Sauce geben, mit Salz und Pfeffer abschmecken und nochmals heiß werden lassen, ohne dass sie kochen. Mit Petersilie bestreuen, heiß servieren.

Kutteln nach Lyoneser Art

GRAS-DOUBLE À LA LYONNAISE

FÜR 4 PERSONEN
4 große Zwiebeln
2 EL Sonnenblumenöl
30 g Butter
1 kg küchenfertige Kalbskutteln (gesäubert und vorgekocht; beim Metzger vorbestellen)
30 g Gänseschmalz
Salz • Pfeffer
2 EL Weißweinessig
3 EL gehackte krause Petersilie
IM BILD HINTEN

ZUBEREITUNG: 40 Min. **PRO PORTION:** 515 kcal

1 Die Zwiebeln schälen, längs halbieren und längs in feine Streifen schneiden. Öl und Butter in einer großen beschichteten Pfanne erhitzen, darin die Zwiebeln bei kleiner bis mittlerer Hitze ca. 20 Min. unter gelegentlichem Rühren langsam dünsten, bis sie weich sind und goldgelb gebräunt. Dann eventuell die Hitze erhöhen, damit die Zwiebeln ganz leicht bräunen, anschließend herausnehmen.

2 Inzwischen die Kutteln in ca. 5 mm breite Streifen schneiden. Schmalz in die Pfanne zum Bratensatz der Zwiebeln geben und zerlassen. Kutteln darin bei kleiner bis mittlerer Hitze ca. 10 Min. braten, dabei gelegentlich umrühren. Zwiebeln unterheben, salzen, pfeffern und nochmals bei größerer Hitze braten, bis die Kutteln leicht bräunen. Mit Essig abschmecken, nochmals 1 Min. durchrühren. Mit Petersilie bestreuen und sofort mit frischem Weißbrot servieren.

Gourmets schwören auf „Agneaux de prés-salés": Diese Salzwiesenlämmer grasen auf jodreichen Küstenstreifen, was ihr Fleisch so unvergleichlich würzig macht. Mit einer üppig grünen Kräuterfülle gerät aber auch heimisches Lamm herrlich aromatisch. Probieren Sie es aus – eine Lammkeule ist immer ein perfektes Festessen!

Lammkeule mit Kräuterfüllung

GIGOT D'AGNEAU FARCI AUX HERBES

FÜR 4–6 PERSONEN
ZUBEREITUNG: 30 Min.
GAREN: 1 Std. 15 Min.
PRO PORTION (BEI 6): 720 kcal

1 Lammkeule (ca. 1,5 kg, ohne Knochen)
Salz • Pfeffer
2 Scheiben Toast- oder Weißbrot
2 Knoblauchzehen
1 EL gehackter Thymian
1 EL gehackter Rosmarin
2 EL gehackte Petersilie
1 EL Dijon-Senf
4 EL weiche Butter
½ Stange Lauch
1 dicke Möhre
100 g Knollensellerie
2 Zwiebeln
3 EL Olivenöl
1 EL Tomatenmark
200 ml Weißwein
400 ml Lamm- oder Kalbsfond (aus dem Glas)
5 Zweige Thymian
1 EL Crème fraîche (nach Belieben)

1 Den Backofen auf 200° vorheizen. Die Lammkeule waschen, innen und außen gut trocken tupfen, salzen und pfeffern. Das Brot grob zerschneiden. Den Knoblauch schälen und grob hacken. Beides im Blitzhacker zerkleinern, dann die gehackten Kräuter, den Senf und 3 EL Butter dazugeben und alles zu einer glatten Masse zerkleinern. In das Fleisch füllen und die Keule mit Küchengarn zusammenbinden.

2 Lauch waschen und putzen, Möhre und Sellerie schälen und das ganze Gemüse in Stücke schneiden. Zwiebeln schälen und längs achteln. Öl in einem Bräter erhitzen, die Lammkeule darin rundum abraten, dann herausnehmen. Das Öl bis auf einen guten Bodensatz abgießen, erneut erhitzen, Gemüse und Zwiebeln darin bei großer Hitze 2–3 Min. anbraten. Tomatenmark einrühren, kurz mitrösten, dann mit einem guten Schuss Wein ablöschen. Wein einkochen lassen, nochmals ablöschen und wieder einkochen lassen. Restlichen Wein und Fond dazugießen, salzen, pfeffern, die Thymianzweige und das Fleisch einlegen. Den Bräter offen in den Ofen stellen (Mitte, Umluft 180°) und alles ca. 15 Min. garen, dann die Hitze reduzieren und die Keule bei 180° (Umluft 160°) ca. 1 Std. weitergaren, dabei ab und zu mit Sauce begießen.

3 Das Fleisch aus dem Bräter nehmen, in Alufolie wickeln und 5–7 Min. ruhen lassen. Inzwischen den Bräter auf den Herd stellen und die Schmorflüssigkeit mit dem Gemüse bei großer Hitze etwas einkochen lassen. Die Kräuterzweige herausfischen und das Gemüse in der Sauce fein pürieren. Oder die Sauce durch ein feines Sieb gießen und das Gemüse gründlich durch das Sieb streichen. Wer möchte, kann die Sauce noch mit Crème fraîche verfeinern, sie schmeckt aber auch so hervorragend. Das Lammfleisch aufschneiden und mit der Sauce servieren.

Lammkarree mit Kräuter-Oliven-Haube

CARRÉ D'AGNEAU AUX HERBES ET AUX OLIVES

FÜR 4 PERSONEN
ZUBEREITUNG: 25 Min.
KÜHLEN: 1 Std.
GAREN: 30 Min.
PRO PORTION: 340 kcal

70 g Weiß- oder Toastbrot vom Vortag (es soll schon etwas angetrocknet sein)
1 Schalotte
2 Knoblauchzehen
40 g Butter
15 schwarze Oliven (ohne Stein)
1 TL gehackter Rosmarin
1 ½ EL gehackter Thymian
3 EL gehackte Petersilie
abgeriebene Schale von 1 Bio-Zitrone
1 Eiweiß (Größe L)
Salz • Pfeffer
700 g küchenfertiges Lammkarree (vom Metzger pariert)
1 Zweig Rosmarin
1 ½ EL Olivenöl

1 Das Brot auf einer Gemüsereibe fein reiben oder im Blitzhacker fein zerbröseln. Schalotte und Knoblauch schälen und möglichst fein würfeln. 1 TL Butter in einem beschichteten Pfännchen erhitzen, Schalotte und Knoblauch darin glasig dünsten, herausnehmen und zum Brot geben. Die übrige Butter in der Pfanne schmelzen, vom Herd nehmen. Oliven fein hacken und mit den gehackten Kräutern und der Zitronenschale zum Brot geben. Eiweiß und zerlassene Butter dazugeben und alles mit einer Gabel gründlich vermengen, salzen und pfeffern. Die Masse sollte gut binden.

2 Das Fleisch kalt abwaschen, gründlich trocken tupfen, rundum salzen und pfeffern. Kräutermasse auf der Seite mit der Fettschicht gleichmäßig verteilen und leicht andrücken. Fleisch zugedeckt für 1 Std. in den Kühlschrank stellen.

3 Den Backofen auf 180° (Umluft 160°) vorheizen. Rosmarin waschen, trocken tupfen und in Zweigchen teilen. Eine ofenfeste Form mit dem Öl ausstreichen, Rosmarin darin verteilen. Die Form in den Ofen stellen und in ca. 5 Min. heiß werden lassen. Herausnehmen und das Karree zügig mit der Bröselseite nach oben auf den Rosmarin in die Form legen. Sofort wieder in den Ofen (Mitte) stellen und das Karree ca. 30 Min. garen. Herausnehmen, ca. 5 Min. ziehen lassen, dann zwischen den einzelnen Rippen in einzelne Koteletts schneiden und servieren.

Variante ***Gebratene Lammkoteletts***
Für den französischen Sommerklassiker aus 5 EL Olivenöl, 3 EL frisch gepresstem Zitronensaft, der abgeriebenen Schale von ½ Bio-Zitrone und je 1 EL gehacktem Rosmarin und Bohnenkraut eine Marinade rühren. 1 Knoblauchzehe schälen, fein hacken und unterrühren. 8 Lammkoteletts (à ca. 80 g; am besten die doppelten aus dem Rückenteil) in diese Marinade legen und zugedeckt mindestens 4 Std. (oder länger) im Kühlschrank ziehen lassen. 30 Min. vor dem Braten herausnehmen und warm werden lassen. 1 EL Öl in einer Pfanne erhitzen. Koteletts salzen, pfeffern und bei mittlerer Hitze beidseitig jeweils 3–4 Min. braten. Herausnehmen und sofort servieren. Dazu schmecken Ratatouille (s. Seite 83), grüne Bohnen (s. Seite 76), Ofentomaten (s. Seite 89) oder auch ein mit Knoblauch gewürzter Kartoffelbrei.

Dieses Gericht findet man auf französischen Speisekarten häufig unter der Bezeichnung Lapin à la dijonnaise. *Denn der beste Senf kommt nach wie vor aus Dijon; er schmeckt leicht scharf und angenehm cremig. Die Variante mit ganzen Körnern gibt es unter der Bezeichnung* à l'ancienne.

Kaninchen in Estragon-Senf-Sauce

LAPIN MOUTARDE À L'ESTRAGON

FÜR 4 PERSONEN
ZUBEREITUNG: 30 Min.
GAREN: 1 Std. 20 Min.
PRO PORTION: 615 kcal

1 küchenfertiges Kaninchen (ca. 1,2 kg; vom Metzger in 6–7 Teile zerlegen lassen)
Salz • Pfeffer
3 Schalotten
1 Knoblauchzehe
1 großer Zweig Rosmarin
5 Zweige Thymian
1 Bund Estragon (ca. 3 EL gehackt)
3 EL Dijon-Senf
3–4 EL Olivenöl
280 ml Riesling
200 ml Hühnerbrühe
1 EL Butter
100 g Crème fraîche

1 Das Kaninchen unter fließendem kaltem Wasser gründlich abwaschen, gut trocken tupfen und die Teile rundum mit Salz und Pfeffer würzen. Schalotten und Knoblauch schälen und beides klein würfeln. Die Kräuter waschen, von circa einem Drittel des Estragons die Blättchen abzupfen und fein hacken (es sollte ca. 1 EL sein). Die gehackten Estragonblättchen mit dem Senf verrühren.

2 Den Backofen auf 175° (Umluft 160°) vorheizen. 2 EL Öl in einem flachen Bräter erhitzen, die Kaninchenteile darin rundherum bei mittlerer Hitze hellbraun anbraten (je nach Größe des Bräters eventuell in zwei Portionen anbraten, dabei nochmals Öl nachgießen). Fleisch herausnehmen, etwas Öl in den Bräter geben, Schalotten und Knoblauch darin langsam goldgelb dünsten. Mit ca. 100 ml Wein ablöschen, Rosmarin und Thymian einlegen und den Wein bei mittlerer Hitze einkochen lassen.

3 Inzwischen die leicht abgekühlten Kaninchenteile rundum mit gut zwei Dritteln vom Kräutersenf bestreichen und in den Bräter legen. Übrigen Wein und Brühe dazugießen. Den Bräter offen in den Ofen (unten) stellen und alles ca. 15 Min. garen. Dann die Kaninchenteile mit Garflüssigkeit begießen, den Bräter zudecken und das Fleisch im Ofen 45–50 Min. weitergaren. Dabei nach ca. 25 Min. die Kaninchenteile einmal wenden und die obere Seite mit übrigem Senf bestreichen.

4 Zuletzt die Kaninchenteile mit der Butter in Flöckchen belegen und offen nochmals 15 Min. garen. Inzwischen die übrigen Estragonblättchen abzupfen und fein hacken. Den Bräter aus dem Ofen nehmen, den Ofen ausschalten. Die Kaninchenstücke herausnehmen, in Alufolie wickeln und im Ofen warm halten. Kräuterzweige aus der Sauce fischen und die Sauce auf dem Herd bei großer Hitze ca. 2 Min. einkochen lassen. Gehackten Estragon und die Crème fraîche einrühren und alles bei kleiner Hitze warm werden lassen. Kaninchenteile und noch ausgetretenen Saft in die Sauce geben und alles sofort servieren. Dazu schmeckt frisches Weißbrot, aber auch Reis oder Spätzle.

LIEVRE
PUR PORC
AIL
PERSIL
PUR PORC
NATURE
3 F Pièce
PUR-PORC

BOUCHERIE

Der französische König Henri IV wünschte jedem seiner Untertanen sonntags ein Huhn – un poulet – in den Topf. Statt eines simplen Suppenhuhns sieht dieses Traditionsgericht eigentlich einen stolzen Gockel vor. Wir nehmen es nicht ganz so genau, ein schönes freilaufendes Huhn eignet sich genau so gut, Hauptsache, die Qualität stimmt.

Coq au vin

FÜR 4 PERSONEN
ZUBEREITUNG: 1 Std.
GAREN: 1 Std. 20 Min.
MARINIEREN: 24 Std. (über Nacht)
PRO PORTION: 975 kcal

1 Poularde (1,8–2 kg, am besten vom Metzger in 8 Teile schneiden lassen)
2 Möhren
je 120 g Petersilienwurzel und Knollensellerie
150 g kleine weiße (Perl-)Zwiebeln
2 Knoblauchzehen
6 Stängel krause Petersilie
4 Zweige Thymian
2 Lorbeerblätter
500 ml trockener Rotwein (am besten ein Burgunder, evtl. Pinot noir)
Salz • Pfeffer
4–5 EL Olivenöl
2 EL Butter
2 EL Tomatenmark
2 EL Mehl
400 ml Geflügelfond (aus dem Glas)
200 g kleine braune Champignons
100 g Räucherspeck

1 Die Poulardenstücke kalt abspülen und trocken tupfen, sichtbares Fett abschneiden. Gemüse schälen, putzen, waschen und in kleine Würfel schneiden. Zwiebeln und Knoblauch schälen, Knoblauch halbieren. Kräuter waschen und trocken schütteln. Alles in einer Schüssel mischen, Lorbeerblätter und Wein dazugeben und zugedeckt 12–24 Std. (am besten über Nacht) im Kühlschrank marinieren.

2 Poulardenteile aus der Marinade heben, Marinadezutaten abstreifen und das Fleisch mit Küchenpapier trocken tupfen, mit Salz und Pfeffer würzen. Marinade abgießen und die Flüssigkeit auffangen. Knoblauch herausfischen und klein hacken. 3 EL Öl und 1 EL Butter in einem großen Topf oder Bräter erhitzen, darin die Poulardenteile mit dem Knoblauch bei mittlerer Hitze rundum goldbraun anbraten (eventuell in zwei Portionen arbeiten, dabei eventuell nochmals wenig Öl dazugeben), dann herausnehmen.

3 Abgetropftes Marinadegemüse in das Bratfett geben und 2–3 Min. unter Rühren andünsten. Tomatenmark unterrühren und 1–2 Min. mitbraten, dann alles mit Mehl bestäuben und 1 Min. weiterbraten. Mit einem guten Schuss Weinmarinade ablöschen, den Wein vollständig einkochen lassen und diesen Vorgang noch zweimal wiederholen. Übrigen Wein und Fond dazugießen. Marinadekräuter zu einem Sträußchen binden und mit dem Geflügel einlegen. Offen bei mittlerer Hitze ca. 30 Min. garen, dann zugedeckt bei kleiner Hitze in weiteren 40–50 Min. fertig garen.

4 Inzwischen Champignons säubern und putzen, große Pilze vierteln. Den Speck in kleine Streifen schneiden. Mit 1 EL Öl und der übrigen Butter in eine beschichtete Pfanne geben und den Speck darin bei kleiner Hitze in 2–4 Min. auslassen. Champignons dazugeben und bei mittlerer Hitze 2–3 Min. braten, bis sie schön gebräunt sind. Dann leicht salzen, pfeffern und warm halten.

5 Kräutersträußchen aus dem Topf fischen. Wer möchte, hebt das Fleisch heraus und lässt die Sauce bei großer Hitze kurz einkochen. Mit Salz und Pfeffer abschmecken. Champignons und Speck über das fertige Gericht geben und mit Baguette servieren.

BAYONA
28.00

Huhn auf baskische Art

POULET À LA BASQUAISE

FÜR 4 PERSONEN
4 Hähnchenkeulen (à ca. 300 g; vom Metzger am Gelenk trennen lassen)
Salz • Pfeffer
2 rote und 3 grüne Paprikaschoten
3 milde weiße Zwiebeln
2 braune Zwiebeln
2 Knoblauchzehen
100 g Bayonne-Schinken (am Stück)
5–6 EL Olivenöl
100 ml Hühnerbrühe
1 Dose Tomaten (800 g Füllgewicht)
½–1 TL Piment d'Espelette (ersatzweise Cayennepfeffer oder Chilipulver) • Zucker
2–3 EL gehackte Petersilie
IM BILD OBEN RECHTS

ZUBEREITUNG: 30 Min. **GAREN:** 1 Std. 15 Min. **PRO PORTION:** 650 kcal

1 Hähnchenkeulen waschen, trocken tupfen, salzen und pfeffern. Paprikaschoten vierteln, putzen, waschen und quer in ca. 5 mm breite Streifen schneiden. Zwiebeln schälen. Getrennt die weißen Zwiebeln längs in schmale Streifen schneiden, die braunen klein würfeln. Den Knoblauch schälen und hacken. Den Schinken in kurze Streifen schneiden.

2 In einem Topf oder Bräter 2 EL Öl erhitzen, die Hähnchenstücke darin (eventuell in zwei Portionen) bei mittlerer Hitze rundum goldbraun anbraten, herausnehmen. Etwas Öl zum Bratensatz geben, darin Paprikaschoten und weiße Zwiebeln 2–3 Min. braten (am besten ebenfalls in zwei Portionen), herausnehmen.

3 Wenig Öl in den Topf geben, braune Zwiebeln und Knoblauch darin goldgelb andünsten. Schinken kurz mitbraten, dann mit Brühe ablöschen. Tomaten dazugeben und mit einem großen Messer im Topf klein schneiden. Paprika und Zwiebeln unterrühren, die Hähnchenkeulen einlegen und mit Salz, Pfeffer und Piment d'Espelette nach Wunsch würzen. Zugedeckt bei kleiner Hitze ca. 1 Std. 15 Min. garen (oder im Backofen bei 175°, Umluft 160°; unten). Mit 1–2 Prisen Zucker und eventuell Piment abschmecken, mit Petersilie bestreuen und zu frischem Baguette servieren.

Huhn mit 40 Knoblauchzehen

POULET AUX 40 GOUSSES D'AIL

FÜR 4 PERSONEN
1 küchenfertige Poularde (1,6–1,8 kg)
Salz • Pfeffer
8 Zweige Thymian
je 2 Stängel Salbei und Bohnenkraut
8 Stängel Petersilie
1 dicke Möhre
2 Stangen Staudensellerie
40 Knoblauchzehen (ca. 3 Knollen)
1 Lorbeerblatt
5 EL Olivenöl
100 ml Weißwein (ersatzweise Hühnerbrühe)
IM BILD UNTEN LINKS

ZUBEREITUNG: 20 Min. **GAREN:** 1 Std. 45 Min. **PRO PORTION:** 655 kcal

1 Das Gericht kann man in einem hohen Bräter oder im Römertopf zubereiten. Römertopf nach Gebrauchsanleitung ca. 30 Min. wässern. Die Poularde kalt waschen, trocken tupfen, dann innen und außen mit Salz und Pfeffer einreiben. Kräuter waschen und trocken schütteln. 3 Zweige Thymian, den gesamten Salbei, Bohnenkraut und Petersilie in die Poularde stecken. Flügel und Keulen mit Küchengarn an den Körper binden. Das Gemüse waschen, Möhre schälen, Sellerie putzen, beides in kleine Würfel schneiden und mit den ungeschälten Knoblauchzehen, Lorbeerblatt und übrigem Thymian in den Römertopf oder Bräter legen. Poularde rundum mit Olivenöl bepinseln, auf das Gemüse legen, übriges Olivenöl darüberträufeln. Wein oder Brühe angießen.

2 Römertopf oder Bräter mit einem Deckel gründlich verschließen und in den kalten Ofen stellen (unten, Umluft nicht empfehlenswert). Backofen auf 200° erhitzen und die Poularde ca. 1 Std. 45 Min. garen. Poularde aus dem Topf heben, in Stücke schneiden und mit Garsud und Knoblauchzehen zu geröstetem Weißbrot servieren – dann kann, wer mag, die weichen Knoblauchzehen aus der Schale drücken, auf die Brotscheiben streichen und genüsslich verspeisen.

Normalerweise schwimmt in der elsässischen Version des Coq au vin *das Huhn einträchtig mit Champignons in seiner Weißweinsauce. Da wir aber bereits beim klassischen* Coq au vin *Pilze verwenden, gibt es hier die etwas außergewöhnliche Variante mit Chicorée.*

Huhn in Rieslingsauce

COQ AU RIESLING AVEC ENDIVES BRAISÉES

FÜR 4 PERSONEN
ZUBEREITUNG: 45 Min.
GAREN: 1 Std. 15 Min.
PRO PORTION: 820 kcal

1 Poularde (ca. 1,6 kg; vom Metzger in 10 Teile zerlegen lassen; Keulen im Gelenk halbieren)
Salz • Pfeffer
6 Stauden Chicorée
1 große Zwiebel
1 Knoblauchzehe
5–6 Zweige Thymian
2 Zweige Rosmarin
1 Stängel Salbei
3 Stängel Estragon
3–5 EL Sonnenblumenöl
2 EL Dijon-Senf
250 ml Riesling
200 g Sahne

1 Die Poulardenteile kalt abbrausen und gut trocken tupfen, eventuell vorhandenes Fett abschneiden, dann die Fleischstücke rundherum salzen und pfeffern. Die Chicoréestauden längs halbieren, Strünke so herausschneiden, dass die Stauden noch zusammenhalten. Einzelne Blätter, die sich lösen, quer in ganz feine Streifen schneiden. Zwiebel und Knoblauch schälen und fein würfeln. Die Kräuter waschen und trocken schütteln.

2 In einem großen Topf oder Bräter 2 EL Öl erhitzen und die Fleischstücke darin bei mittlerer Hitze rundum hellbraun anbraten. (Eventuell in zwei Portionen braten, dabei noch etwas Öl zum Bratensatz geben.) Poulardenteile herausnehmen, eventuell etwas Öl zum Bratensatz geben, Zwiebel und Knoblauch darin goldgelb andünsten. Chicoréestreifen dazugeben und 1–2 Min. mitdünsten. Kräuter und den Senf unterrühren und kurz mitbraten, dann mit einem Schuss Wein ablöschen und kochen, bis die Flüssigkeit verdunstet ist. Übrigen Wein und Sahne unterrühren, mit Salz und Pfeffer würzen und die Fleischstücke in die Sauce legen. Zugedeckt bei kleiner Hitze 25–30 Min. schmoren.

3 Inzwischen den Chicorée rundum salzen und pfeffern. 1–2 EL Öl in einer beschichteten Pfanne erhitzen, den Chicorée darin bei mittlerer Hitze rundum braun anbraten. Dann zum Huhn in den Topf geben und 30–45 Min. zugedeckt weitergaren, Fleisch und Chicorée dabei einmal wenden. Wer möchte, zupft die Kräuterzweige vor dem Servieren heraus und schmeckt das Gericht nochmals mit Salz, Pfeffer und einem Schluck Wein ab. Es schmeckt fein zu Baguette oder auch mal Reis.

Klassische Variante ***Coq au Riesling***

Dazu das Huhn wie beschrieben anbraten, herausnehmen und im Bratfett 1 gewürfelte Zwiebel oder 2–3 gewürfelte Schalotten andünsten. Anschließend anstelle des Chicorées 250 g geviertelte Champignonköpfe bei mittlerer Hitze anbraten. Mit Wein und 150 ml Hühnerbrühe aufgießen, Hühnerteile einlegen. Das klassische Gericht sieht keine Kräuter und Senf vor, ich gebe aber auf jeden Fall 2–3 Zweige Thymian und 1 Zweig Estragon dazu und würze mit Salz und weißem Pfeffer. Zugedeckt bei mittlerer Hitze 45–60 Min. garen. Fleisch und Pilze aus der Sauce heben und die Sauce bei großer Hitze um ein Drittel einkochen lassen. 100 g Crème double unterrühren und abschmecken. Zum Servieren mit gehackter Petersilie bestreuen.

Entenbrust mit Johannisbeeren

MAGRET DE CANARD AU CASSIS

FÜR 4 PERSONEN
250 g schwarze Johannisbeeren (ersatzweise Himbeeren frisch oder TK-Ware oder Sauerkirschen aus dem Glas)
2 Schalotten
4 Zweige Thymian
4 kleine Entenbrustfilets (à ca. 200 g)
Salz • Pfeffer
1 EL Enten- oder Gänseschmalz (ersatzweise Öl)
1 TL Honig
400 ml Entenfond (aus dem Glas)
1 TL Speisestärke
1 TL frisch gepresster Zitronensaft
5 EL Cassis (Johannisbeerlikör; ersatzweise 3 EL schwarzes Johannisbeergelee)
IM BILD LINKS

ZUBEREITUNG: 35 Min. **PRO PORTION:** 430 kcal

1 Backofen auf 180° (Umluft)vorheizen. Johannisbeeren waschen, die Beeren abzupfen. Schalotten schälen und fein würfeln. Thymian waschen, trocken schütteln, Blättchen abzupfen und fein hacken. Entenbrüste trocken tupfen. Sehnen und Häutchen abschneiden und die Haut mit einem scharfen Messer mehrmals einschneiden, dabei nicht ins Fleisch schneiden! Brüste beidseitig salzen und pfeffern. Schmalz in einer großen Pfanne erhitzen, die Entenbrüste darin auf der Hautseite bei mittlerer Hitze 4–5 Min. braun anbraten, wenden und bei großer Hitze 1 weitere Min. braten. Aus der Pfanne nehmen, in eine ofenfeste Form legen und im Ofen (Mitte) in 10–12 Min. fertig garen. Herausnehmen, in Alufolie wickeln und ruhen lassen.

2 Während die Brüste im Ofen garen, das Bratfett bis auf einen kleinen Rest aus der Pfanne gießen. Diesen erhitzen und die Schalotten darin goldgelb andünsten. Thymian und Johannisbeeren dazugeben, Honig darüberträufeln und 1 Min. mitdünsten. Von den Beeren 1 guten EL abnehmen. Fond in die Pfanne gießen und bei großer Hitze offen in 4–5 Min. um ein Drittel einkochen lassen. Stärke mit 2 EL kaltem Wasser glatt rühren und unter die Sauce rühren. Bei mittlerer Hitze 2–3 Min. köcheln lassen, bis die Sauce eindickt. Mit einem Pürierstab leicht anpürieren, dann durch ein Sieb streichen. Die Sauce wieder in die Pfanne geben, erhitzen und mit Zitronensaft, Cassis, Salz und Pfeffer abschmecken. Die abgenommenen Beeren unterrühren. Entenbrüste in Scheiben schneiden und mit der Sauce beträufeln.

Entenleber mit Äpfeln

FOIE DE CANARD AUX POMMES

FÜR 4 PERSONEN
ca. 750 g Entenlebern
2 große Äpfel (z. B. Boskop)
1–2 EL frisch gepresster Zitronensaft
3 EL Butter
1 TL Zucker
Mark von ½ Vanilleschote
150 ml Sauternes (Dessertwein, ersatzweise Apfelsaft mit 1–2 EL Honig)
½ TL gehackter Thymian
2 EL Sonnenblumenöl
IM BILD RECHTS

ZUBEREITUNG: 30 Min. **PRO PORTION:** 430 kcal

1 Lebern trocken tupfen, Häutchen und Sehnen wegschneiden. Äpfel schälen, vierteln und die Kerngehäuse herausschneiden. Die Apfelviertel in kleine Stücke schneiden und sofort in 1 EL Zitronensaft wenden. 2 EL Butter in einem Topf erhitzen, darin Äpfel mit Zucker und Vanillemark 1–2 Min. unter Rühren andünsten. Wein und gut die Hälfte vom Thymian unterrühren und offen bei mittlerer Hitze 3–5 Min. garen, bis sich die Flüssigkeit um die Hälfte reduziert hat. Mit Zitronensaft abschmecken und vom Herd nehmen.

2 Öl und übrige Butter in einer großen beschichteten Pfanne erhitzen. Lebern darin rundum in 2–4 Min. bei großer Hitze braun anbraten. Salzen, pfeffern und übrigen Thymian unterrühren. Die Lebern mit dem Apfelkompott anrichten und sofort servieren. Besonders fein: Leber auf gerösteten, eventuell in Kreisen ausgestochenen, Toast- oder Briochescheiben anrichten.

Kross gebraten, aber trotzdem saftig und dazu eine süßlich-herbe Orangensauce – so stellt man sich das Glanzstück französischer Kochkunst vor. Dafür braucht es eine schöne Ente, am besten eine Wild- oder Flugente, die fleischig und nicht zu fett ist. Mit der schonenden Niedrigtemperatur-Garmethode kann dann eigentlich nichts mehr schief gehen.

Ente à l'Orange

CANARD À L'ORANGE

FÜR 4 PERSONEN
ZUBEREITUNG: 45 Min.
GAREN: 3 Std. 15 Min.
PRO PORTION: 1150 kcal

2 küchenfertige Enten
(à ca. 1 kg; z. B. Barbarie-Enten)
Salz • Pfeffer
4–5 Bio-Orangen
1 EL getrockneter Beifuß
100 g Zucker
100 ml Rotweinessig
300 ml Entenfond (aus dem Glas)
2 EL Orangenmarmelade
3–4 EL Orangenlikör
(z. B. Grand Marnier; nach Belieben)
50 g kalte Butter

1 Den Backofen auf 120° vorheizen. Enten innen und außen kalt abspülen und trocken tupfen. Innen und außen salzen und pfeffern. Orangen heiß waschen und abtrocknen. 1 ungeschälte Orange in Stücke schneiden und mit dem Beifuß in den Bauchhöhlen der Enten verteilen. Holzspieße quer über die Halsöffnungen stecken und die Öffnungen mit Küchengarn über Kreuz zubinden. Enten nebeneinander mit der Brustseite nach unten auf ein tiefes Backblech setzen und ca. 700 ml heißes Wasser dazugießen. Die Enten in den Ofen (Mitte; Umluft nicht geeignet) schieben und ca. 3 Std. garen, dabei nach ca. 1 Std. 15 Min. wenden.

2 Kurz vor Garzeitende für die Sauce die Schale von 1 Orange mit dem Zestenreißer dünn abschälen. 250 ml Wasser in einem Topf erhitzen, die Schale darin ca. 5 Min. leicht kochen lassen, dann in ein feines Sieb abgießen und abtropfen lassen. Alle übrigen Orangen halbieren und den Saft auspressen (es sollten ca. 250 ml sein). Den Zucker in einem Topf bei mittlerer Hitze schmelzen und goldbraun karamellisieren lassen. Vom Herd nehmen. Orangensaft und Essig vorsichtig dazugießen (es kann zischen und spritzen), den Topf wieder auf den Herd stellen und den Karamell bei großer Hitze unter Rühren flüssig loskochen. Den Fond unterrühren und alles bei großer Hitze in 8–10 Min. auf etwa die Hälfte einkochen lassen, dann die Marmelade unterrühren. Die Sauce mit Orangenlikör nach Wunsch, Salz und Pfeffer abschmecken und warm halten.

3 Die Enten aus dem Ofen nehmen, den Backofengrill auf höchster Stufe einstellen. Enten am Brustknochen entlang der Länge nach halbieren, die Orangenstücke dabei entfernen. Die Entenhälften mit der Schnittseite nach unten auf ein Backblech legen. Mit etwas Sauce einpinseln, in den Ofen schieben (Mitte) und nochmals in 10–15 Min. knusprig braun grillen, dabei 1- bis 2-mal mit Sauce bepinseln. Die Sauce nochmals erwärmen (nicht kochen), die Orangenschale unterrühren. Die Enten aus dem Ofen nehmen und auf Teller verteilen. Eventuell ausgetretenen Bratensaft zur Sauce gießen und unterrühren. Sauce vom Herd nehmen und die Butter in Stücken einzeln zügig mit dem Schneebesen unterrühren. Sauce zum Servieren in eine Sauciere füllen.

Vor allem in Südwestfrankreich werden Gänse und Enten gezüchtet. In erster Linie für Gänsestopfleber. Ein willkommenes Nebenprodukt ist Confit, im eigenen Fett gegartes und eingelegtes Fleisch, das sich lange hält und bei Bedarf flink verwendet werden kann.

Gänse- oder Entenconfit

CONFIT D'OIE OU DE CANARD

FÜR 4 PERSONEN
ZUBEREITUNG: 20 Min.
KÜHLEN: 24 Std.
GAREN: 3 Std. 30 Min.
PRO PORTION: 1275 kcal

4 Enten- oder Gänsekeulen (à ca. 350–400 g)
5 Zweige Thymian
70 g grobes (Meer-)Salz
1 kg Gänse- oder Entenschmalz
2 Knoblauchzehen
1 Lorbeerblatt
½ TL schwarze Pfefferkörner

IM BILD AUF SEITE 178

1 Die Keulen kalt abspülen und gründlich trocken tupfen. Thymian waschen und abtrocknen. Von 1 Zweig die Blättchen abzupfen, hacken und mit dem Salz mischen, restliche Zweige beiseitelegen. Die Keulen gründlich mit dem Würzsalz einreiben, auf eine Platte legen und zugedeckt im Kühlschrank 24 Std. ziehen lassen; dabei entzieht das Salz dem Fleisch Wasser.

2 Den Backofen auf 110° vorheizen. Schmalz in einem ofenfesten Topf oder Bräter bei mittlerer Hitze schmelzen lassen. Knoblauch schälen, halbieren und mit den übrigen Thymianzweigen, Lorbeerblatt und Pfeffer in den Topf geben. Die Keulen kalt abspülen, gut trocken tupfen und ins heiße Fett legen. Zugedeckt im Ofen (unten, Umluft 100°) 3 Std.–3 Std. 30 Min. garen. Das Fleisch ist gar, wenn es sich schon fast vom Knochen löst und beim Einstechen mit einem spitzen Messer klarer Bratensaft austritt.

3 Keulen herausheben und in ein sauberes, gut verschließbares Einmachglas oder einen Steinguttopf legen. Das Fett eventuell nochmals auf dem Herd heiß werden lassen, dann durch ein feines Sieb auf die Keulen gießen, sodass diese vollständig damit bedeckt sind. Alles abkühlen lassen, dann das Glas verschließen oder den Steinguttopf abdecken. Das Confit hält sich so gut einen Monat im Kühlschrank. Nun kann man, wann immer man möchte, eine Keule herausnehmen, das Fett von der Keule abkratzen und etwas davon in einer Pfanne erhitzen. Darin das Fleisch bei mittlerer Hitze braten, bis die Haut kross wird und das Fleisch heiß ist. Mit Salat und Bratkartoffeln servieren.

Cassoulet

FÜR 6–8 PERSONEN
ZUBEREITUNG: 40 Min.
EINWEICHEN: 12 Std.
GAREN: 3 Std. 30 Min.
PRO PORTION (BEI 8): 1020 kcal

500 g getrocknete weiße Bohnen
4 Möhren
4 Zwiebeln
6 Gewürznelken
6 Knoblauchzehen
10 Zweige Thymian
5 Stängel Petersilie
2 Lorbeerblätter
350 g ungeräucherter, frischer Speck mit Schwarte (gepökelter Schweinebauch)
Salz • Pfeffer
2 Enten- oder Gänseconfitkeulen (s. links) + Confitfett
400 g Lammschulter (ohne Knochen)
300 g mageres Schweinfleisch (Bauch oder Nacken)
2 geräucherte, rohe Würste (am besten Knoblauchwürste)
3 Stangen Staudensellerie
1 Dose stückige Tomaten (400 g Füllgewicht)
100 g Semmelbrösel
2 EL gehackte Petersilie

IM BILD AUF SEITE 179

1 Bohnen 12 Std. oder über Nacht in reichlich kaltem Wasser einweichen. In ein Sieb abgießen, abbrausen und abtropfen lassen. 2 Möhren schälen und klein würfeln, sowie 2 Zwiebeln schälen, halbieren und die Hälften mit den Nelken spicken. 2 Knoblauchzehen schälen und halbieren. Kräuter waschen und trocken tupfen. Bohnen mit Möhren, Zwiebeln, Lorbeerblättern, 5 Thymianzweigen, der Petersilie und dem Speck in einen großen Topf geben und mit ca. 1,3 l Wasser aufgießen. Zum Kochen bringen, dabei anfangs ab und zu den aufsteigenden Schaum abschöpfen. So bei mittlerer Hitze zugedeckt ca. 1 Std. 15 Min. garen, bis die Bohnen gar, aber auf keinen Fall ganz weich sind. Kurz vor Garzeitende salzen und pfeffern, dann die Bohnen in ein Sieb abgießen, dabei den Sud auffangen. Kräuterzweige, Zwiebeln, Knoblauch und Lorbeerblätter entfernen.

2 Keulen aus dem Fett lösen, überschüssiges Fett abkratzen. Lamm- und Schweinefleisch in ca. 5 cm große Würfel schneiden, die Würste in breite Stücke schneiden. Übrige Zwiebeln und Knoblauch schälen und klein würfeln. Übrige Möhren schälen, Selleriestangen waschen und putzen, dann alles klein würfeln. Vom übrigen Thymian die Blättchen abzupfen und hacken. Den Speck aus den Bohnen nehmen, von der Schwarte befreien und nicht zu klein würfeln.

3 Den Backofen auf 160° vorheizen. Circa 2 EL Confitfett in einem schweren Topf erhitzen. Das Lamm- und Schweinefleisch darin bei großer Hitze rundum anbraten, eventuell portionsweise; falls nötig, noch etwas Fett dazugeben. Das Fleisch salzen, pfeffern und herausnehmen. 2 EL Fett zum Bratensatz geben und Zwiebeln und Knoblauch darin goldgelb andünsten. Das Gemüse kurz mitdünsten, dann Tomaten, Thymian und Bohnen dazugeben. Den Topf vom Herd nehmen, alles salzen und pfeffern. Angebratenes Fleisch und Wurststücke untermischen.

4 Eine ofenfeste tiefe Tonform oder einen Bräter mit den Speckwürfeln ausstreuen. Darauf die Bohnen-Fleisch-Masse geben und die Gänsekeulen einlegen – sie sollen mit Bohnen bedeckt sein. So viel Bohnensud dazugießen, dass die Bohnen knapp bedeckt sind. Cassoulet offen in den Ofen stellen und (unten, Umluft 140°) ca. 1 Std. garen.

5 In einem Pfännchen 3 EL Confitfett schmelzen, Semmelbrösel unterrühren. Brösel vom Herd nehmen, mit der gehackten Petersilie mischen und auf den Bohnen verteilen. Das Cassoulet 1 Std.–1 Std. 15 Min. weitergaren, bis sich eine goldbraune Kruste gebildet hat. Mit frischem Salat servieren.

Wachteln Winzerinnen-Art

CAILLES À LA VIGNERONNE

FÜR 4 PERSONEN
8 küchenfertige Wachteln (à ca. 150 g)
12 Stängel Estragon
Salz • Pfeffer
4 EL Butterschmalz
300 ml Sauternes (Dessertwein)
400 ml Geflügelfond oder Hühnerbrühe
200 g kernlose weiße Weintrauben
4 EL Crème fraîche
IM BILD OBEN RECHTS

ZUBEREITUNG: 45 Min. **PRO PORTION:** 630 kcal

1 Die Wachteln kalt abspülen, innen und außen trocken tupfen. Estragon waschen und trocken schütteln. Wachteln innen und außen leicht salzen, pfeffern und in jede Bauchhöhle 1 Stängel Estragon geben; eventuell die Beine mit Küchengarn an den Körper binden. Den übrigen Estragon fein hacken.

2 Butterschmalz in einer großen beschichteten Pfanne erhitzen, Wachteln darin bei mittlerer bis großer Hitze rundum leicht braun anbraten. Zuletzt auf den Rücken legen und Sauternes darübergießen. Wein etwa auf die Hälfte einkochen lassen, dann Fond oder Brühe dazugießen und die Wachteln bei mittlerer Hitze 15–20 Min. weitergaren. Dabei häufiger mit der Sauce begießen und 1- bis 2-mal wenden. Inzwischen Trauben waschen und von den Stielen zupfen.

3 Wachteln herausnehmen und in Alufolie wickeln. Sauce bei großer Hitze in 3–4 Min. um die Hälfte einkochen, während der letzten 2 Min. die Trauben dazugeben. Sauce vom Herd nehmen, Crème fraîche, Salz und Pfeffer einrühren. Wachteln in die Sauce geben, kurz warm werden lassen und servieren.

Rebhühner mit Lebertoasts

PERDREAUX SUR CANAPÉS

FÜR 4 PERSONEN
4 küchenfertige Rebhühner (à ca. 350 g)
Salz • Pfeffer
4 große Zweige Thymian
8 dünne Scheiben Räucherspeck
2–3 EL Olivenöl
150 g Hühnerlebern
1 Schalotte
50 g Räucherspeck
2 ½ EL Butter
2 EL Cognac
1 EL gehackte Petersilie
4 Scheiben Toastbrot
IM BILD UNTEN LINKS

ZUBEREITUNG: 30 Min. **PRO PORTION:** 1340 kcal

1 Den Backofen auf 160° (Umluft 140°) vorheizen. Die Rebhühner innen und außen kalt abwaschen und trocken tupfen, dann innen und außen salzen, pfeffern und je 1 Thymianzweig in die Bauchhöhlen stecken. Je 2 Scheiben Speck fest um die Körper der Rebhühner wickeln, Beine und Flügel eventuell mit Küchengarn am Körper festbinden. Öl in einem Bräter erhitzen, die Rebhühner rundum darin anbraten. Mit der Brustseite nach oben drehen. Rebhühner im Ofen (Mitte) 15–20 Min. garen.

2 Inzwischen Lebern klein schneiden, dabei Sehnen und Häutchen entfernen. Schalotte schälen und mit dem Speck möglichst fein würfeln. 1 EL Butter in einer beschichteten Pfanne erhitzen, Speck und Schalotte darin goldgelb andünsten. Die Lebern dazugeben und unter Rühren bei großer Hitze in 2–3 Min. nicht zu braun braten, salzen und pfeffern. Mit Cognac ablöschen, Cognac einkochen lassen. Lebern vom Herd nehmen und die Petersilie untermischen; beiseitestellen.

3 Aus jeder Toastscheibe mit einem runden Ausstecher einen Kreis ausstechen. Übrige Butter in einer beschichteten Pfanne erhitzen, die Toasts darin in ca. 2 Min. goldbraun braten, herausnehmen und auf Küchenpapier abtropfen lassen. Lebern im Blitzhacker oder mit dem Pürierstab nicht zu fein pürieren, eher grob zerhacken. Auf jeden Toastkreis etwas Leberpaste setzen. Rebhühner aus dem Ofen nehmen und mit den Toasts servieren. Dazu schmecken grüne Bohnen (s. Seite 76; ohne Speck).

Wildschweinragout à la Provence

SANGLIER EN DAUBE

FÜR 4 PERSONEN
ZUBEREITUNG: 1 Std. 10 Min.
MARINIEREN: 24 Std.
GAREN: 3 Std.
PRO PORTION: 715 kcal

1,2 kg Wildschweinfleisch (für Gulasch)
3 Zwiebeln
4 Knoblauchzehen
3 Möhren
2 Stangen Staudensellerie (mit Grün)
1 Bio-Orange
8 Zweige Thymian
2 Zweige Rosmarin
10 Wacholderbeeren
3 Gewürznelken
2 Lorbeerblätter
¾ l Rotwein (z. B. Bordeaux)
4 Tomaten (ersatzweise 400 g stückige Tomaten aus der Dose)
Salz • grob gemahlener Pfeffer
1 EL Butter
2 EL Tomatenmark
Olivenöl zum Braten

1 Fleisch von Fett und Sehnen befreien, anschließend in ca. 8 cm große Stücke schneiden und in eine große Schüssel legen. Je 1 Zwiebel und Knoblauchzehe schälen und fein würfeln. 1 Möhre schälen, 1 Stange Sellerie waschen und putzen, beides in ca. 5 mm große Würfel schneiden. Orange heiß waschen, abtrocknen und mit einem Sparschäler ca. die Hälfte der Schale in dünnen Streifen abziehen. Die Hälfte der Kräuter waschen und trocken schütteln. Wacholderbeeren im Mörser zerdrücken. Alles mit Nelken und Lorbeerblättern in die Schüssel geben und mit dem Wein begießen. Die Schüssel mit einem Teller abdecken und für 24 Std. oder über Nacht in den Kühlschrank stellen.

2 Tomaten kreuzweise einritzen, mit kochendem Wasser übergießen, kurz ziehen lassen, dann die Haut abziehen. Tomaten in kleine Würfel schneiden, dabei den Saft auffangen. Übrige Zwiebeln und Knoblauch schälen und klein würfeln. Übrige Möhren und Sellerie waschen, schälen, putzen und klein würfeln. Die übrige Orangenschale dünn abschälen und den Saft der Orange auspressen.

3 Den Backofen auf 150° vorheizen. Das Fleisch in ein Sieb abgießen, dabei die Marinade in einem Topf auffangen. Bei großer Hitze um ca. ein Drittel einkochen lassen, vom Herd nehmen. Marinadezutaten vom Fleisch streifen und das Fleisch mit Küchenpapier trocken tupfen. Reichlich Olivenöl in einem ofenfesten großen Topf oder Bräter erhitzen, die Hälfte des Fleischs darin rundum anbraten, salzen, pfeffern und herausnehmen. Etwas Öl nachgießen und die zweite Portion Fleisch anbraten, Butter dazugeben, salzen, pfeffern und ebenfalls herausnehmen.

4 Eventuell nochmals etwas Öl zum Bratensatz gießen, Zwiebeln, Knoblauch, Möhren und Sellerie darin bei mittlerer Hitze andünsten. Die abgetropften Marinadezutaten unterrühren und dünsten, bis die Flüssigkeit verdampft ist. Tomatenmark dazugeben und 2 Min. unter Rühren mitbraten. Einen Schuss Weinmarinade und Tomaten samt Saft dazugeben und bei großer Hitze unter Rühren braten, bis die Flüssigkeit verdampft ist. Dann übrige Marinade, Orangensaft und -schale und das Fleisch samt Bratensaft dazugeben. Das Ragout leicht aufkochen lassen, salzen, pfeffern und zugedeckt im Ofen (unten; Umluft 140°) ca. 3 Std. schmoren lassen.

Gefüllter Kohl

CHOU FARCI

FÜR 6–8 PERSONEN
ZUBEREITUNG: 1 Std. 10 Min.
GAREN: 1 Std. 30 Min.
PRO PORTION (BEI 8): 440 kcal

15 g getrocknete Steinpilze
70 ml Milch
50 g Weißbrot (am besten vom Vortag)
1 große, dicke Möhre
1 dünne Stange Lauch
2 Zwiebeln
2 Knoblauchzehen
2 EL Schweine- oder Butterschmalz
1 EL gehackter Thymian
1 EL gehackter Majoran (ersatzweise 1 TL getrockneter Majoran)
Salz • Pfeffer
300 g rohe grobe Schweinsbratwürste
300 g Rinderhackfleisch
1 Ei (Größe L)
frisch geriebene Muskatnuss
1 Wirsing (ca. 1 kg)
100 g Räucherspeck
100 g Crème fraîche
4–5 EL Brühe (oder Pilzeinweichwasser)

1 Pilze mit 200 ml kochend heißem Wasser übergießen und ca. 30 Min. quellen lassen. Milch in einem Töpfchen erhitzen, Brot in kleine Würfel schneiden, dazugeben und gut verrühren, damit es sich richtig vollsaugt. Möhre schälen, putzen und in winzig kleine Würfel schneiden. Lauch längs halbieren, waschen, putzen, die Hälften nochmals längs in schmale Streifen und diese in Stückchen schneiden. Zwiebeln und Knoblauch schälen und fein würfeln. Die Pilze abgießen, das Einweichwasser bei Bedarf auffangen, Pilze ausdrücken und klein hacken.

2 Schmalz in einer beschichteten Pfanne erhitzen, Zwiebeln und Knoblauch darin bei mittlerer Hitze glasig andünsten. Lauch und Möhre dazugeben und unter Rühren 3–5 Min. weiterdünsten. Pilze, Thymian und Majoran dazugeben, salzen, pfeffern und kurz braten, bis alle Flüssigkeit verdampft ist. Das Gemüse abkühlen lassen.

3 Das Brot mit einer Gabel oder mit der Hand gut zerdrücken. Würste aufschneiden und die Füllung aus der Pelle zum Hackfleisch in eine Schüssel drücken. Eingeweichtes Brot und Ei dazugeben und alles gründlich mit den Händen zu einem glatten Fleischteig verkneten. Abgekühltes Gemüse dazugeben, mit Salz, Pfeffer und Muskatnuss würzen und alles gut vermengen.

4 Den Backofen auf 200° vorheizen. Kohl in einzelne Blätter teilen – bis auf einen kleinen, inneren Teil – und waschen. Die harten Blattrippen flach schneiden, das Wirsinginnere grob zerteilen. Den Speck klein würfeln und in einem ofenfesten Topf oder Bräter (ca. 25 cm Ø) mit Deckel verteilen. 4–5 äußere Wirsingblätter leicht überlappend darauflegen (Wölbung nach unten), leicht salzen und pfeffern. Ein Drittel der Fleischmasse darauf verteilen, etwas Wirsinginneres daraufgeben und festdrücken. Darauf wieder 4–5 Wirsingblätter legen, salzen, pfeffern und mit einem weiteren Drittel Hackmasse belegen. So fortfahren, bis die Fleischfarce aufgebraucht ist. Mit übrigen Wirsingblättern abdecken (jetzt mit der Wölbung nach oben), salzen und pfeffern. Den Wirsing zugedeckt im Ofen (Mitte; Umluft 180°) ca. 1 Std. garen.

5 Crème fraîche mit Brühe oder Pilzwasser leicht flüssig und glatt rühren, mit Salz, Pfeffer und Muskatnuss würzen und gleichmäßig auf dem Wirsing verteilen. Den Deckel wieder auflegen und den Wirsing 15–20 Min. weitergaren, dann noch offen in ca. 10 Min. bräunen lassen. Aus dem Ofen nehmen, kurz ruhen lassen und in Stücke schneiden. Der gefüllte Wirsing schmeckt besonders gut zu einfachem Kartoffelbrei oder Käse-Kartoffelbrei (s. Seite 215).

Pastete, Kuchen oder Auflauf? Gegessen habe ich dieses landestypische Gericht das erste Mal in Orcival in der Auvergne: ein riesiges dunkelgrünes Stück mit Unmengen an Backpflaumen. Der erste Biss nach einigem Zögern hat alle Zweifel ausgeräumt. Nach mehreren Versuchen am Herd hier nun ein Rezept, das dem Original recht nahe kommt.

Fleischkuchen mit Backpflaumen

POUNTI AUVERGNAT

FÜR 1 KASTENFORM (CA. 21 CM LÄNGE)
ZUBEREITUNG: 40 Min.
GAREN: 1 Std.
PRO PORTION (BEI 8): 440 kcal

300 g durchwachsenes Schweinefleisch (z. B. Hals)
250 g schwach geräucherter Frühstücksspeck (z. B. Bacon)
2 Zwiebeln
2 Knoblauchzehen
200 g Mangoldblätter (nur der grüne Teil)
½ Bund Petersilie
1 Handvoll Kerbel
2 EL gehackter Thymian
100 g Mehl
125 ml Milch
4 Eier (Größe M)
Salz • Pfeffer
frisch geriebene Muskatnuss
180 g weiche, getrocknete Pflaumen (Softpflaumen)
Schweineschmalz oder Butter für die Form und zum Braten

1 Fleisch und Speck möglichst gut gekühlt (direkt aus dem Kühlschrank) klein würfeln und portionsweise im Blitzhacker ganz fein zu einer homogenen, cremigen Masse zerkleinern; beiseitestellen. Zwiebeln und Knoblauch schälen und klein würfeln. Wenig Schmalz oder Butter in einer beschichteten Pfanne zerlassen, Zwiebeln und Knoblauch darin goldgelb andünsten, vom Herd nehmen.

2 Mangoldblätter waschen, trocken tupfen, übereinanderlegen und erst quer in ganz feine Streifen schneiden, dann fein hacken. Die Kräuter waschen, trocken schütteln und fein hacken (Petersilie und Kerbel ruhig mit den Stängeln, vom Thymian nur die Blättchen). Gut die Hälfte der Kräuter und Mangoldblätter mit der abgekühlten Zwiebelmasse im Blitzhacker fein pürieren.

3 Den Backofen auf 220° (200° Umluft) vorheizen. Mehl und Milch in einer Schüssel gut mit dem Schneebesen verrühren, die Eier einzeln unterrühren. Fleischmasse und Mangold-Kräuterpüree dazugeben und alles gründlich zu einem glatten Teig verrühren. Den Rest der gehackten Kräutern und des Mangolds unterheben und die Masse kräftig mit Salz, Pfeffer und Muskatnuss würzen.

4 Die Form mit Schmalz oder Butter ausfetten. Die Hälfte des Teigs hineinfüllen und mit der Hälfte der Pflaumen belegen. Den übrigen Teig darüber verteilen, restliche Pflaumen auflegen und so in den Teig eindrücken, dass sie gerade eben damit bedeckt sind. Im Ofen (unten) ca. 10 Min. backen. Die Temperatur auf 175° (Umluft 160°) reduzieren und den Kuchen 40–50 Min. weitergaren, bis er schön gebräunt ist. (Eventuell eine Stäbchenprobe machen: mit einem Holzspieß einstechen; wenn kein Teig mehr beim Herausziehen daran haftet, ist der Kuchen gar.) Aus dem Ofen nehmen und 10–15 Min. ruhen lassen. An den Formrändern mit einem Messer lösen und den Kuchen auf eine Platte stürzen. In Scheiben schneiden und lauwarm oder auch kalt (zum Beispiel auch als Vorspeise) servieren.

Petersilien-Schinken-Sülze

JAMBON PERSILLÉ

FÜR EINE TERRINENFORM ODER SCHÜSSEL (CA. 3/4 L INHALT)
ZUBEREITUNG: 1 Std. 30 Min.
GAREN: 3 Std.
KÜHLEN: 6 Std.
PRO PORTION (BEI 8): 230 kcal

1,2 kg ungekochter, ungeräucherter, gepökelter Schinken
2 Schweinefüße (vorbestellen und vom Metzger in Scheiben schneiden lassen)
500 ml trockener Weißwein (z. B. Aligoté)
2 Möhren
100 g Lauch
3 Zwiebeln
3 Knoblauchzehen
6 Gewürznelken
1 Lorbeerblatt
½ TL schwarze Pfefferkörner
4 Zweige Thymian
2 Bund krause Petersilie (ca. 100 g)
schwarzer Pfeffer
60 ml milder Rotweinessig
3 Blatt Gelatine

1 Vom Schinken behutsam die eventuell anhaftende Lake kalt abspülen – er ist sehr weich und empfindlich. In einen großen Topf geben, gut mit Wasser bedecken und langsam zum Kochen bringen. Sobald das Wasser leicht kocht, Schinken sanft in ein Sieb gleiten lassen, das Wasser abgießen. Den Topf säubern, Schinken kalt abspülen, wieder mit Wasser in den Topf geben und erneut zum Kochen bringen. Den ganzen Vorgang nochmals wiederholen. Dann den Schinken wieder mit Wasser bedecken und bei kleiner Hitze ca. 30 Min. ziehen lassen.

2 Inzwischen Schweinefüße kalt abwaschen und mit Wein (bis auf 1–2 EL) und 1 l Wasser in einem Topf langsam zum Kochen bringen. Bei kleiner Hitze ca. 15 Min. köcheln, dabei so oft wie nötig Schaum und aufsteigende Schwebeteile abschöpfen. Möhren schälen, Lauch waschen und putzen, beides in große Stücke schneiden. Zwiebeln und Knoblauch schälen, 2 Knoblauchzehen halbieren, 1 beiseitelegen. Zwiebeln quer halbieren und die Schnittflächen mit je 1 Nelke spicken. Alles mit Lorbeer, Pfefferkörner, Thymian und 4–5 Stängeln Petersilie in den Topf geben. Zugedeckt bei kleiner Hitze weitergaren, weiterhin ab und zu Schaum abschöpfen.

3 Schinken abgießen, kalt abbrausen, vierteln und zu den Schweinefüßen geben. Alles zugedeckt 2–2 ½ Std. weitergaren, bis der Schinken weich ist und fast schon leicht zerfällt. Herausnehmen, etwas abkühlen lassen und alles Fett sorgfältig abschneiden. Schinken in kleine Würfel schneiden und mit Pfeffer würzen. Petersilie waschen, gut trocken tupfen, Blätter abzupfen und fein hacken. Übrigen Knoblauch hacken, mit Petersilie und Essig mischen und 10 Min. ziehen lassen.

4 Die Gelatine in kaltem Wasser 10 Min. einweichen. Schweinefüße, Gemüse und Gewürze aus dem Sud heben und wegwerfen. Den Sud durch ein Sieb gießen, dann den Sud noch 1- oder (besser) 2-mal durch ein mit einem Küchenpapier oder Tuch ausgelegtes Sieb gießen und auffangen, damit Trübstoffe und Fett entfernt sind. Sud in einem sauberen Topf aufkochen lassen und offen bei großer Hitze in 5–6 Min. einkochen, damit er möglichst aromatisch ist. Mit 1–2 EL Wein und eventuell Pfeffer würzen, Salz ist im Regelfall aufgrund des salzigen Schinkens nicht nötig.

5 Von dem Kochsud ca. 400 ml abmessen. Gelatine ausdrücken und in dem warmen Sud unter Rühren auflösen. Etwas davon in die Form oder Schüssel gießen, sodass der Boden leicht bedeckt ist. Eine dünne Lage Petersilie daraufstreuen, dann eine Lage Schinken locker darauf verteilen. Darauf und dazwischen wieder Petersilie streuen und so fortfahren, bis Petersilie und Schinken aufgebraucht sind. Ist noch Essig von der Marinade übrig, diesen darüberträufeln. Alles leicht in der Form zusammendrücken und gut mit Sud bedecken. Schinken mit einer Gabel in den Sud drücken. Form mit Frischhaltefolie abdecken und die Sülze im Kühlschrank in mindestens 6 Std. oder über Nacht fest werden lassen. Schinkensülze in Scheiben schneiden und als Vorspeise oder Imbiss mit Brot, Senf und Essiggurken reichen.

Schweine-Rillettes

RILLETTES DE PORC

FÜR 1 GLAS (CA. ½ L INHALT)
500 g grüner Speck (ungeräucherter roher Rückenspeck; s. Tipp S. 194)
500 g ungeräucherter, roher Bauchspeck
250 g Schweinehals
3 Schalotten
1 Knoblauchzehe
8 Zweige Thymian
1 TL getrockneter Majoran
1 Lorbeerblatt
Salz • Pfeffer
4–5 EL Cognac (nach Belieben)
100 ml Weißwein (ersatzweise Wasser)
IM BILD LINKS

ZUBEREITUNG: 25 Min. **GAREN:** 4 Std. **HALTBARKEIT:** 3 Monate **INSGESAMT:** 8350 kcal

1 Vom Speck die Schwarte abschneiden. Grünen Speck in ca. 1 cm große Würfel schneiden, Bauchspeck und Schweinehals in ca. 2 cm große Würfel. Schalotten und Knoblauch schälen und in Ringe bzw. Scheiben schneiden. Alles in einen großen Topf geben und bei kleiner Hitze ca. 3 Min. anbraten.

2 Thymian, Majoran, Lorbeer, Salz und Pfeffer unterrühren. Nach Belieben etwas Cognac und den Wein, nach Geschmack auch die Speckschwarte dazugeben. Zugedeckt bei kleiner Hitze ca. 4 Std. garen. Zwischendurch öfter rühren. Falls nötig, wenig Wasser und nach und nach den übrigen Cognac angießen.

3 Wenn das Fleisch gar ist, (es lässt sich mit einer Gabel ganz leicht zerfasern) und die Würfel vom grünen Speck ganz zerkocht sind, alles in ein Sieb gießen, dabei das Fett auffangen. Thymian, Lorbeerblatt und Schwarte herausfischen. Alles leicht abkühlen lassen. Fleisch- und Speckstücke nach Vorliebe fein oder grob zerteilen.

4 Fett erhitzen und so viel unter das Fleisch mischen, dass eine gleichmäßige cremige Masse entsteht, dabei etwas Fett übrig lassen. Rilettes in ein verschließbares Glas füllen, glatt streichen und abkühlen lassen. Übriges Fett erhitzen und als abschließende Schicht auf das Rillettes gießen – so lässt es sich verschlossen gut im Kühlschrank aufbewahren.

Geflügellebercreme

PÂTÉ DE FOIE DE VOLAILLE

FÜR 4 PERSONEN
300 g Geflügellebern (von Ente oder Gans)
1 Schalotte
3 Zweige Thymian
75 g Butter
Salz • Pfeffer
5 EL Cognac (ersatzweise Apfelsaft)
1 ½ EL Crème fraîche
IM BILD RECHTS

ZUBEREITUNG: 35 Min. **PRO PORTION:** 270 kcal

1 Lebern trocken tupfen, Häutchen und Sehnen abschneiden, dann die Lebern in große Stücke schneiden. Schalotte schälen und fein würfeln. Thymian waschen, trocken schütteln, die Blättchen abzupfen und fein hacken. 2 EL Butter in einer großen beschichteten Pfanne erhitzen, die Schalotten darin glasig andünsten. Lebern und Thymian dazugeben und rundum bei mittlerer Hitze 4–5 Min. braten. Dann alles salzen, pfeffern und mit Cognac ablöschen.

2 Lebern leicht abkühlen lassen, dann mit dem Blitzhacker oder Pürierstab fein pürieren. Dabei eventuell schon etwas Crème fraîche dazugeben, dann geht es leichter. Die Masse vollständig abkühlen lassen, dann die übrige weiche Butter und Crème fraîche gründlich unterrühren. Alles mit Salz und Pfeffer abschmecken. Die Crème schmeckt auf geröstetem Toast oder Brioche. Wer will, füllt sie in ein verschließbares Glas, gießt etwas geschmolzenes Gänse- oder Entenfett darüber und lässt es erstarren – so hält sich die Creme im Kühlschrank gut 1 Woche.

Pasteten sind keine Hexerei, brauchen aber etwas Zeit und Geduld, und man muss einige kleine Tricks beherzigen: Alle Zutaten (vor allem Fett und Fleischmassen) sollten immer richtig kalt sein; eventuell also zwischendurch in den Kühlschrank stellen. Dann sollten alle Zutaten immer gründlich vermengt werden. Und – le plus important: *nicht an guten Gewürzen sparen.*

Wildpastete

PÂTÉ FORESTIÈRE

FÜR 1 PASTETENFORM (3/4 L INHALT)
ZUBEREITUNG: 45 Min.
MARINIEREN: 12 Std.
KÜHLEN: mindestens 6 Std.
GAREN: 50 Min.
PRO PORTION (BEI 8): 465 kcal

2 Schalotten
1 EL Butter
250 g Reh- oder Hirschfleisch (aus der Keule)
150 g mageres Schweinefleisch (z. B. Rücken oder Schulter)
5 Wacholderbeeren
1 TL Wildgewürz
¾ TL getrockneter Thymian
½ TL gehackter Rosmarin
¼ TL abgeriebene Schale von 1 Bio-Orange
1 Lorbeerblatt
1 TL Salz
je ¼ TL grob gemahlener weißer und schwarzer Pfeffer
100 ml Rotwein (z. B. Bordeaux)
2 Scheiben Toastbrot
1 Eiweiß (Größe S)
2 EL Sahne
100 g Geflügellebern
150 g grüner Speck am Stück (s. Tipp)
200 g grüner Speck in dünnen Scheiben
20 g Pistazienkerne
20 g schwarze Trüffel (nach Belieben)
Lorbeerblätter, Thymian und Wacholder zum Verzieren

1 Schalotten schälen und klein würfeln. Butter in einem Pfännchen schmelzen und die Schalotten darin glasig andünsten, ohne dass sie dabei bräunen; abkühlen lassen. Fett und Sehnen von beiden Fleischsorten abschneiden und das Fleisch in kleine Würfel schneiden. Wacholderbeeren zerquetschen und mit Wildgewürz, Kräutern, Orangenschale, Lorbeerblatt, Schalotten, Salz, Pfeffer, Fleisch und Wein in einer Schüssel mischen. Toastbrot in Stücke schneiden, untermischen. Die Schüssel mit Frischhaltefolie verschließen und alles im Kühlschrank 12 Std. oder über Nacht marinieren.

2 Fleisch aus dem Kühlschrank nehmen, eventuell die Flüssigkeit, die sich abgesetzt hat, abgießen. Eiweiß und Sahne untermischen, alles gründlich durchrühren und durch den Fleischwolf drehen oder im Blitzhacker so fein wie möglich pürieren. Wieder kalt stellen. Lebern und den grünen Speck am Stück in kleine Stücke schneiden und mit Fleischwolf oder Blitzhacker zu einer cremigen, glatten Masse verarbeiten, ebenfalls kalt stellen.

3 Den Backofen auf 180° vorheizen. Die Pastetenform an Boden und Rändern mit den Speckscheiben auslegen. Pistazien grob hacken, eventuell die Trüffel in Würfelchen schneiden und alles mit der Fleisch- und der Lebermasse mischen. Sorgfältig rühren, damit sich alles schön zu einer Creme verbindet. In die Form füllen, glatt streichen und mit Speckscheiben belegen. Eventuell noch Lorbeerblätter, Kräuterzweige und Wacholderbeeren auflegen. Die Form mit einem Deckel verschließen.

4 Die Terrine in einen ausreichend großen Bräter stellen und so viel (kochend-)heißes Wasser dazugießen, dass sie zu circa zwei Dritteln im Wasser steht. Im Ofen (Mitte, Umluft 160°) ca. 50 Min. garen. Herausnehmen und abkühlen lassen. Das Fett an den Rändern sollte fest werden. Ist noch Flüssigkeit in der Form, diese abgießen und die Terrine im Kühlschrank 6–8 Std. oder über Nacht durchziehen lassen.

Grüner Speck
Grüner Speck ist frischer, unbehandelter Rückenspeck (also nicht gepökelt und nicht geräuchert!) vom Schwein und eigentlich Fett pur. Das ist aber bei Pasteten ganz wichtig. Erst damit werden sie cremig und geschmeidig, denn ansonsten wird im Regelfall fast nur sehr mageres Fleisch verwendet.

Rustikale Bauernterrine

TERRINE DE CAMPAGNE

FÜR 1 TERRINENFORM (1,2 L INHALT)
ZUBEREITUNG: 1 Std.
MARINIEREN: 12 Std.
KÜHLEN: mindestens 6 Std.
GAREN: 1 Std. 20 Min.
PRO PORTION (BEI 10): 575 kcal

200 g Schweinefleisch (Rücken oder Schulter)
200 g Rind- oder Kalbfleisch (aus der Schulter)
200 g grüner Speck (s. Tipp Seite 194)
3 Wacholderbeeren
2 Lorbeerblätter
je ½ TL getrockneter Majoran, Bohnenkraut und Thymian
1 TL Salz
Cayennepfeffer • grob gemahlener schwarzer Pfeffer
3 EL Cognac (nach Belieben)
2 Zwiebeln
2 Knoblauchzehen
2 EL Butter
150 g Räucherspeck
250 g Kalbs- oder Schweineleber
250 g ungeräucherter, roher Bauchspeck in dünnen Scheiben
1 Ei (Größe L)
1 EL gehackte krause Petersilie
1 EL eingelegter grüner Pfeffer
8–10 Zweige Thymian

1 Das Fleisch von Fett und Sehnen befreien und mit dem grünen Speck in kleine Stücke schneiden. Wacholderbeeren zerdrücken, Lorbeerblätter grob zerschneiden und mit den getrockneten Kräutern, Salz, reichlich Cayennepfeffer, Pfeffer, Cognac sowie Fleisch- und Speckwürfeln in einer Schüssel mischen. Mit Frischhaltefolie verschließen und im Kühlschrank 12 Std. oder über Nacht durchziehen lassen.

2 Zwiebeln und Knoblauch schälen und klein würfeln. 1 ½ EL Butter in einem Pfännchen erhitzen, beides darin glasig andünsten, nicht bräunen. Abkühlen lassen. Inzwischen den Speck von der Schwarte befreien und fein würfeln. Leber trocken tupfen und in Würfel schneiden. Eine Terrinenform an Boden und Rändern rundum mit dem Bauchspeck auslegen, dabei möglichst etwas Speck am Rand überhängen lassen.

3 Den Backofen auf 220° vorheizen. Fleisch-Speck-Masse aus dem Kühlschrank nehmen. Die Hälfte davon in kleine Stücke schneiden oder mit dem Blitzhacker nur grob zerkleinern (höchstens wie grobes Hackfleisch). Die andere Hälfte mit der Leber und der Hälfte der Zwiebelmischung durch den Fleischwolf drehen oder im Blitzhacker möglichst fein zerkleinern. Alles wieder mischen. Ei, übrige Zwiebeln, Petersilie und abgetropften grünen Pfeffer gründlich unterarbeiten, bis eine homogene Masse entsteht. Thymian waschen, trocken schütteln, von 6 Zweigen die Blättchen abzupfen, fein hacken und ebenfalls unter die Masse mischen.

4 Fleischmasse in die Form füllen und glatt streichen. Überhängende Speckstreifen überschlagen und einige Speckstreifen quer darüberlegen, dazwischen die übrigen Thymianzweige. Ein Pergamentpapier in Größe der Form zuschneiden, mit übriger Butter bestreichen und mit der Butter nach unten auf die Terrine legen. Die Form mit einem Deckel verschließen. Im Ofen (Mitte, Umluft 200°) ca. 1 Std. 10 Min. garen. Den Deckel der Form abnehmen und die Terrine offen noch 8–10 Min. garen, damit sie an der Oberfläche leicht bräunt. Herausnehmen und abkühlen lassen. Das Fett an den Rändern sollte fest werden. Ist noch Flüssigkeit in der Form, diese abgießen und die Terrine im Kühlschrank über Nacht durchziehen lassen.

Aus Feld, Wald und Flur
Je nach Gegend, Saison und persönlicher Vorliebe kann das in der Terrine verwendete Fleisch variieren. Mit Kalbfleisch und Kalbsleber wird sie etwas feiner und milder; mit Rindfleisch und Rinder- oder Schweineleber intensiver im Aroma, deftiger. Anstelle von Kalbfleisch passt auch mal Kaninchen (dazu am besten Keulen entbeinen) und anstelle von Rind ein Stück Wild (z. B. auch Wildschwein).

MACONNAIS

LA FROMAGERIE

KÄSE – NATIONALES KULTURGUT

»Wie soll man ein Volk regieren, das 246 Käsesorten hat?«, soll einst General de Gaulle geklagt haben. Dabei war er insgeheim sicherlich stolz. Nicht nur auf den mitunter besonderen Eigensinn seiner Landsleute, sondern auch auf eine begeisterte Feinschmeckernation, die eine derartige Vielzahl an hervorragenden Käsen geschaffen hat. Wie kaum ein anderes Lebensmittel steht Käse für die besondere Esskultur der Franzosen. Ihm ist sogar ein eigener Menü-Gang vorbehalten, klassischerweise vor dem Dessert, wobei man heute in Restaurants häufig die Wahl hat.

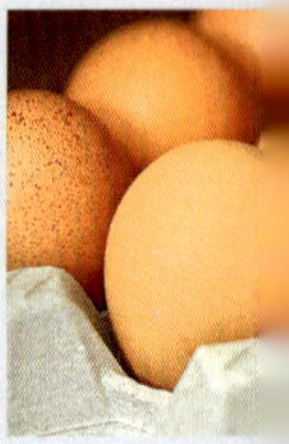

Jede Region hat eine oder sogar mehrere besondere Käsesorten zu bieten, rund 50 davon dürfen heute das AOC-Gütesiegel tragen. Jeder dieser Käse wird nach einem speziellen Verfahren hergestellt und bedarf daher auch einer ganz eigenen Behandlung beim Reifen und Lagern. Dafür gibt es auch einen Berufszweig, den *affineur* oder *maître fromager affineur*, wie er korrekt auf Französisch heißt. Er reist durchs Land und kauft junge, frische Käse direkt beim Produzenten. In seinem Reifekeller lagert und veredelt (*affiner* bedeutet verfeinern) er die Käse sortenspezifisch, z. B. mit Wein, Salzlake oder Asche, er bürstet, wendet, hegt und pflegt sie, bis sie den gewünschten Reifegrad erreichen. Erst in diesem möglichst perfekten Zustand verkauft er sie. Heute gibt es in Frankreich nur noch wenige Meister dieses Fachs, aber jeder gute Händler in einer *fromagerie* legt Wert auf höchste Qualität, kennt die besonderen Eigenheiten seiner Ware und erläutert sie seinen Kunden mit Leidenschaft. Manchmal hat er neben Käse auch Butter, Milchprodukte und sogar frische Eier im Angebot.

Ein wenig Erklärung ist bei dieser riesigen Auswahl sicher hilfreich. Käse wird grundsätzlich aus Kuh-, Schaf- oder Ziegenmilch hergestellt. In den meisten Ländern wird die Milch zunächst erhitzt, um unerwünschte Bakterien zu töten. Auf diese Pasteurisierung wird in Frankreich häufig verzichtet, aus der unbehandelten Milch entstehen die besonders beliebten Rohmilchkäse. Durch Zusatz von Milchsäurebakterien wird die Milch sauer und dick, so entstehen Quark und einfache, weiche Frischkäse wie der beliebte *Fromage blanc.* Der Zusatz von Lab oder Schimmelpilzen lässt Milch noch stärker und schneller andicken. Aus dieser Masse schneidet, formt und presst man frische Käselaibe, die nun reifen müssen. Je nach Länge der Reifezeit wird daraus Weich- oder Hartkäse; das kann eine Woche, aber auch mehrere Jahre dauern. Während der Reifephase kann der Käse zusätzlich veredelt werden: durch Tauchen in Salzlake, Wein oder Cognac; durch Wälzen in Asche oder Kräutern; durch Einwickeln in Blätter oder durch Impfen mit unterschiedlichen Schimmelbakterien oder Pilzen, wie es bei Weiß-, Blauschimmel- und Rotschmierkäsen der Fall ist. Während dieses Prozesses und teilweise auch noch bis zum Verzehr verändert Käse und speziell Rohmilchkäse ständig seine Konsistenz, sein Aussehen und seinen Geschmack, was man bei weiterem, längerem Lagern zu Hause beachten sollte.

sich bedienen kann, sind rahmig-weiche Schimmelkäse wie *Camembert* oder *Brie*, Rotschmierkäse wie kräftiger *Munster*, *Livarot* oder *Maroilles*, ein etwas sahnig-milderer *Epoisses* oder *Pont-l'Évêque*, pikant-intensiver *Roquefort*, *Bleu d'Auvergne*, oder *Fourme d'Ambert* als Blauschimmelkäse. Dazu lassen sich dann weiche oder halbfeste Schnittkäse kombinieren, z.B. nussiger *Saint-Nectaire* oder *Tomme*, *Reblochon* oder der mit einem Aschestreifen durchzogene *Morbier*, vielleicht auch ein Hartkäse wie *Cantal*, *Salers*, *Gruyère* oder *Comté*. Zusätzlich noch ein Ziegenkäse,

Wer in Frankreich in einer bestimmten Region reist, wird dort sicher zuerst die lokalen Käsesorten probieren wollen. Doch daneben bietet jede örtliche *fromagerie* eine bestimmte Auswahl an Käsen aus dem ganzen Land. Diese Mischung der bekanntesten Käsespezialitäten einzelner Regionen mit den unterschiedlichsten Geschmacksmerkmalen ist fast schon verbindlicher Standard und hilft auch bei der Zusammenstellung einer Käseplatte. Darauf sollten auf jeden Fall Weich- und Hartkäse, eventuell Schimmelkäse, kräftige und milde Sorten und Käse aus Kuh- und Ziegenmilch vertreten sein. Beim Essen startet man möglichst mit milden Sorten und endet mit den kräftigeren. Im Standardangebot, aus dem man

Crottin, *Cabécou St. Maure*, *Rocamadour* oder ein in Kastanienblätter gehüllter *Banon*. Generell sollte man Käse mindestens eine Stunde vor dem Verzehr aus dem Kühlschrank nehmen, da er erst bei Zimmertemperatur sein volles Aroma entfalten kann. Käse sollte auch nie zu kalt gelagert werden; ein kalter Keller, das untere Fach oder das Gemüsefach im Kühlschrank reichen völlig.

Le bon

Dessert oder lieber Käse? In Frankreich keine Frage, notfalls wird ein Menü einfach mit beidem serviert. Stellten Käseplatten früher eine eher puristische Auswahl verschiedener Käsesorten dar, so wird heute häufig noch etwas Süß-Pikantes dazu gereicht. In diesem Fall muss es auch nicht die riesige Käseplatte sein, dann reicht einfach eine passend ausgewählte Sorte. Kleinigkeiten, die dazu passen, finden Sie auf diesen Seiten.

Süßsaure Zwetschgen

LES PRUNEAUX À L'AIGRE-DOUX

FÜR 2 GLÄSER (À CA. 450 ML)
ZUBEREITUNG: 30 Min.
RUHEN: 3 Tage + 2 Wochen
PRO GLAS: 1170 kcal

1 kg reife, feste Zwetschgen
4 Zweige Thymian
450 g Einmachzucker
250 ml Rotweinessig
80 ml Rotwein (ersatzweise Wasser)
1 Zimtstange
3 Gewürznelken
1 Lorbeerblatt

1 Die Zwetschgen waschen, Stiele entfernen. Thymian waschen. Die Früchte mit einer dicken Nadel rundum mehrmals einstechen und in eine Schüssel geben. Zucker, Essig, Wein, 75 ml Wasser, Gewürze und Thymian in einem großen Topf aufkochen lassen und kochend über die Zwetschgen gießen. Einen Teller zum Beschweren darauflegen und die Zwetschgen zugedeckt an einem kühlen Ort ca. 12 Std. oder über Nacht ziehen lassen.

2 Zwetschgen in ein Sieb gießen und den Saft in einem Topf auffangen. Den Saft aufkochen und bei großer Hitze um etwa ein Viertel einkochen, wieder über die Zwetschgen in die Schüssel gießen und über Nacht weitere 12 Std. ziehen lassen.

3 Am dritten Tag die Zwetschgen wieder abgießen, Saft nochmals um ein Viertel einkochen, dann aber die Zwetschgen dazugeben und 4–5 Min. sprudelnd kochen lassen. Sofort heiß in saubere Twist-off-Gläser füllen und verschließen. An einem kühlen dunklen Ort mindestens 2 Wochen durchziehen lassen. Die Zwetschgen schmecken hervorragend zu weichem, schmelzigem Käse wie Vacherin, Reblochon oder Epoisses.

Sauerkirsch-Pfeffer-Konfitüre

CONFITURE DE GRIOTTES AU POIVRE

FÜR 2 GLÄSER (À CA. 300 ML)
600 g Sauerkirschen
100 g Schalotten
1 Zweig Rosmarin
2 EL getrocknete Kirschen
180 g Zucker
150 ml Himbeeressig (oder Rotweinessig)
1 ½ EL getrocknete grüne Pfefferkörner
IM BILD AUF SEITE 203 LINKS

ZUBEREITUNG: 25 Min. **GAREN:** 35 Min. **PRO GLAS:** 570 kcal

1 Kirschen waschen, Stiele abzupfen, die Früchte halbieren und entkernen. Schalotten schälen und klein würfeln. Rosmarin waschen, trocken schütteln, Nadeln abzupfen und fein hacken. Getrocknete Kirschen eventuell etwas kleiner schneiden.

2 Zucker und Essig in einem Topf unter Rühren erhitzen, bis sich der Zucker möglichst vollständig aufgelöst hat. Die übrigen Zutaten dazugeben und alles offen bei mittlerer Hitze 25–35 Min. leicht kochen lassen. Dabei immer wieder gründlich umrühren, gegen Garzeitende ruhig öfter. Sobald die Masse konfitüreähnlich eingekocht ist (auch der starke Essiggeruch sollte verflogen sein), sofort in saubere Twist-off-Gläser füllen, diese fest verschließen und für ca. 10 Min. auf den Deckel stellen. Anschließend wenden und vollständig auskühlen lassen. Die Konfitüre kann sofort verwendet werden und schmeckt besonders gut zu kräftigen Blauschimmelkäsen wie Roquefort, Bleu d'Auvergne oder Fourme d'Ambert oder zu Brie und Camembert.

Lavendel-Weißwein-Gelee

GELÉE AU VIN ET À LA LAVANDE

FÜR 1 GLAS (CA. 200 ML)
3 Zweige Thymian
200 ml trockener Weißwein
150 ml klarer Apfelsaft
1 kleine getrocknete Chilischote
1 Sternanis
1 TL getrocknete Lavendelblüten
120 g Gelierzucker (2:1)
2 EL frisch gepresster Zitronensaft
IM BILD AUF SEITE 203 RECHTS

ZUBEREITUNG: 15 Min. **INSGESAMT:** 700 kcal

1 Den Thymian waschen. Wein und Apfelsaft mit Chili, Sternanis und Thymian in einen Topf geben und zum Kochen bringen. 1–2 Min. sprudelnd kochen lassen, dann Lavendelblüten und Gelierzucker einrühren. Alles unter ständigem Rühren bei großer Hitze ca. 5 Min. kochen. Zitronensaft dazugießen und weitere 2–3 Min. kochen.

2 Die Flüssigkeit eventuell durch ein feines Sieb in ein sauberes Twist-off-Glas gießen, das Glas mit dem Deckel fest verschließen und auf den Deckel stellen. So ca. 10 Min. abkühlen lassen, dann umdrehen und vollständig abkühlen lassen. Das Gelee passt zu geschmacksintensiven, härteren Käsesorten wie Comté, Cantal, Tomme oder Saint-Nectaire.

Variante ***Frittierter Brie***
Er passt richtig gut zu Kirschen und Zwetschgen. Hierzu einen Teig wie auf Seite 65 (Frittierte Zucchiniblüten) zubereiten, dabei den Wein durch Bier oder Milch ersetzen, Parmesan weglassen und noch 1 steif geschlagenes Eiweiß zusätzlich unterheben. 500 g festen Brie in ca. 2 cm große Würfel schneiden, durch den Teig ziehen und portionsweise in heißem Öl ausbacken. Auf Küchenpapier abtropfen lassen und warm servieren (eventuell im Backofen bei 60° warm halten).

Im Burgund reicht man die Windbeutelchen gerne als Aperitif-Häppchen zu einem Glas Wein. Manchmal werden sie zusätzlich mit einer Fisch- oder Schinkenmousse gefüllt. Mir gefällt zur Abwechslung die Kombination mit einer Lyoner Spezialität: eine kräutergrüne Frischkäsecreme.

Käse-Windbeutelchen

GOUGÈRES

FÜR CA. 20 STÜCK
ZUBEREITUNG: 40 Min.
BACKEN: 2 x 30 Min.
PRO STÜCK: 155 kcal

125 g Butter
250 ml Milch
Salz • Pfeffer
frisch geriebene Muskatnuss
250 g Mehl (Type 405)
150 g Gruyère oder Comté
6 Eier (Größe M)
1 Eigelb zum Bestreichen

1 Die Butter mit der Milch in einen Topf geben und kräftig mit Salz, Pfeffer und Muskatnuss würzen. Unter Rühren zum Kochen bringen. Sobald die Milch kocht, vom Herd nehmen, das Mehl auf ein Mal hineingeben und zügig leicht unterrühren. Dann den Topf wieder auf die heiße Platte stellen und alles kräftig zu einem festen Teig rühren (er bleibt noch leicht bröckelig). Sobald sich der Teig vom Boden löst und am Topfboden ein weißer Film entsteht, den Topf vom Herd nehmen. Leicht abkühlen lassen.

2 Inzwischen den Backofen auf 190° (Umluft 170°) vorheizen. Den Käse entrinden und in ca. 3 mm große Würfel schneiden. Nun die Eier unter den Teig rühren: Dabei jedes Ei einzeln so lange mit dem Holzlöffel unterrühren, bis es sich vollständig und glatt mit dem Teig verbunden hat, erst dann das nächste unterrühren. Der Teig sollte am Ende glatt, glänzend und schwer sein. Dann die Käsewürfel unterrühren.

3 Zwei Backbleche mit Backpapier auslegen. Darauf mithilfe eines Esslöffels kleine Teighäufchen in großem Abstand zueinander setzen und mit dem Finger möglichst glatt formen. Das Eigelb verquirlen und auf die Häufchen streichen. Ein Blech in den Ofen schieben (Mitte) und die Windbeutel ca. 15 Min. backen, dann bei 170° (Umluft 150°) 10–15 Min. weiterbacken, bis sie goldbraun und schön aufgegangen sind. Den Backofen während der ersten 15–20 Min. auf keinen Fall öffnen, der empfindliche Teig könnte zusammenfallen. Die fertigen Windbeutel herausnehmen und auf einem Kuchengitter abkühlen lassen. Das zweite Blech genauso backen. Je frischer man sie isst, desto besser schmecken die Windbeutelchen.

Variante *Frischkäsecreme*

Dieses Frischkäsegericht – *Cervelle de canut* – aus Lyon passt gut zu den Windbeutelchen. Nur mit Kartoffeln kombiniert, war es ein einfaches und preiswertes Essen der *canuts* – der Weber, denen die berühmte Seidenstadt Lyon ihren Reichtum verdankte. Für 4 Personen 500 g Fromage blanc (oder Sahnequark, 40 % Fett) gut abtropfen lassen und mit 3 klein gewürfelten Schalotten, je 2 EL gehacktem Schnittlauch, Kerbel und Petersilie und 1 TL gehacktem Estragon verrühren. Die Käsecreme mit Salz, Pfeffer und etwas edelsüßem Paprikapulver würzen.

Walnuss-Rosmarin-Cracker

SABLÉS AUX NOIX ET AU ROMARIN

FÜR CA. 15 STÜCK
2 Zweige Rosmarin
40 g Walnusskerne
100 g Mehl
Salz
Chilipulver
50 g weiche Butter
Mehl zum Arbeiten
IM BILD VORNE

ZUBEREITUNG: 25 Min. **RUHEN:** 45 Min. **BACKEN:** 20 Min. **PRO STÜCK:** 65 kcal

1 Rosmarin waschen, trocken schütteln, Nadeln abzupfen und fein hacken. Walnüsse klein hacken. Mehl, ca. ⅓ TL Salz, 1 Msp. Chilipulver und Rosmarin in einer Schüssel mischen. Die weiche Butter in Flöckchen daraufsetzen. Alles mit beiden Händen rasch zu groben Bröseln kneten oder leicht reiben. 3–5 EL Wasser und Walnüsse dazugeben und alles zügig zu einem eher trockenen Teig zusammenkneten. Zur Kugel formen, flach drücken, rund formen, wieder flach drücken, danach zur Kugel formen, in Folie wickeln und für 45 Min. in den Kühlschrank legen.

2 Den Backofen auf 200° (Umluft180°) vorheizen. Den Teig aus dem Kühlschrank nehmen und in ca. 10 Min. warm werden lassen. Auf einer leicht bemehlten Arbeitsfläche dünn ausrollen und in ca. 15 Rauten schneiden. Teigrauten auf ein mit Backpapier belegtes Blech legen und mehrmals mit einer Gabel einstechen. Die Teigstücke im Ofen (Mitte) in ca. 20 Min. knusprig braun backen. Herausnehmen und auf einem Kuchengitter auskühlen lassen.

Gewürzter Ofencamembert

CAMEMBERT FONDU

FÜR 4 PERSONEN
2 ganze, reife Camemberts (à 250–280 g)
1 Bio-Orange
2 Zweige Rosmarin
3 Zweige Thymian
2 Knoblauchzehen
80 ml Olivenöl
80 ml Weißwein
2 EL Orangenlikör
grob gemahlener schwarzer Pfeffer
IM BILD HINTEN

ZUBEREITUNG: 10 Min. **BACKEN:** 20 Min. **PRO PORTION:** 705 kcal

1 Den Backofen auf 180° (Umluft 160°) vorheizen. Die Camemberts auf je 1 Blatt Backpapier legen – die Blätter sollten so groß sein, dass man sie großzügig über dem Käse zusammenfassen und feststecken kann. Die Oberflächen der Camemberts mehrmals mit einem Messer etwas einstechen.

2 Die Orange heiß abwaschen, etwa die Hälfte der Schale mit einem Zestenreißer abziehen oder einen Streifen Schale mit dem Sparschäler abziehen und fein hacken. Die Kräuter waschen und trocken schütteln. Nadeln und Blättchen abzupfen und hacken. Knoblauch schälen und fein hacken. Alles mit Öl, Wein und Likör verrühren und auf den Camemberts verteilen. Mit Pfeffer grob übermahlen. Das Papier über dem Käse zusammenfalten und feststecken (z. B. mit Büroklammern). Die Päckchen auf ein Backblech setzen und im Ofen (Mitte) ca. 20 Min. backen. Päckchen vorsichtig öffnen und den geschmolzenen Käse sofort mit Brot oder Crackern servieren.

Gut eingepackt
Original französische *Camemberts* kann man häufig in Spanschachteln kaufen. Sollten Sie welche bekommen, lässt sich das Päckchen wunderbar in die Spanschachtel legen und darin backen – so bleibt der Käse garantiert in Form und lässt sich gut servieren.

Paprika-Ziegenkäse-Terrine

TERRINE DE POIVRON AU CHÈVRE

FÜR 4 PERSONEN
(1 RECHTECKIGE FORM VON 1,3 L INHALT)
ZUBEREITUNG: 45 Min.
KÜHLEN: 25 Min. + 4 Std.
PRO STÜCK: 410 kcal

3 große rote Paprikaschoten
3 Blatt Gelatine
250 g Ziegenfrischkäse
1 EL frisch gepresster Zitronensaft
1–3 EL Olivenöl
200 g Sahne
1 TL flüssiger Honig
Salz • schwarzer Pfeffer
1 TL rosa Pfefferkörner
3 Stängel Estragon
1 großer Zweig Rosmarin
8 Zweige Thymian

1 Den Backofen auf 250° vorheizen. Die Paprikaschoten vierteln, von Kernen und Trennwänden befreien, waschen und mit der Hautseite nach oben auf ein mit Backpapier ausgelegtes Blech legen. Die Schoten im Ofen (oben, Umluft nicht empfehlenswert) ca. 20 Min. rösten, bis die Haut schwarze Blasen zeigt und sich leicht aufbläht. Das Blech herausnehmen, ein feuchtes, sauberes Geschirrtuch über die Paprika breiten und diese ca. 10 Min. abkühlen lassen.

2 Inzwischen die Gelatine in kaltem Wasser 10 Min. einweichen. Frischkäse mit Zitronensaft, 2 EL Olivenöl, 3–4 EL Sahne und Honig glatt rühren. Mit Salz und Pfeffer würzen. Die rosa Pfefferkörner im Mörser oder mit einem schweren Gegenstand (Nudelholz) zerdrücken und ebenfalls unterrühren. Die Kräuter waschen, trocken schütteln, Blättchen und Nadeln abzupfen – 1 Zweig Thymian beiseitelegen – und fein hacken, dann ebenfalls unter die Käsecreme rühren.

3 Gelatine ausdrücken, in einen kleinen Topf geben und bei kleiner Hitze schmelzen lassen. 1–2 EL Käsecreme dazugeben und sofort gründlich unterrühren, leicht warm werden lassen. Noch 1 EL Käsecreme unterrühren und anschließend die Käse-Gelatine-Masse gründlich unter die übrige Käsecreme rühren. Zugedeckt für 20–25 Min. in den Kühlschrank stellen, bis die Creme leicht zu gelieren beginnt.

4 Währenddessen Paprikaschoten mit einem spitzen Messer häuten. Die Form oder eine Schüssel mit Frischhaltefolie auslegen, die Paprikaschoten dicht an dicht (auch an den Wänden der Form) hineinlegen. Übrige Sahne steif schlagen und unter die leicht gelierende Käsecreme heben. Auf die Paprikaschoten in die Form gießen. Die Form abdecken und die Masse im Kühlschrank in mindestens 3 Std. fest werden lassen.

5 Zum Servieren vom übrigen Thymian die Blättchen abzupfen. Die Käseterrine auf einen Teller stürzen, Frischhaltefolie vorsichtig abziehen. Terrine mit dem übrigem Olivenöl beträufeln, mit Thymian bestreuen und mit Salz (idealerweise Fleur de Sel) und grobem Pfeffer bestreuen. Am besten mit frischem Weißbrot servieren.

Kartoffeln, Milch und Käse vom eigenen Hof waren die preiswertesten Lebensmittel, mit denen die Bauern früher kochten. Das Kartoffelgratin, das es als Beilage bis in die Feinschmeckertempel geschafft hat, wird eigentlich ohne Käse zubereitet. Auf eine bestimmte regionale Käsespezialität dagegen kann man in den beiden Gerichten Aligot *und* Truffade *aus der Auvergne nicht verzichten: auf den zu riesigen Laiben gepressten, leicht bröckeligen, aromatischen Cantal aus der Milch der örtlichen Salers-Rinder.*

Kartoffelgratin

GRATIN DAUPHINOIS

FÜR 4 PERSONEN
ZUBEREITUNG: 25 Min.
GAREN: 1 Std.
PRO PORTION: 470 kcal

1 kg vorwiegend festkochende Kartoffeln
2 EL Butter
500 ml Milch
200 g Sahne
1 Knoblauchzehe
Salz • Pfeffer
frisch geriebene Muskatnuss
60 g geriebener Gruyère (nach Belieben)

1 Kartoffeln schälen, waschen und in ca. 3 mm dünne Scheiben schneiden oder hobeln. Den Backofen auf 190° vorheizen. Eine breite Auflaufform mit etwas Butter ausstreichen. Kartoffeln dachziegelartig in die Form schichten. Milch und Sahne in einen Topf geben. Knoblauch schälen und dazupressen. Einmal unter Rühren aufkochen, mit Salz, Pfeffer und Muskatnuss würzen und offen bei kleiner Hitze 2 Min. kochen lassen. Über die Kartoffeln gießen, Kartoffeln eventuell nochmals leicht salzen und pfeffern und die übrige Butter in Flöckchen darauf verteilen.

2 Gratin im Ofen (Mitte, Umluft 175°) in 50–60 Min. goldbraun gratinieren. Wer möchte, kann nach etwa der Hälfte der Zeit den Käse über die Kartoffeln streuen – das sieht das Original allerdings nicht vor. Mit üppiger Käsekruste ist das Gratin dann ein vegetarisches Hauptgericht, am besten mit einem gemischten Salat. Sollte das Gratin sehr schnell bräunen, eventuell gegen Ende der Garzeit mit Backpapier abdecken.

DAS BILD ZUM KARTOFFELGRATIN STEHT AUF SEITE 213.

Käse-Kartoffelbrei

ALIGOT

FÜR 4 PERSONEN
750 g mehligkochende Kartoffeln
Salz
300 g Cantal-Käse
1 Knoblauchzehe
120 ml Milch
2 EL Butter
Pfeffer • frisch geriebene Muskatnuss
2 EL Crème fraîche (nach Belieben)
2 EL Schnittlauchröllchen

ZUBEREITUNG: 40 Min. **PRO PORTION:** 255 kcal

1 Die Kartoffeln schälen, waschen und in größere Stücke schneiden. In ausreichend Wasser zum Kochen bringen, salzen und bei mittlerer Hitze zugedeckt in 20–25 Min. garen. Käse in dünne Scheiben oder Stückchen schneiden. Knoblauch schälen.

2 Kartoffeln abgießen und durch die Kartoffelpresse drücken. In einer hohen beschichteten Pfanne die Milch mit Butter erhitzen, den Knoblauch dazupressen, bei mittlerer Hitze ca.1 Min. ganz leicht köcheln lassen. Kartoffeln mit einem Holzlöffel zügig unterrühren, dann den Käse unterrühren. Jetzt ohne Pause in großen Kreisen rühren, bis der Käse vollständig geschmolzen ist und sich alles zu einem glatten Brei verbindet. Mit Salz, Pfeffer und Muskatnuss würzen; wer Kalorien nicht scheut, kann noch Crème fraîche unterrühren. Mit Schnittlauch bestreuen. Aligot einfach so mit grünem Salat essen oder als Beilage zu Bratwürsten reichen.

Kartoffel-Käse-Pfanne

TRUFFADE

FÜR 4 PERSONEN
1 kg vorwiegend festkochende Kartoffeln
150 g Räucherspeck
1 Knoblauchzehe (nach Belieben)
2 EL Gänseschmalz (ersatzweise Öl)
Salz • Pfeffer
300 g Cantal-Käse
2 EL gehackte Petersilie

ZUBEREITUNG: 25 Min. **GAREN:** 30 Min. **PRO PORTION:** 485 kcal

1 Kartoffeln schälen und waschen, große Kartoffeln längs halbieren und alle in ca. 5 mm dicke Scheiben schneiden. Speck in Würfelchen oder kurze, dünne Streifen schneiden. Wer möchte, schält noch den Knoblauch und würfelt ihn fein. Den Speck in einer großen Pfanne ohne Fett bei mittlerer Hitze goldbraun anbraten. Speck mit einem Schaumlöffel herausheben und auf einen Teller legen. Gänseschmalz zum Bratfett geben und schmelzen lassen. Kartoffeln und nach Wunsch Knoblauch dazugeben, salzen, pfeffern, einmal umrühren und offen bei mittlerer Hitze 10–15 Min. garen, bis sie leicht bräunen. Zudecken und 15–20 Min. weitergaren, dabei ab und zu vorsichtig wenden, damit die Kartoffeln nicht anbrennen.

2 Inzwischen den Käse entrinden und in schmale Stücke schneiden. Wenn die Kartoffeln gar sind, Speck und Käse dazugeben und offen ca. 3 Min. braten. Dabei beides leicht unterheben – der Käse sollte schön schmelzen und lange Fäden ziehen –, die Kartoffeln können dabei ruhig leicht zerfallen. Die Kartoffel-Käse-Pfanne mit Petersilie bestreuen und heiß, am besten mit einem Salat, servieren.

Variante ***Tartiflette***

Diese Kartoffelpfanne aus Savoyen wird ganz ähnlich zubereitet. Mit dem Speck noch 2 in Streifen geschnittene Zwiebeln goldgelb dünsten, alles herausnehmen. Anstelle von Cantal 1 ganzen Reblochon (ca. 500 g) längs in zwei runde Hälften schneiden. Die fertigen Kartoffeln in eine Auflaufform geben – wer möchte, mischt sie noch mit 150 g Crème fraîche oder 180 ml Weißwein – und die beiden Käsehälften mit der Rinde nach oben darauflegen. Im heißen Ofen (190°, Umluft 175°, Mitte) in 12–15 Min. goldbraun überbacken, bis der Käse schön geschmolzen ist.

Käsesoufflé

SOUFFLÉ AU FROMAGE

FÜR 1 SOUFFLÉFORM (1 L INHALT)
ZUBEREITUNG: 30 Min.
BACKEN: 35 Min.
PRO PORTION (BEI 4): 380 kcal

40 g Butter
30 g Mehl
250 ml Milch
Salz • Pfeffer
frisch geriebene Muskatnuss
150 g Gruyère
5 Eigelb (Größe M)
Mehl für die Form

1 Butter in einem Topf bei kleiner Hitze schmelzen lassen, vom Herd nehmen. Etwas Butter mit einem Backpinsel abnehmen und die Souffléform damit ausstreichen. Etwas Mehl in die Form streuen und durch Wenden der Form ringsum verteilen. Anschließend überschüssiges Mehl herausklopfen. Butter wieder auf den Herd stellen und heiß werden lassen. Das Mehl in die heiße Butter streuen und unter Rühren bei kleiner Hitze 2–3 Min. vorsichtig anschwitzen; es soll auf keinen Fall bräunen.

2 Milch nach und nach in den Topf gießen und dabei kräftig mit dem Schneebesen zu einer glatten Flüssigkeit rühren. Mit Salz, Pfeffer und Muskatnuss würzen. Einmal kurz unter Rühren aufkochen lassen, dann offen bei kleiner Hitze 15 Min. köcheln lassen, dabei gelegentlich umrühren.

3 Inzwischen den Backofen auf 200° vorheizen. Den Käse entrinden und fein reiben. Die Eier trennen, Eiweiße steif schlagen und kühl stellen. Die Sauce vom Herd nehmen und den Käse gründlich unterrühren. Dann die Eigelbe nacheinander gründlich mit dem Schneebesen unterrühren; dabei immer so lange rühren, bis sich alles gut verbunden hat, dann erst das nächste Eigelb dazugeben. Lauwarm abkühlen lassen.

4 Den Eischnee vorsichtig mit einem Teigspatel oder Löffel unter die Käsemasse heben und die Masse in die Souffléform füllen – dabei sollte die Form nur zu gut zwei Dritteln gefüllt sein, da das Soufflé Platz zum Aufgehen braucht. In den Ofen schieben (unten, Umluft nicht empfehlenswert) und 25–30 Min. backen, bis es schön gebräunt ist, eine Kruste hat und über den Formrand aufgegangen ist. Während des Backens den Ofen nicht öffnen, sonst fällt das Soufflé zusammen. Das empfindliche Soufflé sofort servieren.

Keine Zauberei – Soufflé backen
Hier verwandeln sich eher mächtige Zutaten wie Butter, Ei, Milch und Käse in einen wahren Hauch von Nichts. Für ein luftiges, schön aufgegangenes Soufflé mit knuspriger Kruste brauchte es aber kein Abrakadabra, sondern lediglich etwas Disziplin: Man darf auf keinen Fall die Ofentüre während des Backens öffnen. Beim geringsten Luftzug fällt das Soufflé sofort in sich zusammen.

Brokkoli-Flan

FLAN AUX BROCOLIS

FÜR 6 OFENFESTE FÖRMCHEN (À CA. 125 ML INHALT)
600 g Brokkoli
1 Schalotte
2 EL Butter
200 ml Gemüsebrühe
Salz • Pfeffer
1 Msp. abgeriebene Schale von 1 Bio-Zitrone
1–2 TL frisch gepresster Zitronensaft
4 Eier (Größe M)
200 g Sahne
frisch geriebene Muskatnuss
Butter für die Förmchen
Mehl zum Arbeiten
IM BILD LINKS

ZUBEREITUNG: 30 Min. **GAREN:** 40 Min. **PRO PORTION:** 220 kcal

1 Den Brokkoli waschen und putzen. Stiele in kleine Stücke schneiden, Röschen kleiner brechen. Schalotte schälen und fein würfeln. Butter in einem Topf schmelzen lassen, die Schalotte darin goldgelb andünsten. Brokkoli und Brühe dazugeben, salzen und pfeffern. Alles zugedeckt bei mittlerer Hitze 10–12 Min. garen, bis der Brokkoli weich ist. In ein feines Sieb abgießen und gut abtropfen lassen.

2 Den Backofen auf 160° vorheizen. Förmchen mit Butter fetten. Brokkoli mit Zitronenschale und -saft fein pürieren. Eier und Sahne mit dem Schneebesen gründlich verrühren, dabei nicht schaumig schlagen, dann das Püree gut unterrühren. Mit Salz, Pfeffer und Muskatnuss würzen und in die Förmchen füllen.

3 Förmchen in ein tiefes Blech oder einen Bräter stellen und so viel heißes Wasser dazugießen, dass sie gut zur Hälfte im Wasser stehen. In den Ofen stellen (Mitte, Umluft nicht empfehlenswert) und die Flans in ca. 40 Min. stocken lassen. Herausnehmen und kurz abkühlen lassen. Am Rand mit einem spitzen Messer leicht lösen und auf Teller stürzen. Wer will, kann die Flans auch in den Förmchen servieren.

Gemüseterrine

TERRINE DE LÉGUMES

FÜR 1 TERRINENFORM (CA. 3/4 L INHALT)
250 g Möhren
250 g Lauch
Salz
200 g Erbsen (frisch oder TK)
1 Bund Petersilie
1 Bund Schnittlauch
5 Eier (Größe M)
200 g Sahne
100 g Crème fraîche
Pfeffer • frisch geriebene Muskatnuss
Butter für die Form
IM BILD RECHTS

ZUBEREITUNG: 40 Min. **GAREN:** 45 Min. **PRO PORTION (BEI 8):** 210 kcal

1 Möhren schälen und putzen. Lauch putzen, längs halbieren und waschen. Möhren in möglichst kleine Würfel schneiden, Lauch in dünne Ringe. Wasser in einem Topf erhitzen, salzen, die Gemüse darin nacheinander einzeln garen (Möhren ca. 2 Min., Lauch ca. 1 Min., Erbsen ca. 5 Min.), herausheben und abtropfen lassen.

2 Backofen auf 175° vorheizen, Form mit Butter fetten. Kräuter waschen und trocken schütteln. Petersilie fein hacken, den Schnittlauch in Röllchen schneiden. Eier, Sahne und Crème fraîche verrühren, mit Salz, Pfeffer und Muskatnuss würzen. Gemüse und Kräuter unterrühren und die Masse in die Form füllen.

3 Die Form in ein tiefes Blech oder einen Bräter stellen und so viel heißes Wasser dazugießen, dass sie bis 2 cm unter dem Rand im Wasser steht. In den Ofen stellen (Mitte, Umluft nicht empfehlenswert) und die Masse in ca. 45 Min. stocken lassen. Herausnehmen, lauwarm oder kalt abkühlen lassen. Terrine am Rand mit einem spitzen Messer leicht von der Form lösen, stürzen und in Scheiben schneiden.

Einfach, aber ungemein effektvoll. Bei dieser Spezialität aus der Provence lassen sich die Zutaten ganz nach Lust und Laune austauschen: Wichtig ist nur, das Gesamtkunstwerk im Auge zu behalten, bei dem sich Farbe und Aromen ergänzen sollten.

Dreischichtige Omelett-Torte

CRESPEOU

FÜR 4 PERSONEN
ZUBEREITUNG: 40 Min.
PRO STÜCK: 330 kcal

Für das Paprikaomelett:
4 Eier (Größe M)
8 gegrillte, gehäutete Paprikahälften (s. Seite 210; oder aus dem Glas)
Salz • Pfeffer
edelsüßes Paprikapulver
5 Zweige Thymian

Für das Spinatomelett:
100 g TK-Blattspinat
4 Eier (Größe M)
1 Schalotte
½ Knoblauchzehe
Salz • Pfeffer
frisch geriebene Muskatnuss

Für das Kräuter-Käse-Omelett:
1 Stängel Estragon
2 EL Schnittlauchröllchen
1 TL gehackter Dill
4 Eier (Größe M)
Salz • Pfeffer
frisch geriebene Muskatnuss
30 g Gruyère
Olivenöl zum Braten

1 Für das Paprikaomelett die Eier in ein hohes Rührgefäß geben, 4 Paprikahälften dazugeben und mit dem Pürierstab fein pürieren. Die übrigen Paprikaschoten in kleine Würfel schneiden und mit Salz, Pfeffer und Paprikapulver unterrühren. Thymian waschen, Blättchen abzupfen, fein hacken und ebenfalls unterrühren.

2 Für das Spinatomelett den Spinat am besten leicht antauen lassen. Die Eier in ein hohes Rührgefäß geben. Schalotte und Knoblauch schälen und fein würfeln. 1 EL Olivenöl in einer kleinen beschichteten Pfanne erhitzen, beides darin andünsten. Spinat dazugeben, mit Salz, Pfeffer und Muskatnuss würzen und unter Rühren auftauen. Leicht abkühlen lassen, alles zu den Eiern geben und mit dem Pürierstab leicht durchmixen – der Spinat soll noch etwas stückig sein.

3 Für das Kräuter-Käse-Omelett den Estragon waschen und trocken schütteln. Die Blättchen abzupfen und fein hacken. Mit den anderen Kräutern und den Eiern verquirlen, die Masse mit Salz, Pfeffer und Muskatnuss würzen. Den Käse grob raspeln oder in dünne, kurze Späne hobeln.

4 Den Backofen auf 60° erhitzen. Etwas Öl in einer beschichteten Pfanne heiß werden lassen, Paprika-Eier-Masse hineingießen und daraus bei mittlerer Hitze ein Omelett backen – dazu die Eiermasse immer wieder mit einem Holzlöffel teilen und leicht zusammenschieben, wie auf Seite 224 beschrieben. Auf einen Teller gleiten lassen und im Ofen warm stellen. Spinat-Eier-Masse ebenso zum Omelett backen und auf das Paprikaomelett gleiten lassen, warm stellen. Zuletzt Kräutereier in die Pfanne geben, Käse aufstreuen und die Masse zum Omelett backen. Das fertige Omelett oben auf die anderen legen und die Omelett-Torte lauwarm oder kalt servieren. Dazu passt die Tomatensauce von Seite 89.

Bunt, bunter, noch bunter
Wenn man keine Lust hat, eine ganze Omelett-Torte zu backen – auch einzeln sind die Omeletts ein schöner Imbiss an heißen Tagen oder abends. Oder man bereitet, wenn Gäste kommen, gleich doppelt so viele zu. Auch die Zutaten lassen sich ganz nach Jahreszeit und persönlichem Geschmack variieren: z. B. klein geschnittene schwarze Oliven und gehackter Thymian; Tomatenwürfelchen mit etwas Parmesan und frischem Oregano; Lauchzwiebelringe und klein geschnittener, gekochter grüner Spargel (tolle Resteverwertung) mit Pinienkernen oder eine Kombination aus Schnittlauch, Kerbel, Estragon und Würfeln von jungem Ziegenkäse.

Nichts geht schneller, als sich ein Ei in die Pfanne zu schlagen. In Frankreich gilt das ebenso, nur mag man es dort etwas raffinierter: Ein luftig schaumiges Omelett wird in jedem Bistro angeboten, ist schneller Imbiss oder Abendessen und auf jeden Fall immer ein Genuss. Wie es ganz einfach gelingt, wird hier beschrieben.

Omelett mit Pilzen

OMELETTE ROULÉE AUX CHAMPIGNONS

FÜR 4 PERSONEN
ZUBEREITUNG: 50 Min.
PRO PORTION: 305 kcal

12 Eier (Größe M)
Salz • Pfeffer
frisch geriebene Muskatnuss
400 g braune Champignons (wer möchte, kann auch mal Pfifferlinge oder Mischpilze nehmen)
2–3 EL Butter
1 EL gehackte Petersilie

DAS BILD ZUM OMELETT MIT PILZEN STEHT AUF SEITE 223.

1 Die Eier in einer Schüssel aufschlagen, mit Salz, Pfeffer und Muskatnuss würzen und gründlich mit einer Gabel verquirlen. Die Pilze sauber abreiben, putzen und in nicht zu dünne Scheiben schneiden. 1 EL Butter in einer beschichteten Pfanne schmelzen, die Pilze darin bei mittlerer bis großer Hitze unter Rühren 4–5 Min. braten, salzen und pfeffern. Petersilie unterrühren, die Pilze in eine Schüssel geben und abdecken.

2 In die Pfanne 1 TL Butter geben, ein Viertel der Eier dazugießen und bei großer Hitze braten, dabei die Eiermasse mit einem Holzlöffel immer wieder vom Rand zur Mitte schieben, oder den Löffel von links nach rechts und oben nach unten ziehen, sodass immer wieder flüssige Eiermasse nachfließen kann. Sobald die Masse fest zu werden beginnt und sich nicht mehr zusammenschieben lässt (sie soll noch schön feucht, auf keinen Fall trocken sein), ein Viertel der Pilze längs in die Mitte des Omeletts geben und erst eine Seite darüberschlagen, dann die andere. So nacheinander vier Omeletts backen und möglichst schnell servieren.

Omelett-Variationen
Nach diesem schlichten Grundprinzip lassen sich immer wieder neue Omeletts backen. Einfach und ganz edel: Ein paar Scheiben schwarze Trüffel auf die noch feuchte Omelettmasse hobeln, weiterbacken und zusammenklappen. Auch fein: in Streifen geschnittener gekochter Schinken und etwas gehackte Petersilie. Oder Lachs und gehackter Dill. Ansonsten schmeckt das Omelett natürlich auch pur oder mit ein paar gehackten Kräutern, die man direkt unter das verquirlte Ei rührt.

Kräuter-Quark-Omelett

OMELETTE SOUFFLÉE AUX HERBES

FÜR 4 PERSONEN
5 Eier (Größe M) • Salz
180 g Magerquark
100 g Sahne
3 EL Mehl
½ Bund gemischte Frühlingskräuter (Schnittlauch, Petersilie, Dill, Kerbel, Estragon, Borretsch)
Pfeffer
edelsüßes Paprikapulver
1 EL Butter

ZUBEREITUNG: 10 Min. **GAREN:** 20 Min. **PRO PORTION:** 260 kcal

1 Eier trennen. Eiweiße mit 1 Prise Salz steif schlagen und kühl stellen. Eigelbe, Quark und Sahne mit dem Schneebesen gründlich verrühren, dann das Mehl sorgfältig unterrühren. Kräuter waschen, gut trocken tupfen, einzelne Blättchen abzupfen und fein hacken – es sollten ruhig 4–5 EL sein.

2 Den Backofen auf 180° (Umluft 180°) vorheizen. Eischnee und Kräuter unter die Eigelbmasse heben, mit Salz, Pfeffer und 2 Msp. Paprikapulver würzen. Butter in einer beschichteten ofenfesten Pfanne bei mittlerer Hitze schmelzen. Omelettmasse hineingeben, verstreichen und ca. 1 Min. anbraten. Die Pfanne in den Ofen stellen (unten) und das Omelett in 15–18 Min. goldgelb backen. Herausnehmen, in vier Stücke teilen und mit frischem Salat servieren.

Omelett mit Schinken und Blauschimmelkäse

OMELETTE AUVERGNATE

FÜR 4 PERSONEN
500 g Pellkartoffeln (vom Vortag)
8 Eier
100 ml Milch
1 Bund Schnittlauch
200 g gekochter Schinken am Stück
200 g Blauschimmelkäse (z. B. Fourme d'Ambert)
Salz • Pfeffer
1 Zwiebel
3 EL Butter-, Gänse- oder Entenschmalz

ZUBEREITUNG: 40 Min. **PRO PORTION:** 565 kcal

1 Die Kartoffeln pellen und in Würfelchen schneiden. Die Eier mit der Milch verquirlen. Schnittlauch waschen, trocken schütteln und in Röllchen schneiden, gut die Hälfte davon unter die Eier rühren. Den Fettrand vom Schinken abschneiden, dann den Schinken klein würfeln. Den Käse fein würfeln und mit dem Schinken unter die Eier rühren, mit Salz und Pfeffer würzen. Zwiebel schälen und fein würfeln.

2 Butterschmalz in einer großen Pfanne zerlassen. Zwiebel darin bei mittlerer Hitze goldgelb andünsten, dann die Kartoffeln dazugeben und bei mittlerer Hitze braten, bis sie leicht bräunen. Die Eiermischung über die Kartoffeln gießen und das Omelett bei mittlerer Hitze 15–18 Min. braten, bis es an den Rändern leicht bräunt und auf der oberen Seite beginnt, fest zu werden. Omelett vorsichtig auf einen Teller gleiten lassen, mithilfe des Tellers wenden und umgekehrt zurück in die Pfanne geben. In ca. 10 Min. fertig garen. Das Omelett in vier Stücke schneiden und mit Salat und Brot als zünftige Zwischenmahlzeit servieren.

GERMAIN
tartelette citron
pâte sucrée

LA PÂTISSERIE

DIE SÜSSE KUNST

Vor ihren Schaufenster drücken sich nicht nur japanische Touristen in Paris die Nasen platt. Die Auslagen gleichen denen teurer Juweliere oder schriller Modemacher. Kunterbunt, in allen Größen und Formen, mit Goldglitter bestäubt und mit glänzender Schokolade überzogen, reihen sich in französischen Konditoreien *Petit Fours,* bunte *Macarons,* Törtchen und die verrücktesten Tortenkreationen dicht an dicht. Hier sind nicht nur Handwerker am Werk, sondern wahre Künstler. Deshalb beinhaltet die lange Ausbildung zum *pâtissier* mehr als das reine Herstellen von süßem Backwerk. In der Gastronomie ist er für jegliche Form von Dessert und Süßspeise zuständig, und gute Pâtisserien haben häufig auch Eis und die ein oder andere Dessertkreation im Angebot.

Daher haben französische Desserts sicher auch diesen berühmt-berüchtigten Ruf: die besten der Welt zu sein und unendlich kompliziert. Das stimmt nur bedingt. In der Tat gehören Grundrezepte für bestimmte Nachspeisen ebenfalls zu den Grundlagen des Pâtissierhandwerks, wie z. B. der Name der *Crème pâtissière* (s. Seite 257) schon nahelegt. Doch wer sich einmal darangewagt hat, stellt meist fest, dass es gar nicht so schwierig ist und vor allem, dass sich das einmal Gelernte immer wieder abwandeln lässt. Entscheidend ist vor allem, dass man sich Zeit nimmt und mit etwas Sorgfalt arbeitet. Was es zu beherzigen gibt, gilt nicht nur für französische Desserts: immer möglichst frische Zutaten verwenden (insbesondere Eier); möglichst genau abwiegen; auf absolute Sauberkeit beim Schlagen von Eiweiß achten, es darf kein Eigelb darin sein; Schlaggerät und Schüssel müssen fettfrei sein. Eigelb darf man nur bei kleiner Hitze, langsam und unter Rühren erwärmen, da es sonst gerinnen kann. Gelatine nur bei kleiner Hitze auflösen, auf keinen Fall kochen lassen; dann nicht auf einmal unter eine kalte Masse rühren, sondern erst nach und nach etwas von der kalten Masse unter die Gelatine arbeiten, bis diese abgekühlt ist. Beim Einarbeiten von Eischnee oder Schlagsahne in gekochte, warme Cremes ebenfalls darauf achten, dass diese wieder gut abgekühlt sind. Damit gelingen garantiert auch die Klassiker der feinen französischen Dessertküche wie Parfait, Charlotte oder die beliebte *Mousse au chocolat* (s. Seite 245).

Viele der ausgewählten Desserts stammen aber auch aus der einfachen bzw. gutbürgerlichen Küche und bestechen durch ihre Schlichtheit in der Wahl der

Zutaten: Frische Eier, jede Menge Sahne oder auch mal Milch (nur Vollmilch nehmen!), Zucker und oft noch Butter – mehr braucht es kaum für eine *Crème brûlée* oder *Crème caramel* (s. Seite 240). Das macht die Süßspeisen zwar nicht unbedingt kalorienarm, aber als Substanzgeber und Aromaträger sind diese Zutaten gleichermaßen unschlagbar. Verfeinert wird das Ganze mal mit einer Spur Vanille, einem Hauch Zitronenschale oder einem guten Schluck Likör oder sogar Hochprozentigerem – was beweist, dass Süßes nicht automatisch Kinderkram ist.

Wer es nach einem großen Menü nicht ganz so üppig liebt, findet sicher noch an einem Obstdessert Gefallen oder an einer leichten Frischkäsecreme mit Fruchtsauce (s. Seite 234). Speziell im Süden liebt man frische Früchte, die hier besonders saftig und süß gedeihen: Erdbeeren, Kirschen, Aprikosen, Pfirsiche, Feigen, Melonen (speziell die aus Cavaillon) und Zitrusfrüchte wachsen dort seit jeher in solchem Überfluss, dass man sich schon im Mittelalter überlegte, wie man diesen Reichtum konservieren könnte. So begann man vor allem in der Provence mit der Produktion kandierter Früchte. Dazu werden vorblanchierte Früchte langsam, in mehreren Etappen, in Zuckersirup leicht gekocht und abschließend mit einer weiteren glänzenden Sirupschicht versehen. Die provenzalische Stadt Apt ist bekannt als »Welthauptstadt der kandierten Früchte«.

Oder wie wäre es mit einem Stück *Tarte* zum Dessert? Anders als in Deutschland, wo Kaffee und Kuchen schon eine Extra-Mahlzeit bedeuten, beendet man in Frankreich das Menü auch gerne mit einem kleinen Kaffee und einem wirklich eher winzigen Stück Tarte. Schön flach, mit knusprigem Boden sollte sie auf jeden Fall sein. Insbesondere im Elsass und Lothringen haben schlichte Obsttartes mit Sahneguss Tradition, die mit unterschiedlichen Früchten belegt sein können (s. Seite 262 und 263). Der kleine Schwarze zum Dessert oder nach dem Essen, wie man ihn aus Italien kennt, wird auch in Frankreich immer populärer. Klassischerweise wird aber das Dessert innerhalb eines Menüs nochmals mit einem abschließenden Schluck Alkoholischem gereicht: mit einem Gläschen Champagner, süßem Dessertwein oder auch einem fruchtigen Likör als Digestif.

Bei den berühmten Dessert-Klassikern darf man nicht auf die Kalorien schauen! Darum beginnen wir dieses Kapitel mit drei leichten Obstdesserts. Sie sind immer dann eine gute Alternative, wenn es vorher mächtig zur Sache gegangen ist und passen besonders gut in sommerliche, mediterrane Menüs.

Pfirsiche in Weinsud

PÊCHES AU VIN ÉPICÉ

FÜR 4 PERSONEN
ZUBEREITUNG: 20 Min.
KÜHLEN: 4 Std.
PRO PORTION: 295 kcal

8 reife, aber feste Weinbergpfirsiche
4 Stängel Zitronenverbene (s. Tipp; ersatzweise Zitronenmelisse)
1 Vanilleschote
3 Sternanis
600 ml Weißwein
3 EL frisch gepresster Zitronensaft
80 g Zucker
3 EL Grenadine (nach Belieben)
3 EL Orangenlikör

1 Die Pfirsiche am unteren Ende kreuzweise leicht einritzen (dabei möglichst wenig ins Fruchtfleisch einschneiden), in eine Schüssel geben und mit kochendem Wasser übergießen. 2–3 Min. ziehen lassen, herausheben, kalt abschrecken und häuten.

2 Inzwischen Verbenenstängel waschen. Vanilleschote aufschlitzen, das Mark herauskratzen und mit der Schote, Sternanis, Wein, Zitronensaft und Zucker in einen Topf geben. Zum Kochen bringen und bei großer Hitze 2–3 Min. kochen lassen. Vom Herd nehmen, eventuell für eine schöne Farbe Grenadine, sonst nur Likör und Verbene unterrühren. Pfirsiche hineinlegen und zugedeckt mindestens 4 Std. ziehen lassen, dabei ab und zu mit Sud belöffeln bzw. darauf achten, dass sie immer gut bedeckt sind. Sie schmecken solo als erfrischendes Dessert oder mit Eis.

Zitronenverbene – nicht nur als Tee
Sie heißt auch Eisenkraut (frz. *verveine*) und wird in Frankreich vor allem getrocknet gerne für die Zubereitung von Tee verwendet, frisch auch als Würzkraut in Desserts und Süßspeisen. Verbenen duften intensiv nach Zitrone, lassen sich leicht im eigenen Garen ziehen, sind allerdings nicht winterhart. Deshalb am besten in Töpfen ziehen und drinnen auf der Fensterbank überwintern.

DAS BILD ZU DEN REZEPTEN AUF DIESER DOPPELSEITE STEHT AUF SEITE 231 UND ZEIGT: PFIRSICHE IM WEINSUD (HINTEN), MELONENSUPPE MIT CHAMPAGNER (RECHTS) UND FEIGEN AUS DEM OFEN (VORNE).

Melonensuppe mit Champagner

SOUPE DE MELON AU CHAMPAGNE

FÜR 4 PERSONEN
2 reife Charentais-Melonen (à ca. 800 g)
2 EL frisch gepresster Limettensaft
Mark von ½ Vanilleschote
3–4 EL Puderzucker
450 ml eisgekühlter Champagner oder Sekt
12 Zitronenverbenen-Blätter (s. links; ersatzweise Zitronenmelisse)

ZUBEREITUNG: 20 Min. **KÜHLEN:** 15 Min. **PRO PORTION:** 240 kcal

1 Melonen längs halbieren und die Kerne mit einem Löffel herauskratzen, dabei den Saft auffangen. Dann die Hälften in Spalten schneiden, das Fruchtfleisch von der Schale schneiden und klein würfeln. Mit dem Limettensaft in eine Schüssel geben. Vanillemark und vorerst nur die Hälfte des Puderzuckers darüberstreuen, die Hälfte vom Champagner dazugeben und alles mit dem Pürierstab pürieren.

2 Die Verbenenblättchen abwaschen und in Streifen schneiden. Mit dem übrigen Champagner unter die Melonensuppe rühren. Jetzt nochmal die Süße kontrollieren, die nach Reife und Aroma der Melone und wegen der Säure des Champagners ziemlich stark variieren kann, gegebenenfalls nachsüßen. Die Suppe zugedeckt für 15 Min. (und maximal 30 Min.) in den Kühlschrank stellen, dann servieren.

Feigen aus dem Ofen

FIGUES AU FOUR

FÜR 4 PERSONEN
12 Feigen
60 g Butter
1 Bio-Orange
Zimtpulver
4 EL Zucker
5 EL Mandelblättchen
3 EL Orangenlikör (nach Belieben)
Crème fraîche zum Servieren

ZUBEREITUNG: 30 Min. **PRO PORTION:** 360 kcal

1 Den Backofen auf 200° (Umluft 200°) vorheizen. Feigen waschen, Stielansätze wegschneiden, Früchte einschneiden und längs so vierteln, dass sie unten noch zusammenhalten. In eine ofenfeste Gratinform setzen und leicht auseinanderdrücken.

2 Die Butter in einem Pfännchen schmelzen. Die Orange heiß abwaschen, abtrocknen und 3 Msp. Schale fein abreiben, den Saft auspressen. Beides mit 2 Msp. Zimt und dem Zucker zur Butter geben und rühren, bis sich der Zucker aufgelöst hat. Die Mandeln und nach Belieben den Likör einrühren und alles auf den Feigen verteilen. Die Feigen im Ofen (Mitte) 15–25 Min. backen. Dabei mehrmals mit der ausgetretenen Flüssigkeit beträufeln. Sobald die Feigen weich sind und leicht braun karamellisieren, herausnehmen und lauwarm abkühlen lassen. Mit Crème fraîche servieren.

Frischkäsecreme mit Fruchtsauce

CREMET AU COULIS DE FRUITS

FÜR 4 PERSONEN
ZUBEREITUNG: 25 Min.
KÜHLEN: 7 Std.
PRO STÜCK: 325 kcal

Für die Käsecreme:
200 g Fromage blanc *(ersatzweise Ziegenquark oder Schichtkäse)*
½ Bio-Zitrone
Mark von 1 Vanilleschote
50 g Zucker
1–2 EL Orangenlikör (nach Belieben)
200 g Sahne
1 ganz frisches Eiweiß (Größe L)
Salz

Für die Fruchtsauce:
250 g reife Erdbeeren
1–2 EL frisch gepresster Zitronensaft
2–3 EL Puderzucker
1 EL Kirschwasser (nach Belieben)
200 g gemischte Beeren oder kleine Erdbeeren zum Garnieren

1 Für die Käsecreme den Frischkäse in ein feines Sieb abgießen und abtropfen lassen. Zitrone waschen, abtrocknen, die Schale fein abreiben und den Saft auspressen. In einer Schüssel die Schale und 2 EL Saft mit dem Vanillemark, 2 EL Zucker und nach Belieben dem Orangenlikör verrühren. Den Frischkäse dazugeben und alles mit dem Schneebesen gründlich glatt rühren.

2 Die Sahne mit dem übrigen Zucker steif schlagen und unter die Käsecreme rühren. Dann das Eiweiß mit 1 Prise Salz steif schlagen und unterheben. Ein feines Sieb mit einem dünnen, sauberen Leinen- oder Baumwolltuch auslegen, die Käsemasse einfüllen und glatt streichen. Das Sieb 1- bis 2-mal vorsichtig auf einem Teller aufstoßen, damit Luftblasen entweichen können, dann das Tuch über dem Frischkäse locker zusammenschlagen, Sieb in eine große Schüssel hängen. Die Schüssel eventuell mit einem Teller abdecken und den Käse im Kühlschrank 6–7 Std. abtropfen und sacken lassen.

3 Für die Sauce Erdbeeren waschen, verlesen und in Stücke schneiden. Mit Zitronensaft, Zucker und Kirschwasser nach Belieben in einen hohen Rührbecher geben und mit dem Pürierstab fein pürieren; eventuell kalt stellen. Die übrigen Beeren für die Garnierung waschen, putzen und, falls nötig, klein schneiden. Die Käsecreme aus dem Kühlschrank nehmen und aus dem Tuch auf eine Platte stürzen – wer möchte und eine schöne Herzform (z.B. aus Silikon) besitzt, kann die Käsecreme in diese Form umfüllen, darin leicht andrücken und dann stürzen. Die Frischkäsecreme mit den frischen Beeren anrichten und mit der Fruchtsauce servieren.

Coulis **– feine kalte Fruchtsaucen**
So nennt man in Frankreich die feinen Fruchtsaucen aus frischen Früchten. Anstelle von Erdbeeren lassen sich auch Himbeeren, Heidelbeeren oder Brombeeren dazu verarbeiten. Bei diesen kernigen Beeren sollte man die Sauce allerdings nach dem Pürieren durch ein feines Sieb streichen.

Gedünstete Birne mit Wein-Sabayon

POIRES POCHÉES AU VIN ET SABAYON

FÜR 4 PERSONEN
4 reife, feste, eher rundliche Birnen (à ca. 150 g)
1 ½ EL frisch gepresster Zitronensaft
600 ml Gewürztraminer (elsässischer Weißwein)
180 g Zucker
1 Vanilleschote
1 Zimtstange
2 Gewürznelken
4 frische Eigelb (Größe M)
IM BILD LINKS

ZUBEREITUNG: 40 Min. **KÜHLEN:** 1 Std. (oder über Nacht) **PRO PORTION:** 315 kcal

1 Die Birnen waschen, schälen (Stiele dran lassen), eventuell die Böden gerade schneiden, damit sie gut stehen und sofort mit Zitronensaft bepinseln. Schalen rasch mit Wein und 150 g Zucker in einen Topf geben. Vanilleschote aufschlitzen, das Mark herauskratzen. Mark und Schote mit Zimtstange und Nelken zum Wein geben und alles langsam zum Kochen bringen. Einmal aufkochen lassen. Birnen in den Topf auf die Schalen stellen und bei ganz kleiner Hitze 15–20 Min. garen, bis sie gerade eben weich sind (zum Prüfen mit einem spitzen Messer leicht einstechen). Vom Herd nehmen und im Sud abkühlen lassen, am besten über Nacht.

2 Die abgekühlten Birnen aus dem Sud heben, abtropfen lassen und auf Dessertschalen verteilen. Den Sud durch ein Sieb gießen und auffangen. Eigelbe in eine Metallschlagschüssel geben, mit übrigem Zucker und 150 ml Birnensud verrühren. Die Schüssel über ein heißes Wasserbad hängen und mit dem Schneebesen in 5–6 Min. zu einem cremigdicklichen Schaum aufschlagen, dabei das Wasser nicht stark kochen lassen, sonst kann das Eigelb stocken. Den Sabayon sofort, noch warm, mit den Birnen servieren. Oder auf dem kalten Wasserbad mit dem Schneebesen kalt schlagen.

Soufflés mit kandierten Früchten

SOUFFLÉS AUX FRUITS CANDIS

FÜR 4 SOUFFLÉFÖRMCHEN (CA. 12 CM Ø; CA. 300 ML FÜLLMENGE)
100 g kandierte Früchte
5 EL Orangenlikör (ersatzweise Orangensaft)
½ Portion Konditorcreme (s. Seite 257)
3 Eigelb (Größe M)
2 EL Mehl
4 Eiweiß (Größe M)
50 g Zucker
Butter und Zucker für die Förmchen
IM BILD RECHTS

ZUBEREITUNG: 40 Min. **BACKEN:** 25 Min. **PRO PORTION:** 475 kcal

1 Die Früchte fein würfeln und mit Likör mischen. Die Konditorcreme wie beschrieben zubereiten und leicht abkühlen lassen, dann die Eigelbe nacheinander unterrühren. Das Mehl darüberstäuben und gründlich mit dem Schneebesen unterrühren. Die Creme bei mittlerer Hitze unter Rühren mit dem Schneebesen leicht kochen lassen, bis sie wieder cremig andickt. Vom Herd nehmen und die Früchte samt Likör oder Saft unterrühren, sodass sich alles schön verbindet. Abkühlen lassen – am schnellsten geht das, wenn man sie auf ein kaltes Wasserbad stellt und ab und zu rührt.

2 Den Backofen auf 190° vorheizen. Die Förmchen mit Butter auspinseln, Zucker hineinstreuen und durch Wenden innen rundum ausstreuen. Eiweiße steif schlagen, dann den Zucker nach und nach einrieseln lassen und weiterschlagen, bis der Schnee richtig fest ist. Gut ein Drittel in die Creme geben und vollständig glatt rühren, den Rest vorsichtig unterheben, sodass die Masse schön luftig wird. In die Förmchen füllen, glatt streichen und die Soufflés im Ofen (unten, Umluft nicht geeignet) 20–25 Min. backen, bis sie aufgegangen und oben goldbraun sind. Während des Backens den Ofen auf keinen Fall öffnen, sonst fallen die Soufflés zusammen! Fertige Soufflés aus dem Ofen nehmen und sofort am besten, in den Förmchen, servieren.

Lavendel-Honig-Parfait

PARFAIT À LA LAVANDE

FÜR 1 FORM VON CA. 800 ML INHALT
200 ml Milch
250 g Sahne
1 gehäufter TL getrocknete Lavendelblüten
4 frische Eigelb (Größe M, ohne Spuren von Eiweiß)
130 g Lavendel- oder Blütenhonig
IM BILD UNTEN

ZUBEREITUNG: 40 Min. **KÜHLEN:** 5 Std. **PRO PORTION (BEI 10):** 160 kcal

1 Milch und 50 g Sahne in einen Topf gießen, Lavendelblüten einrühren und alles bei kleiner Hitze ca. 5 Min. köcheln lassen, gelegentlich umrühren. Inzwischen Eigelbe mit Honig mit den Quirlen des Handrührgeräts weiß-cremig aufschlagen.

2 Lavendelmilch durch ein feines Sieb gießen und auffangen. Nach und nach unter die Eiercreme rühren. Alles in einen Topf geben und bei kleiner bis mittlerer Hitze erhitzen, bis die Creme leicht andickt. Die Masse darf dabei auf keinen Fall kochen, sonst gerinnt das Eigelb. Wird sie allerdings nicht ausreichend heiß, dickt sie nicht an. Also: Unter leichtem Rühren mit dem Schneebesen erhitzen, bis sie zu dampfen beginnt, bei dieser Temperatur halten und ständig rühren, bis sie schön cremig wird.

3 Die Creme vom Herd nehmen, in eine Rührschüssel umgießen und mit dem Handrührgerät bei mittlerer Stufe gut 15 Min. lang luftig aufschlagen, bis sie abgekühlt ist. Anschließend für ca. 1 Std. in den Kühlschrank stellen. Übrige Sahne steif schlagen, unter die abgekühlte Creme ziehen und alles in eine verschließbare Plastikform gießen. Im Gefrierfach mindestens 4 Std. gefrieren lassen. Zum Servieren leicht antauen lassen, aus der Form stürzen und in Scheiben schneiden. Mit Mandelkeksen servieren. Oder die lauwarmen Feigen von Seite 233 dazu reichen.

Mandelkekse

TUILES AUX AMANDES

FÜR CA. 35 STÜCK
100 g Butter
200 g brauner Zucker
4 EL Mehl
4 Eiweiß (Größe M)
140 g Mandelblättchen
IM BILD OBEN

ZUBEREITUNG: 1 Std. 15 Min. **KÜHLEN:** 1 Std. **BACKEN:** 3 x 15 Min. **PRO STÜCK:** 75 kcal

1 Butter in einem Töpfchen schmelzen. Zucker und Mehl in einer Schüssel mischen, Eiweiße dazugeben und mit einer Gabel so lange kräftig durchrühren, bis eine dickflüssige, gleichmäßige Masse entstanden ist. Butter unterschlagen, bis sich alles gut verbindet, dann Mandeln unterheben. Zugedeckt im Kühlschrank ca. 1 Std. kühlen.

2 Den Backofen auf 180° (Umluft 160°) vorheizen. Ein Backblech mit Backpapier oder -folie auslegen. Mandelmasse aus dem Kühlschrank nehmen. Jeweils ca. 1 TL mit reichlich Abstand auf das Blech setzen, mit dem Löffel vorsichtig so dünn wie möglich zu einem Kreis (ca. 8 cm Ø) verstreichen. Die Teigkreise zerlaufen stark. Im Ofen (unten) in 10–15 Min. goldbraun backen, bis sie an den Rändern dunkel zu bräunen beginnen.

3 Das Blech aus dem Ofen nehmen. Die Plätzchen kurz abkühlen lassen, dann vorsichtig mit einer Palette anheben und von der Folie lösen. Wer möchte, biegt sie leicht um und legt sie zum Abkühlen über eine Teigrolle (oder auch eine Papprolle, z. B. von Küchenpapier). So nacheinander den gesamten Teig verarbeiten. Die Plätzchen gut abkühlen lassen und in einer luftdichten Dose verpacken, so bleiben sie schön knusprig.

Crème caramel

FÜR 6 FÖRMCHEN (À CA. 150 ML INHALT)
150 g Zucker
1 Vanilleschote
300 ml Milch
200 g Sahne
2 Eier (Größe M)
2 Eigelb (Größe M)
Butter für die Förmchen
IM BILD LINKS

ZUBEREITUNG: 15 Min. **GAREN:** 25 Min. **KÜHLEN:** 3 Std. **PRO PORTION:** 295 kcal

1 Förmchen dünn mit Butter ausstreichen. 100 g Zucker in einer kleinen beschichteten Pfanne bei mittlerer Hitze goldbraun karamellisieren lassen. Karamell sofort in die Förmchen verteilen. Vanilleschote aufschlitzen, das Mark herauskratzen. Mark, Schote, Milch und Sahne in einen Topf geben. Alles langsam unter Rühren aufkochen und 3 Min. leicht köcheln lassen, dann vom Herd nehmen und etwas abkühlen lassen. Vanilleschote herausfischen.

2 Den Backofen auf 180° vorheizen. Eier, Eigelbe und übrigen Zucker mit dem Schneebesen verrühren. Dann langsam, nach und nach, unter die abgekühlte Milch rühren. Die Eier-Milch-Mischung anschließend durch ein feines Sieb in die Förmchen auf den erstarrten Karamell gießen. Förmchen in ein tiefes Backblech oder einen Bräter stellen und so viel heißes Wasser dazugießen, dass sie gut zur Hälfte im Wasser stehen. Die Cremes im Ofen (Mitte, Umluft 160°) 20–25 Min. garen, bis die Masse vollständig fest ist. Mindestens 3 Std. abkühlen lassen, dann die Cremes an den Rändern mit einem spitzen Messer lösen und auf Teller stürzen.

Crème brûlée

FÜR 6 FLACHE FÖRMCHEN (À 150–200 ML INHALT)
1 Vanilleschote
50 g Puderzucker
150 ml Milch
600 g Sahne
6 Eigelb (Größe M)
8 TL brauner Zucker
IM BILD RECHTS

ZUBEREITUNG: 15 Min. **ZIEHEN:** 1 Std. **GAREN:** 1 Std. 10 Min. **PRO PORTION:** 450 kcal

1 Die Vanilleschote längs aufschlitzen und das Mark herauskratzen. Mark und Schote mit Puderzucker, Milch und Sahne in einem Topf unter Rühren aufkochen lassen. Vom Herd nehmen und 1 Std. durchziehen lassen, dann die Schote herausfischen.

2 Backofen auf 150° vorheizen. Eigelbe verquirlen und die Sahnemischung durch ein feines Sieb dazugießen, gut unterrühren. Die Formen in ein tiefes Backblech oder einen großen Bräter stellen und die Mischung hineingießen. So viel Wasser dazugießen, dass die Förmchen bis ca. 1 cm unter dem Rand im Wasser stehen. Die Cremes im Ofen (unten, Umluft 120°) 60–70 Min. garen, bis sie fest sind. Herausnehmen und abkühlen lassen. Kurz vor dem Servieren gleichmäßig mit braunem Zucker bestreuen und mit einem Gasbrenner goldbraun karamellisieren. Sofort servieren.

Variante ***Crème brûlée à la lavande***
Dafür nur das Mark von ⅓ Vanilleschote und 2 EL getrocknete Lavendelblüten mit Sahne und Milch aufkochen. Abkühlen lassen und durch ein Sieb gießen. Die Creme wie beschrieben verarbeiten.

Himbeercharlotte

CHARLOTTE AUX FRAMBOISES

FÜR 8 PERSONEN
ZUBEREITUNG: 50 Min.
KÜHLEN: 7 Std.
PRO PORTION: 300 kcal

300 g TK-Himbeeren (oder frische)
140 g Zucker
5–6 EL Himbeergeist oder Likör (nach Belieben)
5 Blatt Gelatine
½ Vanilleschote
250 ml Milch
5 frische Eigelb (Größe M)
10–15 Löffelbiskuits (ca. 100 g; s. Tipp)
200 g Sahne
125 g frische Himbeeren (nach Belieben)
Puderzucker zum Bestäuben
Öl für die Form

1 Beeren mit 1 EL Zucker und 2 EL Schnaps oder Likör nach Belieben in einen Topf geben. Kurz aufkochen lassen, dabei mit einem Löffel zermusen. Das Himbeermark durch ein feines Sieb oder Passiergerät streichen und abkühlen lassen.

2 Gelatine in kaltem Wasser ca. 10 Min. einweichen. Inzwischen die Vanilleschote längs aufschlitzen, das Mark herauskratzen. Milch, Schote und Mark in einen Topf geben und langsam unter gelegentlichem Rühren zum Kochen bringen. Vom Herd nehmen, die Schote herausfischen. Zwischenzeitlich Eigelbe und 100 g Zucker mit dem Schneebesen gründlich verrühren, bis sich der Zucker möglichst vollständig aufgelöst hat und die Masse hellgelb ist – dabei aber nicht schaumig rühren. Ein Drittel der heißen Milch zu den Eigelben gießen und zügig unterrühren, dann nach und nach den Rest der Milch gründlich unter die Eigelbmasse rühren.

3 Eiermilch in einen Topf gießen (man kann ruhig den von der Milch nehmen, allerdings darf er keinen Belag am Boden haben). Bei kleiner bis mittlerer Hitze erhitzen, dabei mit dem Schneebesen rühren, bis die Eiermilch dickflüssig und leicht cremig wird – aufpassen, dass sie nicht zum Kochen kommt, sonst stockt das Eigelb! Durch ein feines Sieb in eine Schüssel gießen. Gelatine ausdrücken, unter die heiße Creme rühren und darin auflösen. Dann nach Belieben übrigen Schnaps (bis auf 1 EL) und nach und nach das Himbeermark unterrühren. Mit Frischhaltefolie abdecken und in den Kühlschrank stellen, bis die Masse leicht zu gelieren beginnt (nach 30–60 Min.).

4 Inzwischen eine runde Schüssel mit 1,2 l Inhalt dünn mit Öl auspinseln (so hält die Folie besser) und mit Frischhaltefolie auslegen. 2 EL Wasser mit 1 TL Zucker und nach Belieben übrigem Schnaps verrühren, die ungezuckerten Seiten der Löffelbiskuits leicht damit beträufeln. 2–3 Löffelbiskuits in die Mitte auf den Boden legen (die Zuckerseite nach außen), die übrigen ringsum, nicht ganz dicht an dicht, an den Rand der Schüssel stellen. Sahne und restlichen Zucker steif schlagen. Wer möchte, wäscht die frischen Beeren vorsichtig und tupft sie behutsam trocken.

5 Die Sahne vorsichtig, aber gründlich mit einem Teigspatel unter die Beerencreme heben. Dann in die Form füllen, wer möchte, legt dabei lagenweise immer wieder ein paar frische Beeren ein. Die Creme glatt streichen. Die Schüssel mit Folie abdecken und die Creme im Kühlschrank in ca. 6 Std. vollständig fest werden lassen. Zum Servieren die Folie öffnen, die Charlotte auf einen Teller stürzen, Folie abziehen und die Charlotte mit Puderzucker bestäuben.

Biscuits de Reims
Besonders hübsch für dieses Dessert sind die etwas breiteren, unregelmäßigen Eierbiskuits aus Frankreich, die nur leicht mit Puderzucker bestäubt sind. Wer Glück hat, findet vielleicht auch in einem Feinkostgeschäft *Biscuits de Reims* – rosa gefärbte Löffelbiskuits, die sich zu der Farbe der Beerencreme ganz besonders gut machen!

CONFISERIE
AIGUEPERSE

Mousse au chocolat

FÜR 4 PERSONEN
100 g Zartbitterschokolade
25 g Butter
2 EL starker Kaffee oder Espresso
2 EL Cognac (nach Belieben)
100 g Sahne
2 ganz frische Eier (Größe M)
Salz
1 ½ EL Zucker
IM BILD OBEN RECHTS

ZUBEREITUNG: 30 Min. **KÜHLEN:** 3 Std. **PRO PORTION:** 315 kcal

1 Schokolade in Stücke brechen und mit der Butter in einer Schüssel über dem heißen Wasserbad bei mittlerer Hitze langsam schmelzen lassen, dabei gelegentlich umrühren. Dann Kaffee und nach Belieben Cognac gründlich unterrühren, sodass sich alle Zutaten gut miteinander verbinden.

2 Sahne steif schlagen. Eier trennen, Eiweiße mit 1 Prise Salz steif schlagen. Eigelbe mit Zucker in 4–5 Min. hellgelb und cremig schlagen, bis der Zucker völlig gelöst ist.

3 Die lauwarme Schokolade in eine Schüssel geben und die Eigelbmasse nach und nach gründlich mit dem Schneebesen unterrühren. Die Masse sollte dann dick und nur noch zimmerwarm sein. Erst die Sahne, dann den Eischnee gründlich unterheben. Die Mousse in Gläser füllen oder in der Schüssel abkühlen lassen – auf jeden Fall sofort mit Frischhaltefolie abdecken und in mindestens 3 Std. im Kühlschrank fest werden lassen. Für doppelt üppigen Genuss: vor dem Servieren etwas Schlagsahne daraufgeben.

Warme Schokoladenkuchen

MOELLEUX AU CHOCOLAT

FÜR 4 FÖRMCHEN (À CA. 150 ML INHALT)
100 g Zartbitterschokolade
(Kakaoanteil mindestens 70 %)
60 g Butter
1 EL Orangenlikör (nach Belieben)
2 Eier (Größe L)
1 Eigelb (Größe L)
Mark von ½ Vanilleschote
50 g Zucker
1 gehäufter EL Mehl
Butter und Zucker für die Förmchen
IM BILD UNTEN LINKS

ZUBEREITUNG: 30 Min. **BACKEN:** 15 Min. **PRO STÜCK:** 415 kcal

1 Die Schokolade in Stücke brechen, mit der Butter in Stücken in eine Schüssel geben. Über dem heißen Wasserbad schmelzen, gelegentlich durchrühren; nach Belieben jetzt den Likör unterrühren. Schüssel vom Topf nehmen und leicht abkühlen lassen.

2 Inzwischen den Backofen auf 200° (Umluft 180°) vorheizen. Förmchen dünn mit Butter ausstreichen und mit Zucker ausstreuen, überschüssigen Zucker herausschütteln. Eier, Eigelb, Vanillemark und Zucker in eine große Rührschüssel geben. Mit den Quirlen des Handrührgeräts dick und cremig weiß aufschlagen – das kann gut 8–10 Min. dauern; die Masse sollte richtig Volumen gewinnen, fluffig und fast so fest wie Eischnee sein.

3 Lauwarme Schokolade zur Eiercreme gießen und vorsichtig mit einem Teigheber in kreisenden Bewegungen gründlich unter die Eiermasse heben. Schokoladencreme in die Förmchen füllen. (Diese nicht ganz voll machen!) In den Ofen stellen (Mitte) und 12–14 Min. backen. Die Törtchen sollten etwa 1 cm hoch aufgehen, außen eine leichte, feste Kruste bilden, innen aber noch cremig, flüssig sein. Aus dem Ofen nehmen, am besten in den Förmchen auf Teller stellen und sofort servieren.

Das ideale Dessert
Wer Gäste einlädt, kann die Schokoladenmasse bis zu 8 Std. im Voraus zubereiten und in die Förmchen füllen. Die Förmchen mit Frischhaltefolie abdecken und in den Kühlschrank stellen. Gekühlt verlängert sich allerdings die Backzeit um ca. 2 Min.

Maronenmousse im Glas

MOUSSE DE MARRONS EN VERRINES

FÜR 4 PERSONEN
ZUBEREITUNG: 50 Min.
KÜHLEN: 6 Std. 30 Min.
PRO PORTION: 630 kcal

3 Blatt Gelatine
4 Eigelb (Größe M)
70 g Zucker
4 EL Kirschwasser (ersatzweise Wasser)
250 g Maronencreme (aus der Dose; s. Tipp)
250 g Sahne
2 Eiweiß (Größe M)
125 g Zartbitterkuvertüre
1 EL Butter
12–16 Minibaisers (ca. 50 g, gekauft oder Rezept Seite 257)

1 Die Gelatine in kaltem Wasser ca. 10 Min. (bzw. nach Packungsangabe) einweichen. Eigelbe mit 50 g Zucker und 2 EL Kirschwasser bzw. Wasser in eine Metallschüssel geben und mit dem Schneebesen verrühren. Die Schüssel über ein heißes Wasserbad hängen und mit dem Schneebesen unter Rühren so lange aufschlagen, bis die Masse hell cremig wird und leicht andickt. Die Eigelbmasse vom Wasserbad nehmen und leicht abkühlen lassen, dabei ab und zu umrühren.

2 Inzwischen Maronencreme, 50 g Sahne und nach Belieben 1 EL Kirschwasser in einem Topf verrühren und warm, aber nicht zu heiß werden lassen. Vom Herd nehmen. Die Gelatine ausdrücken und in der warmen Masse unter Rühren auflösen. Abkühlen lassen, bis Eiercreme und Maronenmasse ungefähr dieselbe, leicht lauwarme Temperatur haben. Dann beides miteinander verrühren und weiter abkühlen lassen (das dauert 15–20 Min.), dabei soll die Creme noch nicht gelieren.

3 Währenddessen 100 g Sahne und die Eiweiße getrennt steif schlagen. Zuerst die Sahne unter die Creme heben, dann vorsichtig den Eischnee. Mit Folie abdecken und im Kühlschrank für mindestens 6 Std. kalt stellen.

4 Die Kuvertüre grob hacken. 100 g Sahne mit Butter und übrigem Zucker in einem kleinen Topf unter Rühren zum Kochen bringen. Vom Herd nehmen und die Kuvertüre darin unter Rühren auflösen; wer möchte, rührt den letzten Rest Kirschwasser unter. Abkühlen lassen. Die Baisers in einen Gefrierbeutel geben und mit dem Nudelholz grob zerbröckeln. Die Brösel auf vier Gläser verteilen. Die Maronenmousse in einen Spritzbeutel füllen und in gleichmäßigen Kreisen auf die Baisers spritzen. Die Schokoladensauce über die Creme träufeln und die Mousses servieren.

Maronencreme
In Frankreich gibt es sie in jedem Supermarkt, in Dosen, Tuben oder Gläsern. Sie wird als Brotaufstrich verwendet, einfach über Joghurt geträufelt oder eben zu feinen Desserts verarbeitet. Je nach Hersteller ist sie flüssiger oder fester, mehr oder weniger süß und manchmal noch mit Vanille oder Alkohol aromatisiert. Hierzulande wird sie in gut sortierten Supermärkten oder Feinkostläden angeboten. Wer gar keine bekommt, kann sie selbst herstellen: 200 g vorgegarte vakuumverpackte Maronen klein hacken und mit dem Mark von 1 Vanilleschote, 120 g Zucker und 125 ml Wasser in einen Topf geben. Bei kleiner Hitze 10–15 Min. köcheln lassen, bis die Masse leicht karamellisiert, dann fein pürieren, abkühlen lassen und in saubere Schraubdeckelgläser füllen.

Zum Flambieren braucht es hochprozentigen Alkohol; also mindestens etwas über 40 %, besser sogar 50 %, damit es garantiert klappt. Ideal ist es, wenn man den Alkohol in einem Töpfchen erhitzt. Dann direkt über die warme Speise gießen oder in eine Schöpfkelle geben (um ihn anschließend brennend über das Gericht zu gießen) und entzünden. Hier ist etwas Vorsicht geboten: Abstand zum Körper und vor allem auch nach oben halten, da es eine kleine Stichflamme geben kann.

Crêpes mit Calvados-Äpfeln

CRÊPES À LA NORMANDE

FÜR 4 PERSONEN
ZUBEREITUNG: 1 Std.
RUHEN: 30 Min.
PRO PORTION: 575 kcal

Für den Teig:
1 Portion Crêpeteig (s. rechts)
zusätzlich: 2 EL Buchweizenmehl
Zimtpulver
2 EL Calvados (nach Belieben)

Für die Füllung:
100 g Sahne
6 EL Calvados (nach Belieben)
3 Äpfel (z. B. Renetten, Boskop)
3 EL frisch gepresster Zitronensaft
40 g Butter
1 EL Rosinen
2 EL Zucker • Zimtpulver
Schlagsahne zum Servieren

1 Den Teig wie rechts beschrieben zubereiten, allerdings noch das Buchweizenmehl und 3 Msp. Zimtpulver mit dem anderen Mehl mischen und anstelle des Orangenlikörs Calvados unterrühren. 30 Min. quellen lassen.

2 In der Zwischenzeit für die Füllung die Sahne steif schlagen und nach Belieben mit 1 EL Calvados aromatisieren. Äpfel schälen, vierteln, die Kerngehäuse herausschneiden und die Viertel quer in schmale Scheiben schneiden, sofort mit dem Zitronensaft mischen. Die Butter in einer beschichteten Pfanne zerlassen. Äpfel und Rosinen dazugeben und bei mittlerer Hitze 1 Min. andünsten. Zucker darüberstreuen und Äpfel ca. 3 Min. weiterdünsten, dabei gegen Ende den Calvados darübergeben. Vom Herd nehmen und zugedeckt warm halten.

3 In einer beschichteten Pfanne wie rechts beschrieben aus dem Teig dünne Crêpes ausbacken, auf einem Teller stapeln und eventuell im Backofen bei 60° warm halten.

4 Sobald alle Crêpes fertig sind, etwas von den Äpfeln auf jeden Pfannkuchen geben, diesen zusammenklappen und einen Klecks Sahne daraufgeben. Wer möchte, streut noch etwas Zimtpulver darauf und serviert die Crêpes möglichst richtig warm.

Crêpes Suzette

FÜR 4 PERSONEN

Für die Crêpes:
30 g Butter
100 g Mehl (Type 405) • Salz
1 EL Zucker
120 ml Milch
100 ml kohlensäurehaltiges Mineralwasser
3 Eier (Größe M)
2 EL Orangenlikör (nach Belieben)
Butter zum Braten

Für die Orangensauce:
6–7 Bio-Orangen
50 g Zucker
40 g Butter
2 EL frisch gepresster Zitronensaft
6 EL Orangenlikör
3 EL Cognac

IM BILD AUF SEITE 249

ZUBEREITUNG: 1 Std. RUHEN: 30 Min. PRO PORTION: 480 kcal

1 Für die Crêpes Butter bei kleiner Hitze schmelzen lassen. Mehl mit 1 Prise Salz und dem Zucker in einer Schüssel mischen. Milch und Mineralwasser mit dem Schneebesen langsam und gründlich in gleichmäßigen Kreisen von innen nach außen unterrühren. Dann die Eier unterrühren, nach Wunsch den Orangenlikör und zum Schluss die leicht abgekühlte Butter. Den Teig zugedeckt ca. 30 Min. ruhen lassen.

2 Inzwischen Orangen heiß waschen und abtrocknen. Die Schale von 1 Orange fein abreiben oder mit dem Zestenreißer dünn abziehen. Von 3 Orangen mit einem scharfen Messer die Schale samt weißer Haut bis aufs Fruchtfleisch abschneiden und die einzelnen Fruchtsegmente zwischen den Häuten herausschneiden, dabei den Saft auffangen. Die übrigen 3 Orangen auspressen – es werden ca. 200 ml Saft benötigt.

3 Etwas Butter in einer beschichteten Pfanne zerlassen bzw. die Pfanne dünn fetten. Etwas Teig in die Pfanne geben und durch Wenden der Pfanne zügig und so dünn wie möglich verteilen. Crêpe bei großer Hitze backen, bis die Unterseite leicht bräunt, dann wenden und auf der anderen Seite ebenfalls leicht bräunen lassen. So den ganzen Teig verarbeiten, fertige Crêpes auf einem Teller stapeln.

4 Für die Sauce den Zucker in einer großen Pfanne bei mittlerer Hitze hellbraun karamellisieren lassen. Die Butter hinzufügen und verrühren. Orangen- und Zitronensaft dazugießen (Achtung – es kann spritzen!), Orangenschale dazugeben und die Sauce bei mittlerer bis großer Hitze 3–4 Min. kochen, bis sich der Zucker vollständig gelöst hat und die Flüssigkeit sirupartig eingekocht ist. Die Orangenfilets einlegen und heiß werden lassen.

5 Crêpes in der Sauce wenden und zweimal so zusammenklappen, dass ein Viertelfächer entsteht. Die Crêpesfächer in der Pfanne mit den Orangenfilets verteilen und mit Orangenlikör und Cognac beträufeln. Vorsichtig mit einem Streichholz flambieren (s. Tipp Seite 250!). Alternativ die Crêpes 1–2 Min. im Sirup ziehen lassen und dann sofort servieren. Als Krönung kann man noch Vanilleeis daraufsetzen.

Kirschauflauf

CLAFOUTIS AUX CERISES

FÜR 1 RUNDE PIEFORM (28 CM Ø, 12 STÜCK)

500 g kleine dunkle Süßkirschen
½ Vanilleschote
4 Eier (Größe L)
100 g Zucker
6 EL Mehl
150 g Crème fraîche
100 ml Milch
6 EL gemahlene Mandeln
3 EL Kirschwasser (nach Belieben)
30 g Butter
Puderzucker zum Bestäuben

IM BILD OBEN RECHTS

ZUBEREITUNG: 25 Min. **BACKEN:** 1 Std. 10 Min. **PRO PORTION:** 215 kcal

1 Den Backofen auf 180° vorheizen. Kirschen waschen, abtropfen lassen und die Stiele abzupfen. Kirschen nicht entsteinen, sonst ziehen sie zu viel Saft, und der Clafoutis wird matschig. Vanilleschote längs aufschlitzen, das Mark herauskratzen, mit den Eiern in eine Schüssel geben und mit dem Schneebesen verquirlen. Zucker dazugeben und alles schaumig rühren. Mehl nach und nach dazugeben und gründlich unterrühren. Erst die Crème fraîche glatt in den Teig rühren, dann Milch, Mandeln und nach Belieben Kirschwasser unterrühren.

2 Die Form mit etwas Butter fetten, Kirschen darin verteilen. Übrige Butter schmelzen und unter den Teig rühren. Den Teig über die Kirschen gießen und leicht in der Form zurechtrütteln. Im Ofen (Mitte, Umluft 160°) in 1 Std.–1 Std. 10 Min. goldbraun backen, dabei eventuell gegen Ende der Backzeit mit Backpapier abdecken, falls die Oberfläche zu schnell bräunt. Mit einem Holzspießchen einstechen; wenn kein feuchter Teig mehr daran kleben bleibt, ist der Auflauf fertig. Lauwarm abkühlen lassen und vor dem Servieren mit Puderzucker bestäuben. Fein dazu: Vanilleeis.

Bretonischer Backpflaumenkuchen

FAR AUX PRUNEAUX

FÜR EINE RUNDE KERAMIKFORM (CA. 24 CM Ø, 12 STÜCK)

200 g getrocknete Pflaumen ohne Stein
150 ml Armagnac (ersatzweise schwarzer Tee)
4 Eier (Größe M)
100 g Zucker
125 g Mehl
350 ml Milch
40 g Butter

IM BILD UNTEN LINKS

ZUBEREITUNG: 15 Min. **MARINIEREN:** 24 Std. **BACKEN:** 45 Min. **PRO STÜCK:** 175 kcal

1 Die Pflaumen mit dem Armagnac oder Tee begießen und zugedeckt mindestens 24 Std. (oder bis zu 3 Tage) durchziehen lassen. Dann den Backofen auf 180° vorheizen. Eier und Zucker mit dem Schneebesen schaumig schlagen, dann das Mehl gründlich unterrühren, anschließend die Milch. Die Form mit Butter ausstreichen. Übrige Butter in einem Pfännchen schmelzen und unter den Teig rühren.

2 Die Pflaumen in ein Sieb abgießen, den Armagnac oder Tee unter den Teig rühren. Pflaumen gleichmäßig in der Form verteilen, den Teig darübergießen. Den Kuchen im Ofen (Mitte, Umluft 160°) in 40–45 Min. goldbraun backen, dabei eventuell gegen Ende der Backzeit mit Backpapier abdecken, damit er nicht zu schnell bräunt. Den Kuchen vor dem Servieren lauwarm abkühlen lassen.

»Liebesknochen« wird dieses luftig-leichte Gebäck auch genannt. Vielleicht, weil man es, hat man es einmal probiert, einfach lieben muss. Fein gefüllt mit Vanille- oder Kaffeecreme, so wird es garantiert nicht nur bei einem bleiben …

Éclairs

FÜR 24 STÜCK
ZUBEREITUNG: 1 Std.
BACKEN: 2 x 20 Min.
PRO STÜCK: 170 kcal

Für den Brandteig:
100 g Butter
1 EL Zucker
1 TL Salz
140 g Mehl
4 Eier (Größe M)
Spritzbeutel (ideal: Sternform 8 mm Ø)

Für die Vanille- und Kaffeefüllung:
200 g Sahne
1 EL Instant-Kaffee- oder Espressopulver
1 Portion Konditorcreme (s. Rezept rechts)

1 Die Butter in Stücke schneiden und in einem breiten Topf mit Zucker, Salz und ¼ l Wasser unter Rühren zum Kochen bringen. Den Topf sofort vom Herd nehmen, das Mehl auf einen Rutsch dazugeben und mit einem Holzlöffel gründlich unterrühren. Den Topf zurück auf den Herd stellen und bei mittlerer Hitze (oder auf der ausgeschalteten Platte) rühren, bis sich der Teig zu einer glänzenden Kugel formt und ein weißer Belag am Topfboden entsteht. Teig vom Herd nehmen, im Topf lauwarm abkühlen lassen. Mit den Knethaken des Handrührgeräts jedes Ei einzeln gründlich unterrühren – der Teig trennt sich nach der Zugabe eines Eis erst immer etwas und muss wieder zu einer kompakten, homogenen Masse gerührt werden; erst dann das nächst Ei unterrühren.

2 Den Backofen auf 210° vorheizen. Zwei Backbleche mit Backpapier belegen. Den Teig in einen Spritzbeutel geben und in ca. 10 cm langen Streifen mit viel Abstand zueinander auf die Bleche spritzen. Bleche nacheinander in den Ofen schieben (Mitte, Umluft nicht empfehlenswert) und die Eclairs in 18–20 Min. goldbraun backen. Herausnehmen und etwas abkühlen lassen. Noch warm längs auf einer Seite aufschneiden und vollständig auskühlen lassen. Für die Füllung die Sahne steif schlagen. Konditorcreme in zwei Hälften teilen. 1 EL Instant-Kaffee- oder Espressopulver in 2 EL kochendem Wasser auflösen und unter eine Hälfte der Creme rühren. Jeweils die Hälfte der Sahne unter die Cremehälften heben. Die Cremes mit einem Spritzbeutel in die Eclairs spritzen. Gefüllt sollten sie kühl stehen und am selben Tag gegessen werden.

DAS BILD ZU DIESEM REZEPT STEHT AUF SEITE 255.

Konditorcreme

CRÈME PÂTISSIÈRE

FÜR Z. B. 24 ÉCLAIRS
½ l Milch (unbedingt Vollmilch nehmen)
1 Vanilleschote
6 Eigelb (Größe M oder L)
120 g Puderzucker
70 g Speisestärke
50 g Butter

ZUBEREITUNG: 25 Min. **INSGESAMT (FÜR 24 STÜCK):** 1820 kcal

1 Die Milch in einen Topf geben. Vanilleschote längs aufschlitzen, Mark herauskratzen, mit der Schote zur Milch geben und bei kleiner Hitze ca. 10 Min. ziehen lassen. Inzwischen die Eigelbe mit Zucker und Stärke mit dem Schneebesen gründlich verrühren; dabei klumpt die Masse erst etwas, wird dann aber cremig und flüssiger.

2 Die Milch erhitzen, bis sie gerade zu kochen beginnt. Vanilleschote herausfischen. Ein Drittel der Milch zur Eimasse geben und zügig unterrühren. Eiermilch durch ein feines Sieb zur übrigen Milch in den Topf gießen und wieder erhitzen. Dabei kräftig mit dem Schneebesen rühren, bis die Masse dick und cremig ist (nicht kochen lassen!), dann vom Herd nehmen und die Butter unterrühren. Frischhaltefolie direkt auf die Creme legen und auf Zimmertemperatur abkühlen lassen (so bildet sich keine Haut).

3 Die Creme wird in französischen Konditoreien häufig verwendet. Man kann sie gut 2 Tage im Voraus zubereiten und im Kühlschrank aufbewahren. Wichtig ist dabei, dass man sie sofort mit Frischhaltefolie abdeckt, damit sie keine Haut bekommt und so lagert, dass sie nicht die Gerüche anderer Lebensmittel im Kühlschrank annimmt.

Eiweißverwertung ***Baisers***

6 Eiweiß mit 225 g Puderzucker in einer Metallschlagschüssel mit dem Schneebesen verrühren – es macht nichts, wenn es kleine Klümpchen gibt, die lösen sich später auf. Die Schüssel über ein heißes Wasserbad hängen und die Eiweißmasse mit dem Schneebesen kräftig rühren, bis sich der Puderzucker gelöst hat. Dann kräftig durchschlagen, bis sich ein schöner Eischnee bildet; das kann gut 10 Min. dauern. Weiterrühren, bis sich der Eischnee zu einer eher cremigen Masse verfestigt hat. Die Schüssel vom Topf nehmen und die Masse weiter mit dem Schneebesen schlagen, bis sie fast kalt ist. Dabei verändert sie nochmals ihre Konsistenz, sie wird deutlich fester und leicht zäh. Den Backofen auf 100° vorheizen. Baisermasse in einen Spritzbeutel füllen. Jetzt nach Belieben Tupfen auf ein mit Backpapier ausgelegtes Blech spritzen (das geht notfalls auch mit einem Löffel) oder spiralförmige Kreise, auf deren Rand man rundum einen weiteren Ring (für Baiserböden) setzt. Baisers im Ofen (unten; Umluft nicht empfehlenswert) in 2–3 Std. trocknen lassen, bis sie fest sind, sie sollen nicht bräunen. Baisers im ausgeschalteten Herd abkühlen lassen. In einer luftdichten Dose halten sie sich gut 2–3 Wochen. Sie passen z. B. gut zur Maronenmousse (s. Seite 246), als Beilage zu Eis oder zerbröselt in einer Quarkcreme.

War es nur ein Missgeschick oder Absicht? Das lässt sich heute nicht mehr klären. Nichtsdestotrotz machte dieser verkehrt herum gebackene Kuchen der Demoiselles Tatin die Damen weltberühmt. In neueren Versionen für eilige Hausfrauen werden die Äpfel nicht vorgebacken, und man verwendet fertigen Blätterteig. Wir orientieren uns am Original, in dem die Äpfel langsam im eigenen Saft und Karamell schmurgeln und so ihre ganz besondere Konsistenz und einen schönen Glanz erhalten.

Tarte Tatin

FÜR 1 RUNDE KUCHEN- ODER TARTEFORM (26 CM Ø)
ZUBEREITUNG: 30 Min.
KÜHLEN: 2 Std. 30 Min.
BACKEN: 55 Min.
PRO STÜCK (BEI 12): 315 kcal

Für den Teig:
230 g Mehl
Salz
150 g sehr weiche Butter
1 EL Zucker
4–5 EL Milch
1 Ei (Größe S)
Mehl zum Arbeiten

Für den Belag:
1 kg große Äpfel (z. B. Boskop, Renetten)
150 g Zucker
90 g Butter
Zimtpulver

1 Für den Teig Mehl mit 1 Prise Salz mischen. Butter und Zucker in einer Schüssel mit einem Holzlöffel (oder in der Küchenmaschine) verrühren, dann Milch und Ei unterrühren. Das Mehl nach und nach darüberstreuen und mit dem Holzlöffel unterrühren. Zuletzt den Teig kurz mit den Händen ohne allzu viel Druck zu einer Kugel formen, in Frischhaltefolie wickeln und für 2 Std. in den Kühlschrank legen.

2 Inzwischen den Backofen auf 200° vorheizen. Für den Belag Äpfel waschen, schälen, vierteln, die Kerngehäuse entfernen und die Viertel quer halbieren. 6 EL Zucker in einen Topf oder eine beschichtete Pfanne geben und bei mittlerer Hitze schmelzen lassen. 50 g Butter dazugeben und unter Rühren goldbraun karamellisieren lassen. Den Karamell zügig auf dem Boden der Form verteilen; es macht nichts, wenn der Boden nicht überall gleichmäßig damit bedeckt ist. Die Äpfel mit der Rundung nach unten dicht an dicht in der Form verteilen. Übrigen Zucker mit 3 Msp. Zimt mischen und darüberstreuen, übrige Butter in kleinen Flöckchen darauf verteilen. Die Äpfel im Ofen (Mitte, Umluft nicht empfehlenswert) ca. 35 Min. garen, dabei 1- bis 2-mal mit dem ausgetretenen Saft begießen. Äpfel aus dem Ofen nehmen und so in die Mitte der Form schieben, dass rundum ein kleiner Rand frei wird und die Apfelstücke schön dicht an dicht liegen. In der Form abkühlen lassen.

3 Den Backofen wieder auf 200° erhitzen. Den Teig auf einer leicht bemehlten Arbeitsfläche oder noch besser auf einer bemehlten flexiblen Backmatte in Formgröße ausrollen – damit lässt sich der Teig später einfach wenden. Auf die Äpfel legen und am Rand leicht nach unten in die Form drücken, sodass der Teigdeckel schön abschließt. Dann im Ofen (Mitte) 15–20 Min. backen, bis der Teig schön gebräunt ist und sich am Rand leicht löst. Herausnehmen und ca. 5 Min. abkühlen lassen. Dann eine Kuchenplatte auf die Form legen und den Kuchen rasch wenden. Sollte noch ausgetretener Saft in der Form kleben, einfach auf dem Kuchen verstreichen. Die Tarte am besten lauwarm mit Schlagsahne (fein: etwas Calvados während des Schlagens dazugeben) servieren.

Provençal
Pate de fruit abricot
Ganache à la fleur
de lavande

Tartes sind die Aushängeschilder jeder guten Bäckerei in Frankreich: Häufig sind sie einfach mit Obst belegt oder auch mal mit cremiger Füllung, aber immer haben sie einen mürben und leicht knusprig dünnen Boden. Hier nun ein einfaches Grundrezept für einen Boden und ein paar Vorschläge für unterschiedliche Beläge.

Elsässer Mirabellentarte

TARTE ALSACIENNE AUX MIRABELLES

FÜR 1 TARTEFORM (26 CM Ø)
ZUBEREITUNG: 30 Min.
KÜHLEN: 30 Min.
BACKEN: 45 Min.
PRO STÜCK (BEI 12): 280 kcal

Für den Teig:
180 g Mehl • Salz
50 g Zucker
100 g kalte Butter
4–6 EL Milch oder Wasser
Mehl zum Arbeiten
Butter für die Form
getrocknete Hülsenfrüchte zum Blindbacken

Für den Belag:
600 g Mirabellen
4 EL Zucker
2 Eier und 2 Eigelb (Größe M)
200 g Sahne
Mark von ½ Vanilleschote
2 EL Obstbrand (nach Belieben)
2 EL gemahlene Mandeln

IM BILD AUF SEITE 261 OBEN

1 Für den Teig Mehl mit 1 Prise Salz und Zucker in einer Rührschüssel mischen. Butter in Stückchen daraufgeben und mit einem großen Messer unter das Mehl hacken. Dann mit den Händen zu Bröseln zerreiben und zum Schluss möglichst zügig mit Milch (nach und nach so viel wie eben nötig dazugeben) zu einem glatten Teig kneten. Zur Kugel formen, in Frischhaltefolie wickeln und für 30 Min. kühl stellen.

2 Den Backofen auf 180° (Umluft 160°) vorheizen. Die Form fetten. Den Teig auf einer bemehlten Arbeitsfläche so groß ausrollen, dass er Boden und Ränder der Form bedeckt. Hineinlegen und mit einer Gabel mehrmals einstechen. Mit Backpapier auslegen, die Hülsenfrüchte darauf verteilen und den Boden im Ofen (Mitte) ca. 15 Min. vorbacken. Papier mit Hülsenfrüchten abnehmen und den Boden 5 Min. weiterbacken, bis er nur ganz leicht gebräunt ist. Herausnehmen, den Ofen eingeschaltet lassen.

3 Inzwischen für den Belag die Mirabellen waschen, trocken tupfen, Stiele abzupfen. Zucker, Eier, Eigelbe, Sahne, Vanillemark und nach Belieben Obstbrand gut verrühren, aber nicht schaumig schlagen. Den Teigboden mit Mandeln bestreuen, Mirabellen darauf verteilen, Guss gleichmäßig darübergießen. Tarte im Ofen in 20–25 Min. goldgelb backen. Herausnehmen und auf einem Kuchengitter abkühlen lassen.

Varianten ***Bunter Obstkuchen***
Tartes kann man auch, wie beschrieben, mit Aprikosenhälften (Rundung nach unten), dicken Spalten von Äpfeln oder Birnen sowie Süßkirschen backen. Oder: Den Teig ca. 30 Min. blind backen (die letzten 5 Min. ohne Papier und Hülsenfrüchte). Auskühlen lassen und 1 Portion kalte Konditorcreme (s. Seite 257) aufstreichen. Darauf 500 g gemischte Beeren legen und mit Tortenguss, Aprikosen- oder Apfelgelee überziehen.

Einfacher Apfelkuchen

TARTE AUX POMMES FINES

FÜR 1 TARTEFORM (26 CM Ø)
1 Portion Teig (s. links)
5 feste Äpfel (ca. 700 g; z. B. Renetten, Cox Orange)
1–2 EL frisch gepresster Zitronensaft
2 EL Calvados (nach Belieben)
20 g Butter
1–2 EL Apfel- oder Quittengelee
Mehl zum Arbeiten
Butter für die Form
Hülsenfrüchte zum Blindbacken
IM BILD AUF SEITE 261 UNTEN

ZUBEREITUNG: 35 Min. **BACKEN:** 55 Min. **PRO STÜCK (BEI 12):** 185 kcal

1 Den Teig wie links beschrieben zubereiten und für 30 Min. kühl stellen. Anschließend Backofen auf 180° (Umluft 160°) vorheizen. Die Form fetten. Den Teig auf einer bemehlten Arbeitsfläche so groß ausrollen, dass er Form und die Ränder vollständig bedeckt. Teigboden in die Form legen und mit einer Gabel mehrmals einstechen. Mit Backpapier auslegen, Hülsenfrüchte darauf verteilen und den Boden im Ofen (Mitte) ca. 12 Min. vorbacken. Ohne Papier und Hülsenfrüchte 3–5 Min. weiterbacken, bis der Teig fest, aber noch hell ist.

2 Inzwischen Äpfel dünn schälen (am besten mit dem Sparschäler), vierteln, von Kerngehäusen befreien und in feine Spalten schneiden oder hobeln. Sofort mit Zitronensaft und eventuell Calvados mischen. Butter schmelzen. Die Äpfel dachziegelartig dicht an dicht, in die Form legen. Mit der Butter bestreichen und 30–35 Min. weiterbacken, bis die Äpfel gar und leicht gebräunt sind. Herausnehmen und kurz abkühlen lassen. Das Gelee in einem Töpfchen bei mittlerer Hitze schmelzen und auf die Äpfel streichen. Die Tarte ganz abkühlen lassen. Dazu passt Schlagsahne.

Luxusvariante
Den vorgebackenen Boden mit ½ Portion Konditorcreme (s. Seite 257) bestreichen, dann Äpfel darauflegen und mit Butter bestreichen. Wie beschrieben backen und nach dem Backen mit Gelee überziehen.

Rahmkuchen

TARTE AU GOUMEAU

FÜR EINE SPRINGFORM (26 CM Ø)
1 Portion Teig (s. links)
150 g Crème fraîche
50 ml Milch
2 Eier (Größe M)
80 g Zucker
2 EL Orangenblütenwasser (Apotheke, Bioladen)
Mark von ½ Vanilleschote
Mehl zum Arbeiten
Butter für die Form

ZUBEREITUNG: 10 Min. **BACKEN:** 40 Min. **PRO STÜCK (BEI 16):** 175 kcal

1 Den Teig wie links beschrieben zubereiten und für 30 Min. kühl stellen. Den Backofen auf 200° (Umluft 180°) vorheizen. Die Form (Achtung: Der Belag geht sehr auf, eine Tarteform wäre zu niedrig) fetten. Den Teig auf Mehl etwas größer als die Form ausrollen, in die Form legen und einen ca. 3 cm hohen Rand formen.

2 Den Teig im Ofen (unten) ca. 10 Min. vorbacken (das geht hier auch ohne Hülsenfrüchte). Inzwischen Crème fraîche und Milch mit den Eiern, Zucker, Orangenblütenwasser und Vanillemark mit dem Schneebesen gründlich verrühren. Die Form aus dem Ofen nehmen, die Masse auf den Teig gießen und in ca. 30 Min. goldbraun backen (eventuell gegen Backzeitende mit Backpapier abdecken). Der Kuchen schmeckt am besten lauwarm als Dessert nach einem leichten Hauptgericht.

Zitronentarte

TARTE AU CITRON

FÜR 1 SPRING- ODER TARTEFORM (24 CM Ø)
ZUBEREITUNG: 40 Min.
KÜHLEN: 3 Std.
BACKEN: 25 Min.
PRO STÜCK (BEI 16): 330 kcal

Für den Teig:
125 g cremig weiche Butter
80 g Puderzucker
1 Päckchen Vanillezucker
Salz
4 EL gemahlene geschälte Mandeln
1 Ei (Größe M)
200 g Mehl
Mehl zum Arbeiten
Butter für die Form
Hülsenfrüchte zum Blindbacken

Für die Füllung:
abgeriebene Schale von 2 Bio-Zitronen
130 ml frisch gepresster Zitronensaft (von ca. 4 Zitronen)
160 g Zucker
4 Eier (Größe M)
250 g Butter

1 Für den Teig die Butter mit Puderzucker, Vanillezucker, 1 Prise Salz und den Mandeln mit einem Holzlöffel oder mit den Schneebesen des Handrührgeräts zu einer gleichmäßig cremigen Masse rühren, dann das Ei gründlich unterrühren. Mehl darübergeben und zügig mit dem Holzlöffel zusammenrühren, dabei nicht zu sehr drücken. Zum Schluss den Teig mit den Händen locker zu einer Kugel formen, ohne allzu viel Druck auszuüben. In Frischhaltefolie wickeln und 2 Std. im Kühlschrank ruhen lassen.

2 Den Backofen auf 180° (Umluft 160°) vorheizen, die Form mit Butter ausfetten. Den Teig auf einer bemehlten Arbeitsfläche dünn ausrollen. In die Form geben, dabei einen ca. 3 cm hohen Rand bilden. Den Teigboden mit einer Gabel mehrmals einstechen und mit Backpapier auslegen. Darauf die Hülsenfrüchte verteilen. Den Boden im Ofen (Mitte) ca. 10 Min. backen. Dann das Backpapier samt Hülsenfrüchten vorsichtig abnehmen und den Boden in weiteren 10–15 Min. goldbraun backen. Herausnehmen und in der Form abkühlen lassen.

3 Inzwischen für die Füllung Zitronenschale und -saft mit Zucker und Eiern in einem Topf gut verquirlen. Langsam bei mittlerer Hitze unter ständigem Rühren mit dem Schneebesen erhitzen. Sorgfältig rühren und auf keinen Fall kochen lassen, sonst stockt das Ei. Solange rühren – das kann 15–20 Min. dauern –, bis die Masse cremig andickt und nicht mehr flüssig ist. Vom Herd nehmen und die kalte Butter in Stücken dazugeben, kurz unterrühren und mit dem Pürierstab in ca. 2 Min. luftig cremig schlagen. Die Masse auf den Teigboden geben und abkühlen lassen. Die Tarte zugedeckt für 1 Std. in den Kühlschrank stellen.

Variante *Baiserhaube*

Wer möchte, kann die Tarte mit einer Baiserhaube versehen. Dazu 3 frische Eiweiß mit 1 Prise Salz steif schlagen, dabei nach und nach 120 g Zucker einrieseln lassen. Die Baisermasse dann auf dem kalten Kuchen verstreichen oder mit einer Spritztülle kreisförmig oder in kleinen Tupfen so aufspritzen, dass die ganze Tarte bedeckt ist. Im vorgeheizten Backofen bei 150° 10–15 Min. backen, bis die Baisermasse an den Rändern bräunt. Herausnehmen und nochmals 1–2 Std. durchkühlen lassen.

Der Sage nach sollen die Heiligen Drei Könige im Elsass so herzlich empfangen worden sein, dass sie ihren Gastgebern zum Dank einen Hefekuchen in Turbanform überreichten. Und so sieht der Gugelhupf bis heute aus, wenn er aus der traditionellen Keramikformen kommt. Nicht zu süß, nur mit wenigen Rosinen, ist er wunderbarer Begleiter zu einem Gläschen Weißwein.

Elsässer Gugelhupf

KOUGLOF SUCRÉ AUX RAISINS

FÜR 1 GUGELHUPFFORM (IDEALERWEISE AUS KERAMIK; 1,3 L INHALT)
ZUBEREITUNG: 20 Min.
MARINIEREN: 12 Std.
RUHEN: 2 Std. 45 Min.
BACKEN: 1 Std.
PRO STÜCK (BEI 16): 265 kcal

100 g Rosinen
3–4 EL Rum oder Kirschwasser (nach Belieben)
200 ml Milch
30 g frische Hefe (ca. ¾ Würfel)
500 g Mehl (Type 405)
180 g cremig weiche Butter
20 g weiches Schweineschmalz (ersatzweise Butter)
80 g Zucker
2 Eier (Größe M)
1 TL Salz
ganze Mandeln für die Form
Puderzucker zum Bestäuben (nach Belieben)

1 Rosinen mit dem Rum mischen und marinieren lassen – am besten über Nacht. Wer auf Alkohol verzichten möchte, gibt die Rosinen in einen Topf, gießt gerade so viel Wasser darüber, dass sie gut bedeckt sind und lässt sie einmal aufkochen, dann abkühlen lassen. Kurz vor der Verwendung abgießen.

2 5 EL Milch lauwarm erwärmen, in eine Schüssel geben, die Hefe hineinbröckeln und gründlich mit 50 g Mehl vermengen. Das übrige Mehl darübergeben und die Masse zugedeckt an einem warmen Ort ca. 15 Min. gehen lassen, bis das Mehl auf der Oberfläche kleine Risse zeigt. Inzwischen die Form mit etwas Butter ausfetten. Übrige Milch lauwarm erwärmen. Butter und Schmalz mit dem Zucker mit den Knethaken des Handrührgeräts gründlich verrühren, dann Eier, Salz und Milch unterarbeiten. Mehl-Hefemasse dazugeben und alles mit den Knethaken erst auf kleiner Stufe 2–3 Min., dann bei starker Stufe nochmals 7–8 Min. durchkneten. Die Rosinen (samt Rum) dazugeben und unterkneten. Der Teig sollte recht weich, fast flüssig sein. Zugedeckt ca. 1 Std.–1 Std. 30 Min. an einem warmen Ort gehen lassen, bis er sein Volumen fast verdoppelt hat.

3 In jede Bodenrille der Gugelhupfform 1 Mandel legen. Den Teig nochmals mit einem Holzlöffel durcharbeiten, dann in die Form geben. Abgedeckt 1 Std. gehen lassen.

4 Die Form in den kalten Backofen stellen (unten) und den Ofen auf 175° (Umluft 160°) erhitzen. Den Gugelhupf 50–60 Min. backen, bis er schön gebräunt ist; sollte er zu schnell bräunen, gegen Garzeitende mit Backpapier abdecken. Aus dem Ofen nehmen, auf einem Kuchengitter kurz auskühlen, dann auf das Kuchengitter stürzen und vollständig abkühlen lassen. Wer möchte, bestäubt den Kuchen noch mit Puderzucker. Den Gugelhupf am besten mit einem Glas Elsässer Weißwein (z. B. Riesling, Muskat oder Gewürztraminer) genießen.

TELIERS
et Cie

WEIN UND MEHR

Gutes Essen und Wein gehören untrennbar zusammen und sind in Frankreich ein echtes Muss. Wird in Deutschland ein edler Tropfen zu einer besonderen Gelegenheit meist solo getrunken und zum Essen eher einfacher Wein gewählt, ist in Frankreich das Gegenteil die Regel. Oft schon unmittelbar nach der morgendlichen Tasse *café* sieht man am späten Vormittag in vielen Cafés und Bars die älteren Herren mit einem Gläschen Rotwein. *Le pichet,* das Krüglein mit einfachem Wein, ist dort preiswerter Früh- bis Spätschoppen und hat einen ähnlichen Stellenwert wie bei uns ein Bier.

Bei der Weinauswahl für ein großes Menü oder Festessen begibt man sich in ganz andere Kategorien. Dann werden bevorzugt jene Spitzenweine aufgefahren, für die Frankreich nach wie vor berühmt ist: Mindestens ein Wein mit einer VDQS-, besser noch mit AOC-Auszeichnung oder gar ein *grand cru* sollte es dann sein. Sichern die Siegel VDQS *(Vin Délimité de Qualité Supérieure)* und AOC *(Appellation d'Origine Côntrolée)* in erster Linie die regional klar begrenzte Herkunft *(appelation)* eines Weins, ist der Begriff des *grand cru* fast schon mythisch besetzt. Nur absolute

Spitzenweine werden zu »großen« bzw. »großartigen Gewächsen« geadelt, allen voran Bordeaux-Weine aus dem Anbaugebiet Médoc. Dort klassifiziert man Weine nach ihrer Herkunft von einem bestimmten Gut, und die *châteaux* verleihen den Tropfen ihre klangvollen Namen. Eine durchaus sinnvolle und notwendige Bezeichnung. Anders als in Deutschland, wo Wein in erster Linie nach Rebsorten wie Riesling, Müller-Thurgau etc. eingeteilt wird, sind französische Weine oft nicht sortenrein, sondern eine Mischung verschiedener Rebsorten. Daher braucht es andere Bezeichnungen, die irritierenderweise von Region zu Region unterschiedlich sein können: nach Rebsorten (z. B. im Elsass), aber auch nach Lage (z. B. im Burgund) oder einfach nach ihrem teils winzigen, teils riesigen Anbaugebiet. Diese Tatsache ist nicht nur

Rund die Hälfte des gesamten in Frankreich produzierten Weins wird zu *vin de table* verarbeitet und auch im Land getrunken. Dieser qualitativ minderwertigste Wein kann aus verschiedenen Rebsorten unterschiedlicher Herkunft, teilweise sogar mit Trauben aus dem Ausland gemischt, gekeltert werden. Viele Tafelweine aus dem Languedoc-Roussillon, speziell aus dem Département Hérault, waren lange Zeit als üble Verschnitte und Panschereien bekannt und berüchtigt. Dank drastischer Verschärfung der Qualitätskriterien bieten inzwischen auch diese Regionen einiges Beachtliche an. Weine, bei denen strikter darauf geachtet wird, dass sie nur aus einer Anbauregion stammen und aus ausschließlich den dort zugelassenen Rebsorten produziert werden, dürfen sich *Vin de Pays,* also »Landwein« nennen.

Gegenstand umfangreicher Fachliteratur, sondern häufig Grund für ein Problem vor dem Weinregal.

Neben dem Gericht, zu dem der Wein passen soll, spielen Anlass, Budget oder persönliche Vorlieben bei der Wahl eine wesentliche Rolle. Als erstes muss man entscheiden: weiß oder rot oder vielleicht mal rosé? Gerade Roséweine werden aufgrund ihrer spritzigen Leichtigkeit immer beliebter. Gut gekühlt sind sie unkomplizierte und meist preiswerte Begleiter zu leichten Speisen, Salat, Fisch oder mediterranen und natürlich am besten zu südfranzösischen, mediterranen Gerichten passt. Fast immer passend ist ein *Kir.*

Ein Glas Champagner ist ansonsten die sicherste Möglichkeit, ein besonders festliches Menü stilvoll zu eröffnen und zu beschließen. *Champagner* ist in Frankreich eine AOC-Bezeichnung für ausschließlich in der Champagne angebauten Schaumwein. Schaumweine aus anderen Gebieten dürfen sich lediglich als *Cremant* bezeichnen. Sie sind meist preiswerter, können aber qualitativ durchaus mit vielen Champagnermarken

Gerichten. Innerhalb eines richtigen Menüs mit Fisch und Fleisch gilt nach wie vor die einfache Regel: leichte Weine zu leichten Gerichten und schwere Weine zu kräftigen. Dabei sollte die Intensität sowohl des Weines als auch der Gerichte innerhalb des Menüs langsam zunehmen. Heute gilt auch nicht mehr unbedingt die Regel: weißer zu Fisch und roter zu Fleisch. Die Übereinstimmung der Herkunft von Wein und Essen kann häufig ein hilfreiches Kriterium sein. Und wird zum Kochen bereits Wein verwendet, empfiehlt sich dieser auch als begleitendes Getränk fürs fertige Gericht.

Einfacher ist es, die Auswahl für Beginn und Ende eines Menüs zu treffen. Ein Aperitif als Auftakt soll den Appetit auf Kommendes wecken. Typisch im Süden ist *Pastis,* ein Anisschnaps, der mit Wasser verdünnt wird mithalten. Zum Dessert wird auch gerne ein kleines Glas Süßwein, z.B. ein *Sauternes, Barsac, Banyuls* oder *Monbazillac* gereicht. Nach dem Essen sorgt ein *digestif* für zusätzliches Wohlbefinden und regt die die Verdauung an. Hier hat man z.B. die Wahl zwischen hochprozentigen Bränden wie *Cognac* oder *Marc* (aus Trauben), *Armagnac* (aus Zwetschgen), *Calvados* (aus Äpfeln) oder einfach einem *eau de vie,* einem »Lebenswässerchen«, das aus verschiedenen Obstsorten wie Mirabellen, Kirschen oder Himbeeren gebrannt wird. Weit weniger herb und hochprozentig sind Liköre. Zwei berühmte Klassiker, die Kräuterliköre *Bénédictine* und *Chartreuse,* stammen aus französischen Klöstern. Die sollen nicht nur schmecken, sondern auch noch richtig gut für die Gesundheit sein, passend zum französischen Trinkspruch: *à votre santé!*

REZEPTE
RECETTES

LE BISTRO

LE MARCHÉ

Hier finden Sie die Rezepte nach den Kapiteln geordnet: zuerst jeweils die deutschen Titel in alphabetischer Reihenfolge, danach die französischen.

LE PORT

REZEPTE
RECETTES

LA BOUCHERIE

LA FROMAGERIE

LA PÂTISSERIE

REZEPTREGISTER

LISTE DE RECETTES

ZUM GEBRAUCH

Damit Sie Rezepte mit bestimmten Zutaten noch schneller finden können, stehen in diesem Register zusätzlich auch Zutaten wie ***Artischocken*** *oder* ***Roquefort*** *– ebenfalls alphabetisch geordnet und hervorgehoben – über den entsprechenden Rezepten.*

Hier finden Sie noch ein paar Bezugsquellen für französische Lebensmittel und Produkte

www.alsacerie.com
Verschiedene Spezialitäten aus dem Elsass, u. a. auch Wein, fertiger Flammkuchenteig und Original Soufflenheimer Keramik (Gugelhupf-Formen).

www.artisane.de
Feinkost aus der Provence, z. B. Lavendelhonig, verschiedene Tapenaden und Pasten, Olivenöle, eingelegte Früchte und Camargue-Reis.

www.bazar-cuisine.com
Ausgewählte Spezialitäten aus ganz Frankreich, ausgefallene Salze, Gewürze (z. B. auch Piment d'Espelette) oder Gewürzmischungen, Gebäck und Süßigkeiten dazu schöne Kochutensilien und Tischzubehör.

www.car-amel.de
Kleine, fein ausgesuchte Auswahl an südfranzösischen Produkten, wie eingemachte Fischsuppe, verschiedene Terrinen oder Nugat und viele Lavendelprodukten wie von Seife bis zu Raumduft.

www.delinat.com
Bio-Weine im Online-Angebot, davon viele interessante Weine aus Frankreich.

www.france-vin.de
Großes Angebot an Weinen und Spirituosen aus Frankreich; außerdem Delikatessen wie Honig, unterschiedlich aromatisierte Senfsorten, Meersalz, Fleur de Sel, Kräuter der Provence oder Cassoulet in Dosen.

www.genusshandwerker.de
Wer das Besondere sucht: kleines exquisites Warenangebot, das auch französische Spezialitäten anbietet, die man nicht überall findet wie Le-Puy-Linsen, bretonische Butter, echte Lyoner Wurst, frisches Geflügel und Austern.

www.geschmackscompagnie.de
Individuell ausgewählte Spezialitäten aus allen Regionen, z. B. Gourmet-Konfitüre aus dem Elsass, Kräutermischungen, Rillettes und Confit, Cidre, Weine, Schaum- und Süßweine wie Sauternes.

www.gourmondo.de
Großer Feinkostversand mit breitem Angebot an internationalen Produkten und sehr schnellem Lieferservice. Hier wird man unter anderem auch fündig in Sachen frisches Charolais-Rindfleisch.

www.jacques.de
Über 250 »Weindepots« findet man inzwischen in Deutschland; wer immer noch keines vor Ort hat, kann vom großen Angebot internationaler und französischer Weine im Netz profitieren – von preiswert bis edel.

www.kaesereich-frankreich.de
Edelster, von einem echten Maître-Fromager ausgewählter französischer (Rohmilch-)Käse für Liebhaber; mit besonderem Augenmerk auf Ziegen- und Schafskäse. Ebenfalls im Angebot: Würste und Butter.

www.kaese-schuster.de
Große Auswahl an französischen und internationalen Käsesorten mit sehr guten Produktbeschreibungen zu den einzelnen Sorten.

www.lacarotte.de
Französische Feinkost vor allem in Form von Konserven, z. B. Rillettes, Terrinen, Pasteten, aber auch Senf, Essig, Öle und Weine.

www.otto-gourmet.de
Internet-Versand für Frischfleisch und ausgesuchte Meeresfrüchte. Unter anderem im Angebot: französisches Lammfleisch, Bresse-Hühner, Barbarie-Enten, Wachteln oder Tauben.

www.vinotique.de
Hier gibt es preisgünstigen Wein, der vor allem von jungen, noch wenig bekannten Winzern stammt. Rot- und Weißweine, Champagner und Cremants aus fast allen französischen Weinbaugebieten sind im Angebot.

Die Autorin

Ein romantisches Landhaus in der Hügellandschaft des südlichen Burgund. Jeden Morgen duftende Croissants vom Dorfbäcker. Auf den Märkten beste Produkte in Hülle und Fülle. Und am Abend eine lange Tafel für's ganze Team: Der diskrete Charme der französischen Provinz faszinierte **Tanja Dusy,** aufgewachsen in unmittelbarer Grenznähe, schon als Kind. Seit der Fotoproduktion zu diesem Buch ist sie ihm vollständig erlegen. Aus der Feder der Kochbuchredakteurin beim GRÄFE UND UNZER Verlag stammen zahlreiche, teilweise mit Preisen ausgezeichnete Titel wie „Für die Sinne – Indien", „Indien Basics" oder zuletzt „Sommerküche".

Der Fotograf

Klaus-Maria Einwanger setzt in seiner food art factory vor allem im Süden von München und in London Foodthemen mal stylisch, mal emotional um und schafft eine Atmosphäre, die Lust auf mehr macht. Für „Frankreich – Die Küche, die wir lieben" bereiste er das Land von der Bretagne bis in die Provence und machte auch in Burgund 10 Tage mit seinem ganzen Team halt. Das Foodstyling trägt die Handschrift von **Monika Schuster** und **Anka Köhler.** Rund um Ausstattung, Styling und Requisite bewies **Alexandra Holzer** ihren Ideenreichtum.

Impressum

Projektleitung:
Stefanie Poziombka

Lektorat:
Adelheid Schmidt-Thomé

Korrektorat allgemein:
Petra Bachmann

Korrektorat französisch:
Michaela Gröner

Umschlag und Gestaltung:
independent Medien-Design, Horst Moser, München

Herstellung:
Renate Hutt

Satz:
Ute Fründt, München

Reproduktion:
Repro Ludwig, Zell am See

Druck:
Firmengruppe APPL, aprinta druck, Wemding

Bindung:
Conzella, Pfarrkirchen

Bildnachweis:

Titelbild:
Stockfood, München

Alle anderen:
Klaus-Maria Einwanger

Syndication:
www.jalag-syndication.de

ISBN 978-3-8338-2198-1

1. Auflage 2011

GRÄFE UND UNZER VERLAG
Leserservice
Postfach 86 03 13
81630 München

GRÄFE UND UNZER

Ein Unternehmen der
GANSKE VERLAGSGRUPPE

Fermeture
exceptionnelle
jusqu'à
17h30
A Bientôt

BIERES
de
LUXE
BRASSERIE
1900